本丛书是

国家社会科学基金“十三五”规划教育学重大招标课题
“中国特色社会主义教育理论体系研究”（课题批准号：VAA190001）之成果

上海市社会科学界联合会中国教育学学术话语体系
与创新研究基地成果

“生命·实践”教育学研究丛书

总目

丛书责编　韩华球　刘立德

本卷责编　龚鹏飞

“十四五”国家重点图书出版规划项目

国家出版基金项目
NATIONAL PUBLICATION FOUNDATION

“生命·实践”教育学研究丛书

王　枬　李政涛◎主编

回到元点：叶澜教育思想的形上之维

孙元涛　刘良华◎著

中国教育出版传媒集团
人民教育出版社
·北京·

图书在版编目（CIP）数据

回到元点：叶澜教育思想的形上之维／孙元涛，刘良华著．—北京：人民教育出版社，2022.4（2023.7重印）

（“生命·实践”教育学研究丛书／王枬，李政涛主编）

ISBN 978-7-107-36529-4

Ⅰ.①回… Ⅱ.①孙… ②刘… Ⅲ.①叶澜—教育思想—研究 Ⅳ.①G40-092.76

中国版本图书馆CIP数据核字（2022）第031490号

回到元点：叶澜教育思想的形上之维

出版发行 人民教育出版社

（北京市海淀区中关村南大街17号院1号楼 邮编：100081）

网 址 http://www.pep.com.cn

经 销 全国新华书店

印 刷 山东临沂新华印刷物流集团有限责任公司

版 次 2022年4月第1版

印 次 2023年7月第2次印刷

开 本 787毫米×1 092毫米 1/16

印 张 18

字 数 274千字

印 数 2 001~4 000册

定 价 65.00元

总 序
学派建设：在深究与阐述中共进

为他人研究我的教育思想的丛书写序，这是我有生以来第一次，可以肯定也就这么一次了。何以如此？是自我膨胀到无以复加的地步了？非也。我可以肯定地回答，头脑尚清醒。说到底，只因这里的“他人”是特殊的“他人”，是我的学生，更重要的是，他们是“生命·实践”教育学派团队的核心成员。我这样做，是出于现阶段本学派建设的需要：完成代际转换。

也许是因为忙碌，不知不觉间，我已跨入晚年这一生命的最后阶段。若问什么是还让我操心和放不下的，那就是“生命·实践”教育学派的持续发展。作为首创者，我有不可推卸的责任，就是使他们——既是学派建设的参与者，又是今后学派建设后续的中坚力量，有更长足的学术成长与发展。我认为，学派建设需要他们对我的教育思想有作为学派成员意义上的、更为深入的了解和研究。于是我生出此意：趁我现在尚清醒，开始推动“‘生命·实践’教育学研究丛书”的写作。大家对此欣然赞同。自2018年3月桂林会议始，至今年3月已整整三年了。大家先是各自按自己的研究基础和兴趣做选择、提出专题，然后再共同讨论。从确定丛书的书目，到一本本提纲的讨论，线上线下，一次、二次……直到大家思路基本一致，每个人才开始写作。丛书共9卷，由王枬、李政涛任主编。因我是全过程的参与者，大家给了我一个相对轻松的任务：写丛书总序。

对年轻人过多的操心和不放心，也许是老年人的通病。我在学派建设上尤其如此。进入2021年5月，我连续几天通读了每一部发给人民教育出版社的书稿，知道自己过虑了。从提交的书稿看，作者都尽心尽力地做着，不仅大量阅读了我的论文、专著、讲话稿，而且大量阅读了相关主题的国内外论著，在阐发中拓展和深化了对学派关键性问题的认识。无论是对概念、元研究、教育价值、学校改革大主题的研究，还是从理论与实践的转化、教师发展、终身教育、审美等多维度切入的研究，包括相当详细的学派创生史的撰述，都让我为他们的视界和深思、学术上的成熟和个性呈现而惊喜。我实在是“多虑”了。其实，何止“多虑”，我在不少方面已不如他们了。他们已经发我之未发，述我之未述，清我之未清，理我之未理了。

我为有这样一支来自曾是我的学生的学派创建的合作者和新生代的力量而倍增信心。多年来，我读他们的时候为多，这套丛书是他们合在一起读我。学派建设初期，这样的队伍结构不可避免，但随着我的淡出，他们将站在学派建设的舞台中央。这次是他们第一次集中的群体亮相。其中，可以读出的不仅是他们在学术和思想、功底和才华上各有千秋，还可以读出一起成长的浓浓的师生情和创建学派的共同追求。

情，是要一起做成任何事不可或缺的黏合剂，但也许正是“情”，会妨碍、局限和遮蔽他们对我思想的不足及问题的深度揭示与批判。但无奈，我只能先让非我的“局中人”来写。书稿完成以后的公开出版，正是为了让更多的“非局中人”来审视我和他们，对促进我们的学派建设提出批评和帮助，也期望能为中国教育学的建设、为更多学派的诞生提供资源或借鉴。

借此序，我讲出自己的心愿和期望；借此序，我表达对团队的深深感激；借此序，我深谢人民教育出版社，这一素以稳健持重享有盛誉的教育出版社，助“生命·实践”教育学派这个尚还幼稚的学术生命体一臂之力。尤谢各位责编的鼎力相助。

2021年5月9日于上海

本卷前言

写作这本书，是完成一份“主动选择”的“作业”。说是“作业”，是因为这是“生命·实践”教育学派桂林会议时，大家一起商定的、持续推进学派理论建设的任务之一。既然把自己认同为学术共同体中的一员，我们就需要义无反顾地主动承担学派理论建设的使命。说是“主动选择”，是因为这份作业是我们根据自己的学术兴趣主动申请，并经叶澜和学派同人审定后确定下来的。

因此，书稿从选题方向的确定到落笔再到杀青，可以视为我们学术研究兴趣和学派理论建设内在逻辑的一次耦合。一方面，叶澜对教育学元研究和教育研究方法论问题有持续的关注，产出了非常丰富的研究成果，且这些成果是“生命·实践”教育学派基本理论的重要构成，因而对学派理论和叶澜教育思想体系的研究，不能不关注“元”，不能不触及“方法论”。另一方面，作为本书的作者，我们对教育学元研究和教育研究方法论都有浓厚的兴趣，且有较为集中和持续的阅读史支撑。因而，在自主申报选题并提交会议集中审议之后，我们的选题申请获得学派同人的认可。

书名中把“元”与“形上”放在一起，是为了突出叶澜教育思想中两个极其鲜明的特色：叶澜是中国教育学科元研究的倡导者之一，也是“教育研究方法论”研究的开创者。

就前者而言，元研究在叶澜这里不仅表现为体现教育学科自我成熟意识的某个议题，也不仅表现为一系列富有个性特色的概念，如“学科立场”“生命·实践”“学科自我意识”等，而且也表现为某种体现生命自觉与学术反省意识的思维品质，内在于叶澜的学术研究与生命实践中。与叶澜有深度交往的人，很难不为她强烈的生命自觉和反思意识所感染。一定意义上说，她的很多研究之所以能够领风气之先，与她对时代精神的敏感，对学科发展历史、现实和发展潮流的深刻洞见，对自身作为教育学者的角色认同，对研究主体学术使命的心理建构和实践建构是分不开的。与很多人甚至是教育学者刻意把自己“撇”在教育学科的外面批判教育学不同，叶澜总是以学科当事人的立场反思教育学科的发展问题。这种反思不仅是主体在场的，而且是主体深度融入的。因为在这种反思的背后，是叶澜对自己作为一个学科从业者主体责任的自识和确认。正因为如此，在叶澜关于中国教育学独立性、独特性问题的观照中，“学科立场”是一个绕不开的概念。在学术研讨会或某些生活场景中，我们不止一次听到国内教育学同人用“为教育学而生”来评论叶澜，这可以从一个侧面反映出叶澜对教育学科深沉的爱。

就后者而言，叶澜不仅是“教育研究方法论”的研究者和写作者，更是她自己方法论思想的践行者。她对教育理论与实践交互生成关系的揭示，对“成事”与“成人”之间双向建构关系的阐明，对教育、教育学、学校变革等复杂性特征的透视，对教育研究学科史的颇具特色的解读，对教育研究独特性诸多方面的剖析等，无不闪耀着方法论的光芒。由她所领衔的“新基础教育”，在实践形态中的变革样态，以及变革单位由学校到区域再到共生体的迭代创新，是其学校变革方法论思想在实践中的实现。而且，这一实现过程，并不是按照预设的程序按图索骥地完成的，而是在变革研究中随认识的深化和变革生态的改变而逐渐交互生成的。叶澜以及由她领衔的团队，深度介入了学校变革的历程。

学校日常的研究性变革实践，是学校在理论与实践交互建构中实现转型重生的过程，是学生在新的学校日常生活中实现主动健康发展的过程，是教师在变革中实现“成事成人”的过程，也是叶澜和她所创立的“生命·实践”教育学派推进理论创生，且在与实践的深度交融中不断丰富完善学派理论的过程。如果没有方法论的眼光，这一多种要素深度勾连、交互缠绕、共生共长的图景很难被看到，更遑论理论解析与阐释。可以说，叶澜是把方法论意识和复杂性思想真正融化进了自己的血液中。

作为叶澜的学生，我们在读叶澜著述之外，比其他人有更多机会与叶澜面对面交流。但饶是如此，我们依然怀着深深的敬畏感来尝试解读叶澜教育思想的形上之维。

全书主要分为上中下三篇：上篇重在解读叶澜关于教育学元研究的思想；中篇重在解读叶澜的教育研究方法论思想；下篇重在解读叶澜的学校变革方法论思想。

我们深知元研究与方法论研究的艰难，这份作业只能看作是一次大胆的尝试。书稿初成，我们怀着不安的心情捧出来，诚恳地期待各方批评。

孙元涛　刘良华

2021年6月20日于上海

（孙元涛系浙江大学教育学院教授，刘良华系华东师范大学教育学部教授）

目 录

导　论

将方法论的学习、研究、形成、践行，作为此后自己学术生命中不可或缺的持续构成；确立了要为建立与哲学、自然科学、社会和人文学科密切相关，但又具有教育学研究独特性的教育研究方法论而努力的决心和信心。我把自己第一本有关教育研究方法论的专著称为“初探”。方法论的突破也日益成为“新基础教育”研究和“生命·实践”教育学派创建的思想武器和内在构成。

——叶澜

一、回到元点

回到元点之“元”，在汉语里有多种含义。一是“元旦”和“新纪元”之“元”，其含义是最初、开始、源头、来源、起点。二是元素之“元”，比如化学元素，其含义是关键、核心要素、基本根据、基本构成。三是“元首”和“元帅”之“元”，其含义是最重要、最核心或中心。四是元教育学、元认知、元分析、元研究之“元”，其含义是对某物某事自身的研究或反思。

（一）回到元点的“自我意识”

这里所讨论的回到元点之“元”，兼有上述四种含义，总体上可归纳为三大方向。

一是叶澜所理解的教育以及教育学（具体包含其开创和持续领导的“新基础教育”研究和“生命·实践”教育学派）的源头（或起点）、根基或“基因”。在叶澜这里，教育学的根基或“基因”是“生命·实践”。在她看来，“教育学不仅是‘生命’的学问，或‘实践’的学问，而且是成为以‘生命·实践’为‘家园’与‘基石’的学问。”①

二是教育科学元研究，尤其是叶澜所关注的教育科学的“自我意识”以及与之相关的“教育研究方法论”及其元研究。这是对教育研究的研究，它构成教育科学的“自我意识”。

在叶澜教育思想的形成和发展的过程中，1987年发表的《关于加强教育科学“自我意识”的思考》，无论对她本人的学术发展，还是对当时中国教育学研究的发展，都有重要的方法论意义。叶澜特别引用了德国学者卡西尔的《人论》中有关历史学与自我认识的关系。按照卡西尔的观点，“人如果不意识到他现在的状况和他过去的局限，他就不可能塑造未来的形式”。卡西尔是叶澜较早引用的外国哲人之一。她对卡西尔的《人论》的好感一直保持到她晚年。在她晚年的写作中，叶澜也一再引用这本书的某些重要观点。②

三是学校变革研究的方法论意识。叶澜以强烈的方法论自觉引领自身及团队的学校变革研究，其领衔的“新基础教育”在理论与实践的交互生成中融会贯通了方法论思想。

---

① 本刊记者.为“‘生命·实践’教育学派”的创建而努力：叶澜教授访谈录［J］.教育研究，2004（2）：33—37.

② 据叶澜口述，她在其早期的学术研究中感兴趣的另一本书是苏联学者科恩的《自我论》。在1990年发表的《教育两大功能关系之探究》中，叶澜已经引用了科恩的《自我论》。详见：叶澜.教育两大功能关系之探究［J］.教育研究，1990（11）：11—17.

（二）叶澜教育思想的“形上之维”

叶澜教育思想的“形上之维”是对回到元点的呼应。本书重点讨论叶澜教育思想的两个“形上之维”及其相关问题：一是关于教育、社会与人的关系问题，二是教育科学的元研究以及叶澜教育研究方法论问题。本书的重点不在于详细介绍叶澜教育思想的某个或某些具体观点，而重点在于叶澜本人所展开的教育研究方法论以及与之相关的元研究，同时关注叶澜在思考和研究某些具体的教育理论时所直接呈现或间接运用的思想方法以及方法论。

第一，教育、社会与人的关系。它具体包括两个关系：一是教育与社会发展的关系，二是教育与个体发展的关系。与之相应，教育有两个基本功能：教育对社会发展的影响和教育对个体发展的影响。叶澜重点分析了两个关系：一是教育与社会的关系，二是教育与人的关系。

在讨论教育与人的关系时，叶澜特别关注影响人的诸因素及其动态关系。传统的三因素论将影响个体发展归纳为三个方面：遗传、环境与教育。在批判传统三因素论的基础上，叶澜提出了“二层次三因素论”。两个层次上的三因素分别是：个体自身条件、环境条件和生命实践活动（《教育概论》1991年版称为“社会实践活动”，《教育概论》2006年版称为“生命实践活动”）。[①]叶澜尤其看重人的生命实践活动对个体发展的影响。

这样看来，叶澜所理解的教育和教育学的元点是由生命、实践和社会构成的“生命·实践”。

一是生命。教育的对象是人，而且是有生命活力的人，这是教育和教育学的第一个元点。既然学生是有生命活力的人，“每个人都必须自己活，不能由别人代活”，就应该放手让学生自己做主。于是，叶澜提出以人的发展为终极目标的四个“还给”：把课堂还给学生，让课堂充满生命活力；把班级还给学生，让班级充满成长气息；把创造还给教师，让教育充满智慧挑

---

① 叶澜．教育概论［M］．北京：人民教育出版社，2006：211.

战；把精神发展的主动权还给师生，让学校充满勃勃生机。

二是实践。实践既指个体实践活动，也指人的社会实践活动与教育实践活动。这是教育和教育学的第二个元点。生命与实践一起构成了叶澜开创和主持的“生命·实践”教育学的关键词。“生命·实践”是叶澜找到的教育和教育学的元点。

叶澜所思考和研究的教育和教育学不仅讲生命，不仅讲实践，还讲生命与实践的相互转化。叶澜有关生命和生命实践的思考，始于她的《教育概论》。1991年第一版已经提出，个体因素和环境因素“都要通过发展个体的不同性质、不同水平的生命活动来实现”。2006年出版的修订版则直接提出：个体因素和环境因素都要通过发展个体不同性质的、不同水平的生命实践意义上的活动（简称“生命·实践活动”）来实现，并由此提出，所谓“生命·实践”，是由生命个体所亲历的或指向外部世界的，具有目的性的活动。“生命·实践”是内涵生命活动的个体亲历实践性活动，是个人全部生命活动中有意识的和具有实践意义的部分。①

三是社会。包括政治、经济、文化、自然生态以及教育等。学校教育在个体发展中起特别的作用。生命与实践是教育和教育学的两个关键要素，但叶澜并不只是孤立地研究这两个要素，她更关注这两个要素之间的关系及其转化。正是从“生命”和“实践”及其转化出发，叶澜关注了教育与社会、教育与自然、教育与文化的关系。在叶澜正式形成比较成熟的教育研究方法论（成熟的标志是1999年出版了《教育研究方法论初探》）的前后，叶澜发表了有关教育与社会、教育与自然、教育与文化的关系的系列文章和专著。比如，2018年前后，叶澜围绕“溯源开来：寻找现代教育丢失的自然之维”

① 叶澜．教育概论［M］．北京：人民教育出版社，2006：211.

的主题，连续发表四篇论文。[①]

第二，叶澜教育科学的元研究以及教育研究方法论。有关“新基础教育”研究和“生命·实践”教育学以及学派的创建构成了叶澜的教育理论研究，而教育理论思考的背后是教育研究的方法论。叶澜说，她的教育基本理论研究始于1982年，她的教育研究方法论研究始于1987年（1987年她发表《关于加强教育科学“自我意识”的思考》）。[②]

不过，她在1986年发表的《南斯拉夫教育科研中的方法论问题》实际上已经开始对有关教育研究方法论进行了思考。叶澜的教育研究方法论属于广义上的教育基本理论，但教育研究方法论也有相对独立的意义。

这篇论文是叶澜所憧憬的“元研究”的一个研究主题和研究成果。叶澜后来将这篇文章视为中国教育学科“元研究”的一个标志性的起点。[③]后来她主编的、由六本专题性著作构成的“‘教育学科元研究’丛书”，她本人撰写的《教育研究方法论初探》，体现了她所策划的“以教育科学本身为研究对象”的教育学科元研究的总体思路。同时，叶澜提出，中国教育研究尚未形成一个习惯和制度：“在新的一年开始之时，对过去一年教育科学的研究成果做翔实的数量的统计、质量的评定、内容的分类和趋势的推测。”[④]为了弥补这个遗憾，从2001年开始，叶澜“以身立学”，亲自策划并主编“中

① 叶澜．溯源开来：寻找现代教育丢失的自然之维——《回归突破：“生命·实践”教育学论纲》续研究之二（上编·其一）［J］．教育发展研究，2018（2）：1—13．叶澜．溯源开来：寻找现代教育丢失的自然之维——《回归突破：“生命·实践”教育学论纲》续研究之二（上编·其二）［J］．教育发展研究，2018（3）：26—37．叶澜．溯源开来：寻找现代教育丢失的自然之维——《回归突破：“生命·实践”教育学论纲》续研究之二（中编）［J］．中国教育科学，2020（1）：3—17．叶澜．溯源开来：寻找现代教育丢失的自然之维——《回归突破：“生命·实践”教育学论纲》续研究之二（下编）［J］．中国教育科学，2020（2）：3—29．

② 叶澜．方圆内论道：叶澜教育论文选［M］．北京：中国人民大学出版社，2019：33．

③ 叶澜．中国教育学科年度发展报告：2005［R］．上海：上海教育出版社，2007：1—15．

④ 叶澜．关于加强教育科学“自我意识”的思考［J］．华东师范大学学报（教育科学版），1987（3）：23—30．

国教育学科年度发展报告”系列丛书。①

正是从有关教育科学研究的“自我意识”的反思出发，叶澜开始从教育基本理论和教育研究方法论这两个方向展开她的教育研究并逐渐形成她的教育思想。或者说，有关“生命·实践”的教育理论研究与她重建的教育研究方法论，构成了叶澜教育思想的两个轮子。叶澜称它们为她从事教育研究的“两个方向”，两者一起形成叶澜教育思想的“合力”。②

另外，叶澜也一直重视对她本人学术研究以及她主持或创立的“新基础教育”研究以及“生命·实践”教育学派的自我反思。此类自我反思可被视为“微观”层面的元研究。比较正式的反思至少有五次。

一是1999年，应黑龙江教育出版社的邀请，叶澜撰写了《我与教育学原理研究》，详细回顾她从事“教育概论”的教学、研究并出版《教育概论》专著的过程。同时，她也解释了在《教育概论》一书及相关主题的论文中，她在教育原理领域的研究所得以及她提出的四个新思路、新见解。③

二是2000年5月21日，应天津市教育科学研究院邀请，叶澜给天津市教育科学研究院全体人员及天津市其他单位部分教育科研人员代表作题为“反思　学习　重建——十五年学术探索的回顾”的学术反思报告，该报告后发表在《天津市教科院学报》2000年第4期。叶澜在此报告中详细回顾了她以《教育概论》和《教育研究方法论初探》为代表的“上天”工程和以上海普陀区“中朱学区大面积提高教育质量”调查研究、“基础教育与学生自我教育能力发展”以及“新基础教育”研究为代表的“入地”工程。④

三是她在2004—2009年主编的以“生命·实践”教育学派建设为主题

---

① 叶澜. 中国教育学科年度发展报告：2002［R］. 上海：上海教育出版社，2003：1—7.

② 叶澜. 方圆内论道：叶澜教育论文选［G］. 北京：中国人民大学出版社，2019：33.

③ 此文未公开发表。详见《叶澜自选文集》（内部资料）。

④ 叶澜. 反思　学习　重建：十五年学术探索的回顾［J］. 天津市教科院学报，2000（4）：4—13.

的丛书，即"'生命·实践'教育学论丛"，共四辑。2007年她将学派前期建设历程与发展回溯的成果汇集为第一辑，命名为《回望》，其中有她的文章《从"冬虫"到"夏草"》。2008年她将表达学派所研究的问题以及核心观点的相关研究成果，编为第二辑，命名为《立场》，其中有她的文章《当代中国教育学研究"学科立场"的寻问与探究》。2009年她将学派的元概念以及有关学派的根据或根基的研究成果，编为第三辑，命名为《基因》，其中有她的文章《"生命·实践"教育学引论》上篇。2009年她将学派的根系构成的相关研究成果，编为第四辑，命名为《命脉》，其中有她的文章《"生命·实践"教育学引论》下篇。

四是2004年发表《我与"新基础教育"——思想笔记式的十年研究回望》一文。① 五年之后，叶澜将这篇"学术自述"式的自我反思扩展为"个人思想笔记式的15年研究回望"这一章内容。②

五是2014年出版《回归突破："生命·实践"教育学论纲》一书。她在该书第一章"导论"中，详细回忆和反思了她创建的"生命·实践"教育学派产生的社会土壤以及学派生成的五个阶段。③

上述五次比较正式的学术自我反思，构成了叶澜教育研究方法论逐步走向成熟的重要经历。叶澜教育研究方法论几乎可以视为叶澜的教育学反思以及学术自我反思的产物。

（三）叶澜教育思想及其方法论的基因与命脉

另一个问题是：哪些因素构成了叶澜教育思想形成的最初源头、起点以

① 叶澜．我与"新基础教育"：思想笔记式的十年研究回望［M］//丁钢．中国教育：研究与评论：7．北京：教育科学出版社，2004.

② 叶澜，李政涛，等．"新基础教育"研究史［M］．北京：教育科学出版社，2010：143—204.

③ 叶澜．回归突破："生命·实践"教育学论纲［M］．上海：华东师范大学出版社，2014：1—36.

及与之相关的根据、根基和关键要素？

在叶澜教育思想的形成过程中，有多种因素的影响。部分影响来自她本人的先天潜能和她亲历的社会环境，但更重要的影响来自她本人的生命实践。在2004年的《为“生命·实践教育学派”的创建而努力——叶澜教授访谈录》中，记者提出：“您之所以能够提出这种以‘生命·实践’为核心与底蕴的教育学，我想，与您个人的生命体验是密不可分的。许多人从您的发言中、文字中都感受到了您的生命和个性的独特。您的言说、思想和行动本身就是一种‘生命·实践’的产物。”①

本书虽然重点讨论叶澜在“四十而不惑”（1981年）之后的学术生命实践并由此讨论叶澜教育思想及其教育研究方法论的形成过程，但这并不是说叶澜在“四十而不惑”之前的生命实践与其教育思想和教育研究方法论是没有关联的。

叶澜出生在抗战时期的1941年，成长在新中国崛起之时。在求学时代她受当时流行的苏联教育思想的影响，崇拜凯洛夫和马卡连柯等教育家。凯洛夫是教育理论家，马卡连柯是教育实践家。她特别喜欢苏联电影《乡村女教师》，喜欢电影里的女教师瓦尔瓦拉。②1955年，叶澜进入华东师范大学附属中学学习。井井有条的中学生活让她养成了良好的阅读习惯和批判性思考习惯。1958年，叶澜考入华东师范大学教育系。

1962年，叶澜毕业留校工作。最初两年被派到华东师范大学附属小学工作，以便获取教学实践经验。1964年重新回到华东师范大学。因“四清”运动，她去安徽参加农村劳动。1965年叶澜回到华东师范大学。1970年叶澜申请到位于苏北的华东师范大学的五七干校，在那里她生活了一年半，像

① 本刊记者．为“生命·实践教育学派”的创建而努力：叶澜教授访谈录［J］．教育研究，2004（2）：33—37.

② 东方卫视大型电视专栏《走近他们》第221期“叶澜：追逐太阳”，播出时间：2009年09月12日。

当地农民一样种菜、养猪。1972年她从苏北回到上海，当时学校正在批判凯洛夫教育学。

1974年叶澜主动申请加入第一批上海师范大学（1972年华东师范大学与上海师范学院等合并，改名为上海师范大学，1980年恢复原校名）教师援藏队。1976年叶澜从西藏回到上海，那一年，“文革”结束，学校开始对凯洛夫教育学进行重新评价，并由此开始重视对西方国家教育理论的研究。

1980年，39岁的叶澜得到一个机会，被选派到南斯拉夫学习两年。①在南斯拉夫的两年留学生活给她个人的学术研究尤其是方法论思考带来了重要影响。

从1962年大学本科毕业后留校工作，到1983年独立承担大学本科课程“教育概论”的教学工作，在这期间，叶澜从事与教育学专业直接相关的时间有6年。这6年分布在三个时期。

一是60年代初（1962—1964年），叶澜到华东师范大学附属小学担任了两年小学教师。这段经历让叶澜认识到教育理论与教育实践关系的复杂性，体验到教育理论并不能简单地用于教育实践的指导。“实践遭遇战”的经历打破了叶澜心中由苏联电影《乡村女教师》中瓦尔瓦拉带来的浪漫幻象。叶澜说：“此后，理论与实践的关系问题始终萦绕在我的心头，一次次地被提出来重新认识。”②

二是70年代中期（1974—1976年），叶澜响应上海市委的号召，以全国首批援藏教师的身份，到拉萨市师范学校（后发展成为拉萨师范高等专科学校）担任了两年教育学课程的教师。在西藏的两年里，叶澜先后两次有将近一个月的时间被借调到西藏自治区教育局普教处，离开拉萨到林芝、山南、那曲等农林牧地区，调查当地的普及教育状况，有了在西藏不同地区行走的

① 许美德．思想肖像：中国知名教育家的故事［M］．周勇，王承绪，许洁英，等，译．北京：教育科学出版社，2008：238—250.

② 叶澜．方圆内论道：叶澜教育论文选［G］．北京：中国人民大学出版社，2019：7.

日日夜夜的经历。叶澜说："正是这一辈子最独特的藏区调研，让我从另一个角度认识了中国普及教育的实践，认识了广袤土地上贫困的师生与艰难的教育……它滋生了我心中普及教育的草根情结。"①

三是80年代初（1980—1982年），叶澜到南斯拉夫访学，做了近两年的访问学者。第一次走出国门，叶澜感受到来自外语（克罗地亚语）、异国他乡的生活以及教育专业认识和大学教育、教学方式上的挑战与冲击。首要的冲击是叶澜在南斯拉夫看到社会主义国家的另一种类型，这使她认识到教育学研究必须从简单的、教条主义式的运用马克思主义的状态中走出来。其次是叶澜发现中南（南斯拉夫）两国在教育学理论与教育实践中的重心有巨大区别。我国的重心在教育作为社会发展的工具上，南斯拉夫的重心则在教育促进儿童个性发展上。如何重新认识个体发展在教育中的地位，这在叶澜的头脑中产生了教育学研究的新问题。更重要的是，南斯拉夫教育学研究对方法论的重视使叶澜第一次认识到运用系统论研究教育的必要性与紧迫性。

叶澜在"四十而不惑"前后的生命实践在多大程度上影响了她的教育思想与教育研究方法论，这不是本书关注的重点。但，我们把叶澜在"四十而不惑"前后的生命实践视为她的教育思想与教育研究方法论的产生、形成和发展的基本前提。②

---

① 叶澜．方圆内论道：叶澜教育论文选［G］．北京：中国人民大学出版社，2019：7.

② 叶澜教学生，既重视言传，更重视身教。她用自己的学术经历给学生提供示范。不仅示范学术研究的方法和学术研究的主题，而且示范如何以自身的生命实践推进自己的学术研究，她称之为"以身立学"。叶澜将"以身立学"作为叶门弟子微信群的群名。

二、叶澜教育研究方法论的孕育与发展

叶澜教育研究方法论的“孕育期”[①]可分为三个阶段。前期是1980—1985年。中期是1985—1990年。后期是1990—2000年。各个阶段前后有交叉，但大致还是比较明显地呈现出相对独立的阶段性。

（一）叶澜教育研究方法论的孕育

叶澜教育研究方法论“孕育期”的前期主要有三个研究成果。一是叶澜在1981年和1982年发表的四篇“南斯拉夫教育见闻”系列文章。二是1983年前后以“冰火”为笔名发表的两篇关于南斯拉夫教育的思考的文章。1983年叶澜发表《南斯拉夫教育的特色》。1986年叶澜发表《南斯拉夫教育科研中的方法论问题》。三是1983年完成了鲍良克（V. Poljak）的《教学论》的翻译工作（1984年出版）。

叶澜教育研究方法论“孕育期”的中期沿着教育理论与研究方法两个层面展开。有关教育基本理论主要有五个研究成果。一是1986年发表的《论影响人发展的诸因素及其与发展主体的动态关系》。二是1989年发表的《试论当代中国教育价值取向之偏差》。三是1990年发表的《教育两大功能关系之探究》。四是1991年出版的《教育概论》。五是1991年出版的《新编教育学教程》。

叶澜教育研究方法论“孕育期”的中期有关方法论的思考主要有八个研究成果。1987年叶澜发表《关于加强教育科学“自我意识”的思考》。1988年叶澜与施良方合作选编并出版《教育研究方法》。1990年出版《教育研究及其方法》。1989年叶澜和瞿葆奎、陈桂生合作发表《向着科学化的目标前

---

① 叶澜认为1983—1991年是她创建“生命·实践”教育学派的“孕育期”。她创建“生命·实践”教育学派的“孕育期”其实大体对应了她的教育研究方法论形成的“孕育期”。

进——试述近十年我国教育研究方法的演进》。1992年发表《关于我国教育实验科学性问题的思考》。1990年前后，叶澜撰写并发表《学区系统终态变化的整体反思——上海普陀区中朱学区近十年教育实践与经验的研究总报告》（1990年）和《走出低谷》（1992年）[①]两份研究报告。1997年，叶澜发表《基础教育与学生自我教育能力发展》。[②]

叶澜教育研究方法论"孕育期"的后期逐步聚焦到"新基础教育"研究并在教育基本理论与教育研究方法论这两个方向发表系列论文和研究报告。在此期间，叶澜发表了《让课堂焕发出生命活力》等五篇基础教育改革的论文。1999年，叶澜出版《"新基础教育"探索性研究报告集》。

（二）叶澜教育研究方法论的诞生

叶澜在1999年出版的《教育研究方法论初探》，是其教育研究方法论诞生并由此走向成熟的重要标志。几乎在形成教育研究方法论的同时，叶澜开始"生命·实践"教育学派的创建和研究。在"新基础教育"的后续发展研究以及"生命·实践"教育学研究的过程中，叶澜的教育研究方法论进入发展阶段。

叶澜教育研究方法论走向成熟有三个标志。一是一门课程。她在给研究生开设"教育研究方法论"专题讲座的教学过程中，逐步形成这门课程的基本框架，并借助课程的教与学，使这门课程及与之相应的学科被广泛传播。二是一部专著。通过长时间的思考和研究，她出版了《教育研究方法论初探》这本著作。三是一个行动。叶澜教育研究方法论不只是在她的头脑中形成了有关方法论的新观念，更重要的是她将自己所追求的方法论化为行动，在相关的教育写作和教育实践变革中践行自己的方法论。

---

① 叶澜．走出低谷［M］．北京：教育科学出版社，1992.

② 叶澜．基础教育与学生自我教育能力发展：上［J］．上海教育科研，1996（7）．叶澜．基础教育与学生自我教育能力发展：下［J］．上海教育科研，1996（8）.

第一，叶澜所追求的教育研究方法论正式作为一门研究生课程。在有关教育研究方法论这门课程的教学与思考中，逐渐形成了她的“教育研究方法论”的大致框架。在这门课程的课堂教学中，叶澜特别重视两个问题的讨论：一是教育研究方法论究竟与教育研究方法有哪些异同？二是教育研究对象的独特性在哪里？教育学这门学科的独特性在哪里？①

第二，经过长时间的关注和阅读、思考与写作，叶澜形成了自己有关教育研究方法论的新思路、新思维与新理论。在初步形成有关“教育研究方法论”的大致框架之后，叶澜在较长时期内专注“教育研究方法论”这个主题，进行了大量的思考与阅读。她用了将近7年的时间，重新阅读三个方面的著作。一是阅读西方教育思想和教育学经典著作，对构成我国教育学学科认识最早底色的教育学西方传统，作了一次“回归与方法论反思”。二是系统阅读了新中国成立以来的教育学著作。叶澜对当时作为教育学唯一方法论依据的马克思主义如何被简化和扭曲，作了一次马克思主义在中国教育学中影响的回归与清思。三是阅读大量西方教育哲学、科学发展史、科学研究方法论、人文科学方法论等著作，从中汲取方法论和教育研究方法论的思想资源。叶澜对当时流行的包括她自己头脑中同样存在的唯有靠自然科学方法才能提高教育理论水平的观念作了反思和局限性批判。②

这段时间围绕“教育研究方法论”这个主题的思考与研究，让叶澜逐步形成比较成熟的教育研究方法论意识和方法论思维。这段时间的思考与研究可称为叶澜教育研究的“方法论7年”。

不过，自1986年起，叶澜已经开始在华东师范大学教育系为研究生开设有关教育研究方法论的课程。在此后的十多年中，她把每一次的教学都当成自己在这个领域中学习、思考并与学生一起艰苦寻觅发现的过程，结果是

① 刘良华是叶澜1998级的博士生。据刘良华回忆，除了这两个问题之外，叶澜特别重视有关教育研究的复杂性和“复杂性”问题的讨论。

② 叶澜.回归突破：“生命·实践”教育学论纲［M］.上海：华东师范大学出版社，2014：17.

形成了一门独立的研究生课程和《教育研究方法论初探》这本书。因此，叶澜在该书的前言里说：方法论的“幽灵”已经纠缠我十多年了。[①]

1999年，叶澜正式出版了《教育研究方法论初探》，形成了比较成熟的学科体系。叶澜在该书的前言中说：“自从闯入‘方法论’这个领域，我越来越深切感受到的是方法论问题本身的复杂、原有研究的粗疏以及自己知识的贫乏。现在我只是从一种杂乱的丰富感中走了出来，初步认清了方法论问题的范围、性质及价值，形成了自己的观点与看法，离深层次的、明晰的认识及建立完善的理论体系还有很大距离，还要作相当艰苦的探索”。[②]尽管声言将自己有关“教育研究方法论”的思考和写作称为“初探”，但叶澜的这本书已经比较完整地呈现了她所追求的教育研究的思维方式和思想方法，初步认清了方法论问题的范围、性质及价值，形成了自己的观点与看法。

第三，叶澜不仅倡导教育研究方法论，也不仅以“教育研究方法论”为主题发表或出版相关的论文和专著，更重要的是，她以自己提倡或追求的“教育研究方法论”作为自己的思维方式和思想方法，去思考教育问题，形成自己的教育理论，并在学校整体变革实践中践行自己的教育研究方法论。

从这个意义上来看，她在1999年前后已经形成了比较稳定的教育研究方法论。1999年出版的《教育研究方法论初探》的写作框架及其论证方式，已经显现出她比较成熟的教育研究方法论所追求的“系统结构分析”和“复杂思维”，体现出她对教育研究对象的独立性以及教育研究方法与教育研究对象的适宜性的关注。

---

① 叶澜.教育研究方法论初探［M］.上海：上海教育出版社，1999：1（前言）.

② 叶澜.教育研究方法论初探［M］.上海：上海教育出版社，1999：1（前言）.

（三）叶澜教育研究方法论的发展

1999年之后，叶澜对教育问题的关注及她的思考与写作依然延续了其教育研究方法论的思维方式和论证风格。

在1999年前后，叶澜开始了“学生自我教育发展”以及“新基础教育”研究，并在后来她开创和推进的“生命·实践”教育学研究过程中，一以贯之地运用了她倡导的教育研究方法论以及相关的思维方式。

1999年，“新基础教育”研究进入推广、发展阶段。这个阶段一开始，叶澜就提出以人的发展为终极目标的四个“还给”：把课堂还给学生，让课堂充满生命活力；把班级还给学生，让班级充满成长气息；把创造还给教师，让教育充满智慧挑战；把精神发展的主动权还给师生，让学校充满勃勃生机。

2004年之后，“新基础教育研究”进入第三个阶段“成型性研究”。在此之前，叶澜连续发表三篇有关基础教育改革的论文。2002年，叶澜发表《重建课堂教学价值观》①和《重建课堂教学过程观》②。2003年，叶澜发表《改革课堂教学与课堂教学评价改革》，对课堂教学的重建问题提供理论支持。③

2004年，叶澜在《为“生命·实践教育学派”的创建而努力——叶澜教授访谈录》中公开表示创建“生命·实践教育学派”的学术追求。④此前已经经历了第二个十年。第一个十年（1984—1994年）主要是叶澜个人的学术积累和学术创作；第二个十年（1994—2004年）主要由叶澜与她的团

---

① 叶澜．重建课堂教学价值观［J］．教育研究．2002（5）：3—7，16.

② 叶澜．重建课堂教学过程观［J］．教育研究．2002（10）：24—30，50.

③ 叶澜，吴亚萍．改革课堂教学与课堂教学评价改革［J］．教育研究．2003（8）：42—49.

④ 本刊记者．为“生命·实践教育学派”的创建而努力：叶澜教授访谈录［J］．教育研究，2004（2）：33—37.

队进行“新基础教育”研究。[①]

在接下来的第一个五年期间（2004—2009年），叶澜和她的团队一步一步完成《回望》、《立场》、《基因》和《命脉》等论丛。她撰写的《“生命·实践”教育学论纲》引领了整个学派的建设。

2006年，叶澜出版《“新基础教育”论——关于当代中国学校变革的探究与认识》，对“新基础教育”研究做了全面的总结。[②]就方法论而言，该书一如既往地体现了叶澜教育研究方法论风格。比如，该书第一编的主题就是“当代中国教育变革的社会基础论”。她再次回到《教育概论》所讨论的教育与社会的关系这个起点。回到起点之后，叶澜提出的一个重要问题是：“今天，是否到了大声疾呼教育的生命价值的时代了？”[③]基于“基础教育与学生自我教育能力发展”研究积累的经验，她提出了“理论适度先行，理论与实践紧密结合、双向构建”的方法论原则，并在2001年12月召开的“新基础教育”研究共同体第五次会议上，第一次正式提出了“研究性变革实践”的概念，同时强调“研究性变革实践”与西方“行动研究”的差异。在方法论问题上，叶澜尤其重视教育理论与实践的关系以及与之相关的“实践智慧”和“复杂思维”。围绕教育理论与教育实践的关系，叶澜先后发表过四篇论文。2001年叶澜发表《思维在断裂处穿行——教育理论与教育实践关系的再寻找》[④]。2009年叶澜发表《大学专业人员在协作开展学校研究中的作用》[⑤]。2014年叶澜发表《大中小学合作研究中绕不过的真问题——理论与

① 此后的第三个十年（2004—2014年）主要由叶澜和她的团队在继续推进“新基础教育”研究的基础上，进一步在理论上对“生命·实践”教育学的基本问题展开研究。

② 叶澜.“新基础教育”论：关于当代中国学校变革的探究与认识［M］.北京：教育科学出版社，2006：394—395.

③ 叶澜.“新基础教育”论：关于当代中国学校变革的探究与认识［M］.北京：教育科学出版社，2006：220.

④ 叶澜.思维在断裂处穿行：教育理论与教育实践关系的再寻找［J］.中国教育学刊，2001（4）：3—8.

⑤ 叶澜.大学专业人员在协作开展学校研究中的作用［J］.中国教育学刊，2009（9）：1—7.

实践多重关系的体验与再认识》[①]。2021年叶澜发表《转化融通在合作研究中生成——四论教育理论与教育实践的关系》[②]。四篇论文一起构成有关教育理论与实践关系研究的"叶澜四论"。

2006年11月8日，她在华东师范大学作了以《教天地人事　育生命自觉——关于"教育"是什么的多维审视》为题的报告，首次提出教育的中国式表达：教天地人事，育生命自觉。[③]"教天地人事，育生命自觉"后来成为一所实验学校的校训。

2007年，叶澜在《回望》中发表《从"冬虫"到"夏草"》，全面回顾"生命·实践"教育学派生成过程。2008年，叶澜在《立场》中发表《当代中国教育学研究"学科立场"的寻问与探究》。2009年，叶澜发表《"生命·实践"教育学引论》，分上、下两篇，分别收入《基因》与《命脉》中。

2010年，叶澜、李政涛等人合著的《"新基础教育"研究史》出版，该书是叶澜主编的"世纪初中国基础教育改革研究丛书"的一种。该年底，"生命·实践"教育学创建研究被列为华东师范大学基础教育改革与发展研究所基地重大课题。2012年，叶澜筹划并组织讨论"'生命·实践'教育学论著系列"，共三套丛书约30本（叶澜称为"三套书系"）。

2014年，叶澜出版《回归突破："生命·实践"教育学论纲》，全面回顾"生命·实践"学派的生成历程及其社会土壤与时机，围绕"生命·实践"学派的教育学观和教育观两大问题提出理论阐释[④]，向世界介绍"生命·实践"学派的生成历程并从教育学观和教育观两大立场提出"生命·实

① 叶澜. 大中小学合作研究中绕不过的真问题：理论与实践多重关系的体验与再认识［J］. 教育发展研究，2014(20)：1—5.

② 叶澜. 转化融通在合作研究中生成：四论教育理论与教育实践的关系［J］. 教育研究，2021(1)：31—58.

③ 叶澜. 方圆内论道：叶澜教育论文选［G］. 北京：中国人民大学出版社，2019：273—284.

④ 叶澜. 回归突破："生命·实践"教育学论纲［M］. 上海：华东师范大学出版社，2014.

践”学派的理论贡献。她为《回归突破：“生命·实践”教育学论纲》的出版举办了特别的仪式，安排了新书发布会和“生命·实践”教育学派研讨会。这是“生命·实践”教育学派建设的一个重要阶段。

2017年，叶澜发表《“生命·实践”教育的信条》，以12个教育信条集中概括“生命·实践”教育学派的精神内核。[①]第一至第三条以教育为主题，强调“教育是体现生命关怀的事业”；最后四条的主题是教育学研究，强调教育学研究要坚持“长善救失”“以身立学”。中间五条（第四至第八条）的主题是学校教育，强调学校是教育的“生命场”。

“生命·实践”教育学意味着生命与实践之间相互观照。单一的生命冲动或单一的实践策略都无法构成真实的教育。单一的生命冲动可能因过于浪漫而激情燃烧，无法成人成事；单一的实践策略可能因过于拘谨而失去远方和视野，无法仰望天空和展望未来。真实的教育是生命激情与实践智慧的相互观照。“生命·实践”教育学主张既低头走路，也抬头看天。完整的教育学就是“生命·实践”教育学。反过来说，仅仅谈论生命或仅仅谈论实践，都不构成完整的教育学。

出版和发表《回归突破：“生命·实践”教育学论纲》及《“生命·实践”教育的信条》之后，叶澜的思考进入新的阶段，围绕三个“关系”（教育与社会的关系、教育与自然的关系、教育与传统文化的关系），继续推进“生命·实践”教育学派的研究并发表相关的论文。

2016年，她发表《社会教育力：概念、现状与未来指向》，提出“社会教育力”这个概念，强调“社会的教育责任”。[②]2018年，她在系列文章《溯源开来：寻回现代教育丢失的自然之维》中强调教育的“自然之维”，

① 叶澜.“生命·实践”教育的信条［N］.光明日报，2017-02-21（13）.

② 叶澜.社会教育力：概念、现状与未来指向［J］.课程·教材·教法，2016（10）：3—10，57.

提倡“四季校园”。[①]她在《中国哲学传统中的教育精神与智慧》中分析中国传统文化尤其是哲学传统的教育智慧，重视天人合一、人生修行以及独特的思维方式，包括整体而非分解的“综合思维”、互通互化的“关系思维”和时势运转的“时机思维”。[②]

总体而言，在1999年之前，尤其在1986—1999年的十几年间，她所提出的教育问题以及她对教育问题提供的思维方式和论证方式，逐步呈现出她所追求的教育研究方法论风格。而在1999年出版《教育研究方法论初探》之后，叶澜更加成熟地从她所追求的教育研究方法论出发，探究教育与社会的关系、教育与人的关系，分析社会转型时期给教育带来的机遇与挑战，发表系列论文和专著。叶澜逐步形成自己的研究和写作风格：通过相关研究的反思，找出缺憾与问题，再以清晰的思辨呈现自己的立场与主见，用有条理有文采的方式形成自己的论著。叶澜的每一篇论文和每一本专著，皆呈现出足够分量有“方法论”思维含量的“蜜蜂式”的研究。[③]

① 叶澜．溯源开来：寻回现代教育丢失的自然之维——《回归突破：“生命·实验”教育学论纲》续研究之二（上编·其一）[J]．教育发展研究，2018，38(02)：1—13.
叶澜．溯源开来：寻回现代教育丢失的自然之维——《回归突破：“生命·实验”教育学论纲》续研究之二（上编·其二）[J]．教育发展研究，2018，38(03)：26—37.

② 叶澜．中国哲学传统中的教育精神与智慧[J]．教育研究，2018(6)：4—7.

③ 培根将学者分为三类。第一类是蜘蛛式的学者，就像蜘蛛那样靠自己肚子里分泌出丝来，把网织得很美、很漂亮。第二类是蚂蚁式的学者，只知道集聚，在地洞里堆起很多东西，能不能消化却不管，有没有用也不管，勤奋有余而理解不足。第三类是蜜蜂式的学者，这类学者最高贵。蜜蜂采花之后，取其精华而去其糟粕，制造出新的成绩。详见：胡适．治学方法[M]//陈平原．胡适论治学．合肥：安徽教育出版社，2006：226.

上篇

教育学元研究

教育学元研究，是以教育学自身为研究对象进行的返身性研究。当这种返身性研究形成规模，并逐渐成为研究主体的一种集体自觉时，教育学的学科建设有可能在清晰的自省意识驱动下，逐渐走向更自觉、更规范的理论建设。1984年，雷尧珠撰写的《试论我国教育学的发展》[①]，首次提出并进行了“教育学发展”问题的研究。该文在对中国教育学进行简要学科史研究的基础上，重点围绕教育学的指导思想问题、教育学的中国特色问题、教育学的繁荣昌盛问题等，讨论了新时期发展中国教育学的主要思路。1986年，瞿葆奎、喻立森发表了《教育学逻辑起点的历史考察》[②]，开创了有关教育学的逻辑及理论体系的研究，为后续关于教育学逻辑起点问题的诸多研究奠定了基础。1987年，叶澜发表《关于加强教育科学“自我意识”的思考》[③]，这是迄今我们能够查阅到的、国内学者直接提出教育学科“自我意识”的最早文献。彼时，“元教育学”或“教育学元研究”等概念尚未正式进入我国教育学研究领域。[④]叶澜关于教育学科“自我意识”的呼吁，可以视为20世纪末期我国元教育学或教育学元研究思潮的先声。

① 雷尧珠.试论我国教育学的发展[J].华东师范大学学报（教育科学版），1984（2）：39—47.

② 瞿葆奎，喻立森.教育学逻辑起点的历史考察[J].教育研究，1986（11）：37—43.

③ 叶澜.关于加强教育科学“自我意识”的思考[J].华东师范大学学报（教育科学版），1987（3）：23—30.

④ 目前能够查阅到的，我国学者直接提出“元教育理论”或“教育学元研究”的文献，是1993年张乐天在《教育研究与实验》（1993年第1期）发表的《教育学元科学研究的回顾与前瞻》；黄向阳在《外国教育资料》（1993年第5期）发表的《布雷岑卡“元教育理论”述评》。此后数年，一直到21世纪初，元教育学或教育学元研究，逐渐成为我国教育学研究中的热点问题，这一研究对中国教育学的学科建设产生了重要影响。

需要申明，叶澜所坚持的教育学元研究，并不完全等同于一般意义上的元教育学，尤其与以布雷岑卡（Wolfgang Brezinka）[①]为代表的元教育学传统有明显的差异。叶澜在2014年出版的《回归突破："生命·实践"教育学论纲》中，对二者的差异做了简要辨析："元教育学和教育学的元研究，尽管都以教育学本身为研究对象，但在取向的重点上有区别，前者更重概念、命题性质和理论的科学性意义上的提高，旨在确立评价教育理论的一套科学标准；后者更注重对教育学发展过程中的一些重要问题，从理论和历史结合的维度，作批判性反思和建设性探索。"[②]在叶澜的"教育学元研究"中，学科史、学科自我意识、学科立场、学人自觉等议题是其核心构成。

---

① 德国学者Wolfgang Brezinka的中文译名，最常见的是布雷岑卡和布列钦卡。本文在行文时，统一使用布雷岑卡的译名。但是在引文和注释中，如遇原文为布列钦卡时，笔者会保留布列钦卡的译文，特此说明。

② 叶澜.回归突破："生命·实践"教育学论纲［M］.上海：华东师范大学出版社，2014：137.

第一章　教育科学自我意识的觉醒

> 20世纪时代和教育实践的发展把中国的教育理论抛到中国这块土地的人世间。然而，在它顽强发展的同时，却在已经形成的科学的“家园”中找不到自己的合适位置，得不到来自社会对作为专业领域的应有尊重与支持，甚至还遭受来自队伍内部的作践与轻慢。
>
> ——叶澜

在有些情况下，一个学科尝试将自我发展作为对象进行研究，可能预示着学科发展进入成熟期，开始尝试通过反省进行精益求精的学理建构。但更多的情况是，引发学科自我意识觉醒的，往往是学科发展中遭遇的现实困惑。20世纪初中国教育学初创时期，由于在取径上主要选择了较为快速的“引进”模式，在经过一段时间对西方教育学的广泛引入后，逐渐产生对教育学“本土化”问题的焦虑感，这是中国教育学者较早开展的学科反思。中华人民共和国成立之后，中国教育学经历了十余年的艰难创建历程之后陷入困顿。待恢复重建时，强烈发展需求和薄弱理论积淀之间的矛盾，使教育学者越来越清晰地意识到当时教育科学发展水平在诸多方面表现出的落后：落后于当时我国教育事业发展的需要；落后于当时世界教育科学的发展水平；落后于现代科学发展的总体水平；落后于相邻科学的发展水平。因而教育学界也就越来越清晰地意识到加快发展教育科学的重要性。为此，学术界提出了新时期发展教育科学的诸多意见，如：要提高对教育科学重要性的认识；要为教育科学的发展创造良好的社会条件；要加强教育科研队伍建设；要革新教育研究方法技术；要强化教育理论与教育实践相结合；等等。①无论是对“落后”状态的判断，还是就教育科学发展所提出的诸多意见，反映了当时的教育学者对教育科学发展现状的反思和对未来发展走向的期待。在与已有研究成果充分“对话”的基础上，叶澜指出，中国教育科学的发展，一个更深层次的问题是：教育科学没有形成自己的元科学群，教育科学缺乏对自己发展历史的深刻认识和对自身结构、发展机制的认真剖析，对教育科学发展的现状和研究成果也缺乏中肯、及时的评析。②

一、学科“自我意识”的内涵与维度

“自我意识”是作为人的主体对自身的一种反思性意识。它既包括主体对自身机体及其活动状态的意识，也包括主体对自身思维、情感、意志等心理活动和精神状态的感知。把教育科学对自身的研究和认识称为教育科学的自我意识，很大程度上体现了一种研究主体的代入意识，其背后的预设是，教育学者应该自觉承担起推动教育学科元研究的使命，对教育学科的发展水平、状态、问题和一系列基础理论议题展开反思性研究。叶澜指出：“犹如一个人对待自我发展的自觉水平与自我意识的水平密切相关一样，一门科学发展的自控程度也与它的‘自我意识’密切相关”，“只有当科学对其自身的发展过程及现状、发展机制及内部结构作了认真的反思、形成明晰而准确的自我意识时，它才能自觉地寻找自己继续发展的方向，增强发展的自

①② 叶澜. 关于加强教育科学“自我意识”的思考［J］. 华东师范大学学报（教育科学版），1987（3）：23—30.

控能力，并减少发展过程中的盲目性，少走弯路，使自己进入‘自为’的状态。”①

（一）基于学科史维度的反思

学科史是一个学科生成发展的历史。学科史不仅记载着学科发展历程中的知识“符码”，也渗透了学科从业者个体和共同体的思想观念和学术活动。从学术传承的意义上说，学科史具有重要的育人价值，这意味着，一个学科的从业者，只有进入学科史，深入地了解这个学科的过往，培育起对这个学科的认同和作为学科从业者的责任意识，才能够持久保持对这个学科的热情。从学术发展的意义上说，学科史可以视为判断一个学科是否成熟的标志，这意味着，一个学科，只有建构起相对稳定的、丰富的、持续更新的概念、知识和理论体系，才可能拥有与其他学科对话的资源、底气和力量，才可能在学科体系中占有一席之地。以学科史的维度来思考教育学科的发展，我们需要对两个问题有清晰认识。其一，教育学科的学科史尚不完备。正如叶澜指出的，不用说自然科学中的各门学科以及哲学、文学、经济学、历史学等社会科学都有以自身发展历史为研究对象的专门学科（如自然科学史、哲学史、文学史等），就是比教育科学早形成的学科——心理学，在对自身发展历史的研究方面也超过教育学。②其二，教育学科对学科史的反思与建构尚未成为集体共识。从某种意义上说，该问题可看作前述问题之所以存在的原因。但二者又并非处于全然等同的关系。学科史研究是否存在较大欠缺，很大程度上与学科能否持续用力形成久久为功的积淀效应有关。但如果学术共同体缺乏对学科史的研究自觉，则学科史研究不可能从“自在”走向“自为”，也就不可能反过来成为滋养学科理论建设的资源。以史为据，叶澜对当时中国教育学科建设中的两个主要思想观点做了深刻的剖析。

---

①② 叶澜. 关于加强教育科学“自我意识”的思考［J］. 华东师范大学学报（教育科学版），1987（3）：23—30.

第一，关于教育学科发展趋势的判断与反思。教育学科史的薄弱，教育学科“自我意识”的欠缺，导致我们在对教育学科未来发展趋势的判断上缺乏内生的、独立的标准。强调内生，并不意味着封闭，并不意味着刻意抛弃外部思想资源的启示与滋养；强调独立，并不意味着“孤立”，并不意味着刻意疏远与其他学科的关系。我们真正要指出的，是如何在与外部世界的信息交换中，在与其他学科的平等对话中，真正确立教育学科属己的标准和尺度，而不是简单化地以他者的标准来定义自我。叶澜指出：“因为我们对教育科学的发展阶段和当前的成熟程度缺乏深入的探讨和准确的评价，往往就用科学发展阶段的一般划分来套教育科学的阶段划分；以当代科学发展的一般达到的水准来评定教育科学的当代水准。”[①]建立在这一判断基础上，叶澜对当时教育理论界认为“当代教育科学发展的主要趋势是综合化”的判断有不同的认识。她认为，从科学发展的一般规律看，固然，科学发展沿着由粗糙的综合向精细的分析，再向以精细分析为基础的更高水平的综合这样一条路线前进。但是，若偏离教育学科发展的历史，只从科学发展规律的“一般”简单演绎到教育学科发展的“特殊”，这种思维方式对教育学科的健康发展无益。叶澜以教育学发展史为线索对该问题做出了自己的判断。

1806年，“科学教育学的奠基人”[②]赫尔巴特带着明确的学科意识撰写的《普通教育学》出版。这部著作被视为“教育史上第一部具有科学体系的教育学著作”[③]。日本学者村井实认为：“如从教育史的谱系来看，可以说：把教育作为一个近代问题提出来的是洛克，通过批判的、浪漫的优秀文学作品把教育变成了一个强有力的思想体系的人是卢梭，而最后，在卢梭赋予的空

① 叶澜．关于加强教育科学“自我意识”的思考［J］．华东师范大学学报（教育科学版），1987（3）：23—30.

② 赫尔巴特．普通教育学·教育学讲授纲要［M］．李其龙，译．杭州：浙江教育出版社，2002：前言．

③ 赫尔巴特．普通教育学·教育学讲授纲要［M］．李其龙，译．杭州：浙江教育出版社，2002：前言．

想的基础以及裴斯泰洛齐赋予的个人经验的基础之上进一步探索其科学的基础，试图把教育研究变成一门独立科学的人，却是赫尔巴特。”[①] 但是，被誉为“科学教育学的奠基人”的赫尔巴特，对于创建“科学”意义上的教育学，有着非常矛盾的心理。一方面，赫尔巴特明确提出要改变教育学“像偏僻的被占领的区域一样受到外人治理”[②] 的窘迫处境。明确提出，教育学不仅是一种学说，而且还应该是具有独立性、能够与其他学科取长补短、作平等交流的一门学科。为此，赫尔巴特不仅提出教育学应该有“自己的基本概念”和“独立的思想”，而且明确提出以实践哲学和心理学作为教育学必要的理论基础，从而使其成为“教育者自身所需要的一门科学”。[③] 在这里，赫尔巴特表达了非常强烈的教育学独立意识。正是因为这种清晰的、明确表达的学科独立意识，兼之赫尔巴特对于教育学基础理论建设的重大贡献，因此，他足以当得“科学教育学之父”这样的称谓。但是，另一方面，在《普通教育学》之后，赫尔巴特在反思自己的这段学术历程时，却有关于教育学立场的另一种表达：“我的《普通教育学》是一部简略、部分不能让人充分理解的简编教材。若现在教育学是我公务的主要内容，则我早就对此详细宣讲我的思想了。不过，对我而言教育学从来就无非是对哲学的应用。”[④] 在这里，我们看到赫尔巴特立场的游移。因为作为“对哲学的应用”的教育学，与赫尔巴特所期待的独立的、能够与其他学科取长补短、做平等交流的教育学，显然并非毫无冲突的。这至少意味着，在所谓“科学教育学的奠基人”

① 大河内一男，海后宗臣，等. 教育学的理论问题 [M]. 曲程，迟凤年，译. 北京：教育科学出版社，1984：18.

② 赫尔巴特. 普通教育学・教育学讲授纲要 [M]. 李其龙，译. 杭州：浙江教育出版社，2002：11.

③ 赫尔巴特. 普通教育学・教育学讲授纲要 [M]. 李其龙，译. 杭州：浙江教育出版社，2002：12.

④ 赫尔巴特. 对柯尼斯堡教育学活动的回顾 [M]// 彭正梅，本纳. 赫尔巴特教育论著精选. 李其龙，等，译. 杭州：浙江教育出版社，2011：151.

这里，教育学的学科地位依然不是非常清晰的。这一方面或许与赫尔巴特作为哲学家的身份认同有关，另一方面也可能与初创时期教育学自身的薄弱乃至笼统不无关系。

与赫尔巴特相似，杜威对创建一门“教育科学”也有着非常强烈的期待。[①]他在比较天才教师与普通教师的区别时指出，天才教师的成就，“是随着他们生而存在，随着他们死而消失的；受益的只是那些和这种天才教师有个人接触的学生”。杜威认为，为了防止这种“浪费”，“唯一的办法”是从天才教师靠直觉进行的工作中，抽取、提炼出一般性的经验。正是在这个意义上，杜威认为诞生一门教育科学是必要的。“有了科学，能使天才的经验有共同的功效；有了科学，能使特殊能力的结果变为其他研究人员工作装备的一部分，而不致自生自灭。”[②]但是，与赫尔巴特思想中的内在冲突类似，杜威在关于教育科学独立性问题上，也表现出了相当的游移。一方面，他明确意识到教育科学的必要性，并表达了非常强烈的期待；另一方面，他又声称“没有特别独立的教育科学”[③]。

无论是赫尔巴特还是杜威，尽管他们都提出了“教育科学”的明确主张，但无论是从他们的学术旨趣，还是从当时教育学发展的状态看，教育学都更多地呈现出思辨、综合化的特征。20世纪以来，由于学科之间交叉和学科内部分化两种力量的影响，教育学逐渐发展成为一个庞大的学科群。一个学科，若经历了实证主义的深度洗礼和精细化发展，则在一个新基础上实现更高水平融合发展的内在需求就会产生。但是，从中国教育学发展的历程

---

① 关于赫尔巴特与杜威在教育学作为一门独立科学问题上的模糊与游移的分析，参阅：孙元涛.研究主体：体制化时代教育学者的学术立场与生命实践［M］.上海：华东师范大学出版社，2015：175—176.

② 杜威教育论著选［M］.赵祥麟，王承绪，编译.上海：华东师范大学出版社，1981：278.

③ 杜威教育论著选［M］.赵祥麟，王承绪，编译.上海：华东师范大学出版社，1981：281.

看，做出“综合化”判断恐为时过早。叶澜指出：“综合化既然是科学发展至今日的特点，它必然会影响当代教育科学的发展，当代的教育研究也应善于并充分地利用时代为我们提供的思想武器和研究工具，以加快教育科学发展的步伐。但是我不太赞成当前过分地强调教育科学研究综合化的地位。因为这样很可能使人们忽视当前教育科学发展的一个重要任务，就是学科的进一步分化，每一门学科内认识的进一步精细化和深化。只有走过了这一段路程，教育科学的更高水平的综合才能真正实现。”①

第二，关于教育科学发展规律的反思。叶澜以教育学科发展中一系列非常重要的关系作为分析教育科学发展规律的切入口，例如，教育科学与教育实践的关系；教育科学与其他科学发展的关系；本国的教育科学与外国的教育科学发展的关系；等等。叶澜简要梳理了中华人民共和国成立以来几十年的教育学科建设历程，指出：“由于我们尚未深刻总结解放以来教育科学发展历史中的经验与教训，往往把出现差错的原因归结为政治，缺乏从思想方法和对科学发展逻辑认识的片面性上去思考。所以，由长期大批判所形成的直线式的、绝对化的、形而上学的思维模式，依然自觉或不自觉地影响、支配着我们的认识和行为。”②这一反思和批判是极为深刻的。20世纪下半叶中国教育学科的发展，深陷由几次批判所形成的钟摆困局，刻意制造出了非常多的非此即彼的对立范畴、观点、思想和理论。这不仅无助于学科理论在传承积淀基础上实现创新，而且也不符合科学发展的一般规律。叶澜指出，科学发展的逻辑并不全部是由一连串的全盘否定构成的。观点与观点之间、知识与知识之间、学派与学派之间、体系与体系之间，常常还会有另外各种性质的关系，如互补的、包容的、深化的、扩展的等。我们要认识事物、观点之间的差异，但也要找到它们的沟通之处。采用“彻底摧毁、重砌炉灶”对立批判的路线来发展理论，试图让新与旧、正与误之间界线分明，但造成的

①② 叶澜. 关于加强教育科学“自我意识”的思考［J］. 华东师范大学学报（教育科学版），1987(3)：23—30.

问题是教育学很难形成稳定的理论共识，更遑论学术新传统的奠基。叶澜认为，这一困局的存在，是由信息掌握不准、不足或缺乏及时有力的调节造成的。这样的学术研究“不仅不可能接近真理，出现实质性的进展，而且大伤科学本身的元气，造成认识与实践的悲剧。我国教育科学发展速度之缓慢，道路之曲折确实是与我们没有及时吸取过度反馈的教训相关的”。[①]一个学科如果不善于反思自己的历史，不能够经常从对学科史的反思中汲取智慧，明晰方向，就不可能孕育出创造未来的力量。

（二）基于教育学科现状的反思

教育学科的“自我意识”，不仅需要历史意识和历史视角，也需要有从现状中超拔出来进行返身性旁观的意识和能力。叶澜认为，对教育学科现实发展状态的反思可以视为教育学科史反思的延续。无论是以史为鉴还是以现实为借鉴，都内含面向未来的思想设计。对教育学科现状的反思，是为了更好地明晰当前教育学科发展中存在的问题，以便为教育学科更好地走向未来寻找一条更恰切的道路。叶澜主要以教育学科的研究对象、教育学科内各类学科之间的关系（尤其是基础学科与应用学科、元学科之间的关系）两个问题为例，论述了基于现状反思的教育学科“自我意识”问题。

第一，关于教育学研究对象的审辨。关于教育学研究对象问题的讨论，一般有三种不同的观点。一种观点认为，教育学是研究教育现象的科学。很长一段时间以来，这种观点有较广泛的支持群体。日本学者大河内一男、海后宗臣等曾对该观点有非常好的分析。他们认为，“现象”一词的意义相当含混。它似乎包含“教育事实”和“教育问题”。关键是，这一观点假设教育的事实和问题是完全独立于我们的立场观点之外的原生性存在。但这样理解是不妥当的。“这不仅没能够充分说明‘教育现象’与其他各种现象——

① 叶澜. 关于加强教育科学“自我意识”的思考［J］. 华东师范大学学报（教育科学版），1987（3）：23—30.

经济现象、法律现象、社会现象等——相互重合的关系，而且还会引起这样的错觉：好像人类社会的这些现象不是通过人类活动的动的关系来认识，而是如同对待风云雨露或地壳变动等自然现象一样，通过静的关系就可以认识似的。”[①]在批判把“教育现象”作为教育学研究对象的相关观点之后，大河内一男等学者提出了他们所坚持的第二种观点，即教育学是“关于教育问题的科学”。他们认为，“教育行为或教育事实一经出现之后，它就不能仅仅停留在用‘教育’二字来表示的程度上。教育事实可以说由仅仅是认识的对象的阶段，上升到更高的有意识的自觉研究的对象的阶段。从对教育的关注或其根本观点来说，这种关注和根本观点已上升到有意识的自觉研究的程度。这种有意识的自觉研究促使人们去重新考虑，于是教育也就成为人类的一个问题了”。大河内一男等人进一步认为，当人们开始考虑“如何教育”问题时，他们会主动自觉地提问“什么是教育”的问题。于是就有了教育的科学探讨，从而“开辟了‘教育问题’的一门科学——教育学的领域”。[②]第三种观点较为普遍，认为教育学研究的对象是人。叶澜认为，教育的对象是人，教育科学研究的对象则应该是人类有意识地影响人身心发展的活动。[③]以人为教育学的研究对象，这一观点的失误在于将教育的对象和教育研究的对象混为一谈，且未能将教育学与其他研究人的学科做有效区分，即未能很好地表达教育学的独特性。叶澜区分了现代教育活动的三个层次：一是在全社会范围内从事的、作为社会事业重要组成部分的社会教育事业，以此为对象的教育研究称为宏观研究。二是作为在具体的、独立的教育机构内

---

① 大河内一男、海后宗臣，等.教育学的理论问题［M］.曲程，迟凤年，译.北京：教育科学出版社，1984：31.

② 大河内一男、海后宗臣，等.教育学的理论问题［M］.曲程，迟凤年，译.北京：教育科学出版社，1984：27，29.

③ 在1999年出版的《教育研究方法论初探》一书中，叶澜对教育学研究对象的特殊性做了进一步的阐发，提出教育学的研究对象是“教育存在”。关于叶澜的这一思想，我们将在中篇做进一步解读。

（如学校内）所开展的各种教育活动，以此为对象的教育研究可称为中观研究。三是作为教育者与受教育者在完成各种教育任务时所开展的教育活动，以此为对象的教育研究可称为微观研究。叶澜进一步精细地分析了教育学在哪些领域、哪些方面较强，在哪些领域、哪些方面存在较大欠缺。例如，从时间维度上，她认为，对教育史的研究强于对教育未来学的研究；从空间维度上，对城市教育的研究强于对农村教育的研究，对西方主要发达国家教育的研究强于对相对欠发达国家和地区教育的研究；等等。叶澜形象地指出："目前在我们面前存在的'教育科学大厦'是一座倾斜度很大的、又有许多空房的大厦。由此也可见，教育科学为了实现更高程度上的综合，对当前来说，首要的问题是填补空白，加强以前薄弱的学科，把倾斜的大厦扶正，而不是忙于在这倾斜的大厦上再加上几层楼。"①

第二，教育学科内部学科之间结构问题。教育学科作为一个庞大的学科群，必然涉及学科内部结构、各学科相关关系等问题。叶澜以基础学科与应用学科的关系为例，阐明了合理处理教育学科内部不同层次、不同类别学科之间关系的观点。叶澜认为，"教育理论脱离实际""教育理论不能指导实际"等抱怨，一方面的确反映了教育理论与实践之间当时的状态。但是，简单做这样的判断，不做更进一步的分析，不仅容易遮蔽问题，而且无助于问题的解决。叶澜并不同意把问题的存在简单归因于理论太深奥、太抽象，她主张进入教育理论的内部进行精细化研究。她认为，教育理论的四种简单生产方式，导致了理论脱离实际的问题。一是以一般哲学原理为前提，通过推理得出教育学的相关结论。这样生产出的教育学理论苍白、贫乏而无力；二是将心理学或其他科学研究成果直接套用生产出的教育学理论，缺少教育学的加工与改造；三是对具体经验的总结概括，这固然是理论生产的重要途径，但由于概括提炼不够，或者抽离了具体的情境条件简单外推为普遍性结

① 叶澜．关于加强教育科学"自我意识"的思考［J］．华东师范大学学报（教育科学版），1987（3）：23—30.

论，影响了结论的指导意义；四是对一些外国教育观点进行评价而生成出的教育学理论。叶澜尖锐地指出："当前教育理论存在的问题，并非是太深奥、太超越于现实，恰恰是太空泛、太浅近、太贴近实际的表层，因而缺乏居高临下的气势。"[①]值得回味的是，理论的"居高临下"往往被作为理论的问题而受到指责，但叶澜却呼唤在真正科学研究基础上生产出的教育理论应该有一种居高临下的气势，这是对理论自信的一种强烈呼吁。在此基础上，叶澜对教育学的基础理论和应用理论的定位问题，做了清晰的论证：基础理论的使命是"上天"，即要追求重大的、具有世界级水平的突破，使整个理论体系显示出更强的解释能力和预测能力，因为真正的理论是带有普遍性的，理论只有深刻才有力量。应用理论的使命是"着地"[②]，即加强应用研究的"操作化"，使人们获得一套把理论研究成果转化为实践行为的指示或工具，把自己的根深扎于中国教育实践这块肥沃的土壤之中，建立中国特色社会主义的应用教育学科体系，应用学科只有在应用中才能保持其旺盛的生命力。[③]

带着强烈的学科自我意识，叶澜主编了由六本专题性著作构成的"'教育学科元研究'丛书"，她撰写的《教育研究方法论初探》，实现了她所策划的"以教育科学本身为研究对象"的教育学科元研究的总体思路。

进入21世纪之后，在世纪之交的反思展望的整体文化背景下，叶澜启动了"中国教育学科年度发展报告"的编撰工作。叶澜希望将这样一种年度报告，变成教育学科自我发展的一种向内看的习惯和制度："在新的一年开始之时，对过去一年教育科学的研究成果做翔实的数量的统计、质量的评

①③ 叶澜．关于加强教育科学"自我意识"的思考［J］.华东师范大学学报（教育科学版），1987（3）：23—30.

② 叶澜后来直接提出了教育研究要"上天入地"的呼吁。

定、内容的分类和趋势的推测。”[1]

作为“中国教育学科年度发展报告”的组织者和参与者，叶澜负责每一本年度报告的“总述”。在“总述”之前，她需要阅读“中国教育学科年度发展报告”的初稿，然后根据教育科学各个学科的进展报告，提出自己的总体印象与“总图景”。

显然这是一个推进教育科学研究“自我意识”的重要行动，但也是一个艰难的研究项目。其艰难性在于它需要有足够工作量，有专业智慧的挑战，有一个学术共同体合作完成，而且需要有相关经费资助和出版单位支持。因其重要，“中国教育学科年度发展报告”这个项目坚持了五年（2001—2005年）。因其艰难，2005年的年度发展报告在2007年才出版。在完成五年的系列化反思之后，该项目暂停。

叶澜并不主张把教育学归类到自然科学与哲学社会科学二分法的阵营中。受到复杂性思想的影响，叶澜对这样的学科分类框架本身的合理性存在不同的认识。把一个学科草率地归类进一个原本存在问题的分类框架中，这是对学科的一种不负责任的剪裁。叶澜认为，教育的复杂性、综合性与多质性以及未来教育学可能成为哲学、科学和艺术三大人类精神活动的主要领域的交会点，教育科学也应当为三大领域研究的沟通作出自己独特的贡献。也因此，应当加强教育科学与哲学、教育科学与艺术的关系研究，以此改变教育科学在整个科学体系中的落后地位。随着教育科学自身的强大，它必将完成从“输入国”到“输出国”的转化。

加强教育学科的“自我意识”，首先是要有“向内看”的意识和勇气。但是，教育学并不是一个封闭的系统。教育学科的发展，不仅需要处理好历史、现实与未来的关系，处理好学科内部各层次、类别学科的关系等，还需要处理好与相邻学科的关系。赫尔巴特初创教育学的时候曾宣称，教育学以

① 叶澜. 关于加强教育科学“自我意识”的思考［J］. 华东师范大学学报（教育科学版），1987（3）：23—30.

实践哲学和心理学为基础。而今，为教育学提供思想、理论、方法和技术资源的，绝不仅限于实践哲学和心理学。无论是基于教育问题的复杂性和广泛关联性，还是基于学科发展的综合交叉走向，教育学都需要主动融入学科对话交融的大潮中，这对于教育学科的繁荣发展意义重大。只不过，这种融入一方面需要在融入前强化自我的内在力量，使对话真正成为双向的、彼此交融互启的，而不是简单“拿来主义”的；另一方面也需要借对话交融来强化自我，从而进一步提升后续对话交融的力量和水平。叶澜对教育学科发展暂时落后、滞后的现状是清醒的，但她对教育学的未来发展前景充满乐观的期待。这种期待，既是基于对教育的独特性认识，也是基于教育学科作为综合学、时代学的认识。叶澜指出：“由于教育的高度复杂性、综合性与多质性，由于教育的成功不仅需要科学，还需要哲学和艺术，因此，未来的教育科学很可能成为哲学、科学和艺术这三大人类精神活动的主要领域的汇集点，为三大领域研究的沟通做出自己独特的贡献。”①

二、教育学者的学术自觉与学科自信

学术研究作为一种精神生产活动，不仅需要一定的精神力量的支撑，而且也需要一定的价值取向的引领。缺乏这两种精神性因素的滋养，学术研究很容易在诸多现实利益面前误入迷途。例如，在强大的外部压力下急功近利乃至丧失学术的超越性追求，或者因制度环境的相对宽松且内在学术研究动力不足，导致“学术生产力”降低等。②因此，学术研究尽管极大地依赖外部组织、制度等“生态”要素的支撑和保障，但学术研究主体的自觉、自

---

① 叶澜. 关于加强教育科学“自我意识”的思考［J］. 华东师范大学学报（教育科学版），1987（3）：23—30.

② 孙元涛. 研究主体：体制化时代教育学者的学术立场与生命实践［M］. 上海：华东师范大学出版社，2015：178.

信，无疑是学科建设中的“头等大事”。

（一）学术自觉

叶澜认为，“提升对当代教育学学科发展根基性问题的重视，提升学科自信和加强学科基本理论研究的自觉”，是当代中国教育学建设的“奠基性工程”，“有助于增添当代教育学者发展教育学的学术力量和勇气”。[①]

叶澜对“自觉”“生命自觉”极为看重。早在1986年，叶澜在探讨人的发展因素的研究中就超越了传统的“三因素论”，充分肯定了发展主体的能动性，即人不仅是自身发展的主体，而且是其自身发展的关键性因素；人的主观能动性能使个体形成自我意识，具备自觉、主动策划自身发展的能力。这一开创性研究改变了长期以来把人视为受诸多因素影响和“被发展”的传统认识，2006年，叶澜提出“生命自觉”的基本论题[②]。可以说，自觉与使命担当，一直是叶澜从事教育学科研究的内在精神力量。

何谓“自觉”？在《孔子家语·致思》中，丘吾子对孔子说：“吾有三失，晚不自觉。”这是我们能够查阅到的中国传统文化中“自觉”概念的缘起，内含“发觉、觉察、觉悟、醒悟”之意，指个体对自身有所察觉、有所认识而主动去行动。“自觉”既是体现人之主体性的内在规定，亦可视为中国传统文化中一个极有分量的概念。梁漱溟认为：“人心基本特征即在其具有自觉，而不是其他”“人之所以为人在其心；而今则当说：心之所以为心在其自觉”“任何成就莫非人心自觉之力。凡人类之所成就，从大小事功以至学术文化之全绩要可分别用‘真’‘善’‘美’三字括举之。然而试看此三

① 叶澜.回归突破：“生命·实践”教育学论纲［M］.上海：华东师范大学出版社，2014：97.

② 2006年11月8日，叶澜在华东师范大学闵行校区为本科生做了题为《教天地人事，育生命自觉——关于“教育”是什么的多维审思》的学术报告。这是我们能够查阅到的，她在公开场合第一次明确提出“生命自觉”命题。

者其有一非藉（借）人心自觉之力以得成之者乎？无有也。”[①]当代学者黄克剑指出：“中国古人一向重‘觉’，‘觉’是人的生命的灵犀，它牵动着生命的整体，使生命从其对自身的自然而本然（原来如此）的反观中意识到所当趋附的应然（应该如此）。”[②]因此，“自觉”既是人之为人的本质所在，亦是学者保持其敬畏、警惕之心的学术良知所系。但是，对于当代中国教育学科建设而言，只在一般意义上强调“自觉”是不够的，我们还需要从教育学科的时代性、本土性需求出发，进一步论证教育学者的学术自觉与使命担当。

何为学术自觉？黄克剑的阐释具有很强的代表性：

> 学术的最后立足地是无待于任何外在因果纠结的良知。就良知不受制于外缘而真正堪称自己是自己的主使、自己是自己的理由而言，以良知为根蒂的学术理当是自由的或自律的。考其本始，“自由”的意义原在于不牵累于他物而自己做自己的理由，“自律”——自己为自己设律或自己设律以成全自己——则是自由的应有之义。学术要走出时代遭际带给它的危机并最终能为文化危机中的时代寻得一条出路，尚须返本复始。这“本”“始”，即是学术对其自由、自律品格的自作认取。此之谓学术自觉。[③]

黄克剑在普遍性意义上阐释了学术自觉的哲学内涵及其价值关怀的核心。由于教育学科的独特性，教育学者不仅应当具有一般意义上的学术自觉，还需要从教育学科的特殊性入手建构个体和学术共同体的学术自觉。教

---

① 宋恩荣.梁漱溟教育文集［M］.南京：江苏教育出版社，1987：180—181.
② 黄克剑.基础教育、人文价值与学术创新［M］// 刘铁芳.回到原点：时代冲突中的教育理念.上海：华东师范大学出版社，2006：168.
③ 黄克剑.学术自觉与学人境界［J］.东南学术，2002（5）：62—69.

育学科的“自我意识”，说到底，是教育学者作为研究主体的理性自觉，是教育学者对教育学科诸多元问题的反省，以及对自身角色、身份、立场、责任等的自识与认同。与一般意义上呼唤学术自觉不同，叶澜格外看重教育学科特殊发展生境中教育学者的“建设自觉”，[①]即建立在对教育学科发展历史、现实和未来趋势准确判断基础上，对于自身在建设和发展教育学科的事业中所应承担主体责任的自觉。

在“建设自觉”意义上来理解教育学者的学术自觉，意味着把自己认同为教育学科发展的行动者、建设者和当事人。叶澜是一个反思者，但她对教育学科发展历史和现状的反思，是为了促进学科更好的发展。就自身与教育学科发展的关系而言，叶澜始终把自己定位为一个行动者和建设者，而不是一个旁观者。尽管理性的行动往往以某种清醒旁观为前提，但将自我设定为旁观者或设定为行动者，背后秉持的是不同的价值观，引出的是不同的学科研究行为。作为旁观者，往往止于貌似清醒客观的分析批判，但由于“自我”的刻意疏离与缺位，极易造成在言说时放逐和逃避自我责任的状况。作为行动者与建设者的研究主体，不再是置身事外的诸多教育学问题的旁观者，而成为问题的当事人，成为问题生成的一种参与性力量。此时，“教育学问题”已经不再是一个“我”之外的问题，而是成为我的“属己性”问题。这种“属己性”至少表现为两重意义：一是相关性，即问题“进入”我，进入到我的思考，成为我的牵挂，因而嵌入我的学术生活中；二是建构性，即我“进入”问题，成为问题的参与性建构力量。尽管在整体的学术场域中，对于教育学研究和教育学科的建设而言，这种参与性建构力是微弱的，甚至会微弱到可能被人忽略和遗忘的地步，但是，聚焦到教育学者中的“具体个人”而言，他却不应该漠视学术与其生命之间的密切相关性和双向建构性。而对于教育学者群体中的每一个具体个人而言，如果意识不到这种

① 叶澜．回归突破：“生命·实践”教育学论纲［M］．上海：华东师范大学出版社，2014：119.

“属己性”，主动放弃了本该属于自己的责任担当，放弃了自己本可为、本该为，却无所为、不愿为的责任与使命，无论是对于教育学研究还是对于自我的学术生命，都可能会演化成一种伤害。①

一个多世纪前，梁启超在纵论中国学术思想变迁之大势时曾深情呼吁：“生此国，为此民，享此学术思想之恩泽，则歌之舞之，发扬之，光大之，继而增高之，吾辈之责也。”②今日重温，犹能想见任公当年拳拳之心。今日教育学者，虽不能减损学术研究的科学理性，但如缺乏了对“吾辈之责”的审定和主动承担意识，则参与学术建设的内驱力自然会受到影响。

（二）学科自信

对教育学科的不自信，困扰中国教育学乃至世界教育学可谓久矣。哈佛大学教育研究生院前院长埃伦·康德利夫·拉格曼（Ellen Condliffe Lagemann）出版了专著《一门捉摸不定的科学：困扰不断的教育研究的历史》，书中非常系统地梳理了美国教育学的发展历程。拉格曼指出：人们对教育科学往往同时存有两种不同且矛盾的期望，既希望它能够影响和改进实践，免于成为杜威所说的“纸上谈兵的科学”；又希望它能够表现出更强的学术性、学理性，从而可以与大学里其他领域的教授们展开深度对话。③对于一个学科的发展而言，是否能够满足实践需求，是否能够得到其他学科的认可和尊重固然非常重要，但是一个更重要的问题是，这个学科的从业者，是否真正尊重自己的学科、自己的身份，是否具备强烈的学科认同和学科自信，对于中国教育学科而言，学科认同与学科自信的问题，是当前更紧要的

---

① 孙元涛.教育学者介入实践：探究与论证［M］.重庆：重庆大学出版社，2009：前言.

② 梁启超.论中国学术思想变迁之大势［M］//梁启超全集：第3册.北京：北京出版社，1999：562.

③ 埃伦·康德利夫·拉格曼.一门捉摸不定的科学：困扰不断的教育研究的历史［M］.花海燕，等，译.北京：教育科学出版社，2006：231—240.

问题。

叶澜是一个具有强烈教育学认同和自信的学者。在一次获奖演说中，叶澜展现了与教育和教育学相伴相随 50 年的“生命·实践”情怀，直抒胸臆地表达了她对教育学科的热爱乃至信仰：“在我的教育学研究生涯中，最能打动我的两个字是‘生命’，最让我感到力量的词是‘实践’。教育学是研究造就人生命自觉的教育实践的学问，是一门充满希望、为了希望、创生希望的学问。我愿为研究如何让人间每一朵生命之花绽放出自己独特灿烂的学问而努力终生，并与所有的同行者共享生命成长的尊严与欢乐，共享教育学研究特有的丰富与魅力。”[①]有一次，叶澜作为嘉宾与国家领导人座谈教育问题。在自我介绍时，她专门强调：“我是华东师范大学教育学教授。”她对自己作为教育学者的身份极为看重，且引以为傲。这种学科认同和学科自信，是其教育学研究的内在精神支撑。

学科自信以学科认同为前提。而学科认同是学者对于自己所专事之学科的独立性、完整性、连续性的自我意识，进而对于自己作为该学科从业人员的学科使命、学科立场的自识与自觉；是对自己作为学科从业者身份的自我觉察、自我意象、自我观念、自我表达、自我理想、自我评价和自我控制，[②]理性学科认同的前提，首先是对学科价值和学科自身发展历史和水平清醒认知基础上的自我心理建构。它包含了对学科合理性的肯定情愫，但它并不封闭和刻板，而是能够平和、澄明地对待来自外界和学科内部的批评与赞美。对于教育学科而言，理性的学科认同意味着，我们不必因为霍斯金宣称教育学是“次等学科”而懊恼，也不必因为奥康纳（D.J.O’Connor）视“‘理论’一词在教育方面的使用一般是一个尊称”而沮丧。[③]与此同时，也

① 叶澜.方圆内论道：叶澜教育论文选［G］.北京：中国人民大学出版社，2019：31.

② 项贤明.比较教育学的文化逻辑［M］.哈尔滨：黑龙江教育出版社，2000：16—22.

③ 奥康纳.教育理论是什么［M］//瞿葆奎、沈剑平.教育学文集·教育与教育学.北京：人民教育出版社，1993：484.

不必因为李泽厚宣称“教育学——研究人的全面生长和发展、形成和塑造的科学，可能成为未来社会的最主要的中心学科”[①]而欣喜若狂，而是要有一种对于本学科发展历史、现状与未来的“文化自觉”，知道其何所来，何所去，以及如何走。

学科自信不仅是一种认知，一种心态，也是一种以学术研究承担学科建设使命的生命实践。正是在生命实践的意义上，学科自信才能够具有强大的实践支撑，而不会成为仅仅出于乐观心态的盲目自信。因此，无论在个体意义上，还是在共同体的意义上，教育学者的学科自信都是一种自觉主动的心理建构和实践建构。在真实学术实践中，教育学者与教育学科建设之间，会形成一种相互交融的互构关系，即在为学科建设贡献力量的同时，不断提升自己的学术自觉和学科自信。毛泽东非常强调对本土问题的研究，指出：“我们研究中国就要拿中国做中心，要坐在中国的身上研究世界的东西。我们有些同志有一个毛病，就是一切以外国为中心，作留声机，机械地生吞活剥地把外国的东西搬到中国来，不研究中国的特点。不研究中国的特点，而去搬外国的东西，就不能解决中国的问题。”[②]可以说，是否能够真正扎根中国问题开展深度的学术研究，以此作为理论创生的实践之源，这在很大程度上是决定学科自信是否能够摆脱徒托空言困境的根本。

19世纪末至20世纪初期，在中国现代学术转型的过程中，许多学科的先行者“将西方来的新文化与中国固有的文化联系起来，使西方文化变成中国人能够理解的东西。他们或以中国文化解释西方文化，或以西方文化解释中国文化，有时以中国文化的眼光批评西方文化，又有时用西方文化的眼光批评中国文化”[③]。在这个中西互释的过程中，中国现代学术完成了初创，开始初步呈现出所谓的“现代性”特征。以早期社会学者为代表的一批学人，

① 李泽厚．世纪新梦［M］．合肥：安徽文艺出版社，1998：17.

② 毛泽东文集：第2卷［M］．北京：人民出版社，1993：407.

③ 冯友兰．中国哲学史新编：第6册［M］．北京：人民出版社，1989：124.

将西方学术理论与中国问题研究相结合，用西方理论来分析解释中国问题，在这个过程中，既逐渐接纳、植入了西方学术思想、理论，也逐渐发现了以西释中所存在的枘凿不合的困境，从而在左右奔突寻求破解的过程中，产生了最早的“本土化”“中国化”需求。例如，社会学在引介西学的同时，也尝试在各个分支学科中开展细致的应用研究以及社会实地调查研究，学科视野中的“中国问题”以及对这些问题的中国学者的解答方式等，均在世界社会学中产生了一定的影响，成为当时世界社会学界的一支力量，甚至创生出了近现代中国社会学最早的学派。①

中国教育学初创时期的故事，与社会学有相似之处，也有自身的某些独特性。尽管从整体趋势看，20世纪初期的中国教育学更多呈现出的镜像是“教育学在中国”，即主要通过留学教育、译介西学、邀约海外名家等途径引入欧美日等地区和国家的教育学理论。但是，依然有如王国维、雷通群、吴俊升那样的早期教育学者，一直没有放弃将传承中学与引入西学融合起来，创生中国的教育学理论。他们的努力，尽管还难说成功，但清醒的先觉意识和难能可贵的早期学术实践，却足以成为中国教育学术史值得记取的宝贵经验。20世纪20年代后的二三十年间，以陶行知、黄炎培、晏阳初、梁漱溟等为代表的一批学人，不仅通过著书立说发展教育学，更以扎根中国本土、变革中国教育的实际行动来发展教育学术。他们怀抱教育救国、教育强国情怀，将个人理想与国家命运紧密相连，使学术思考与人生实践圆融统一，扎根中国本土，力图以自己的热情与智慧改造中国教育，提升国民素养，达到强国强民之目的。在这些学术实践基础上生成的教育学思考，或许可以看作近代以来最早的本土形态的“教育学”雏形。并且，从中生发出的“中国化”意识，是真正带有“本‘土’感”的一种文化自觉。例如，陶行知自20世纪20年代就开始扎根中国本土教育实践、为改进中国教育寻求出

① 杨敏，褚世伟.中国社会学：百余年回眸与未来展望［M］.江苏社会科学，2021(1)：24—35.

路的艰难探索。在自身学术积累的基础上，经过一系列内含本土文化特质、极富创造性的教育实践探索，陶行知逐渐提炼生成出“教学做合一”“生活教育”“以教人者教己”等诸多富有个性特色和“泥土”气息的本土教育理论。1928年，他在为自选教育论文集《中国教育改造》所撰之序中明确宣称：“凡是为外国教育制度拉‘洋车’的文字一概删除不要，所留的都是我所体验出来的。”可以看作是直抒胸臆地表达了他立志走“本土教育研究之路”的思想追求。再如，梁漱溟致力于由文化、人文问题的探讨进入教育研究，并且在“乡村建设”的整体格局中建构“乡村教育理论”的独特研究路径等，直到今天依然闪烁着智慧光芒。虽然因为历史的局限以及本土教育学学术积累的孱弱，他们还无法创生出今天学科意义上的本土立场，也未完成理论与实践意义上各自的初衷，但这些尝试却在无形中让中国独特的文化传统以学术实践的方式表达出来。①

如果在学术自觉与学科自信的意义上界定叶澜的教育学研究，我们能够感受到几个极其鲜明的特色，或者也可以视为叶澜教育学研究持之以恒的关怀：一是她始终在与其他学科的对照与“对话”中，强化对教育学独特性的论证；二是她始终在与西方教育思想理论对照与“对话”的关系中，强化对中国传统教育精神和独特智慧的论证②；三是她始终在理论与实践交互生成、双向建构的意义上参与教育学科建设。因此，她的学术自觉与学科自信，是建立在扎根实践与创生理论的基础上的，是建立在对教育学科独特性的深刻认识基础上的，是建立在对中国传统教育思想和智慧深度认同基础上的。

三、教育学发展“世纪问题”的再思考

所谓两个世纪的相交点，从时间的延续性上来说其实并没有什么独特

---

① 孙元涛.教育学者介入实践：探究与论证［M］.重庆：重庆大学出版社，2009：124.

② 叶澜.中国哲学传统中的教育精神与智慧［J］.教育研究，2018(6)：4—7，23.

性。但是，在文化心理意义上，逢五、逢十、逢百的年份，往往会引发人们回顾、反思、展望、期待的心向。中国教育学的诞生，适逢20世纪初的1901年。[①]到20世纪末，教育学科在中国正好走过了一百年。整个20世纪，与中国起伏跌宕又波澜壮阔的发展史相似，教育学在中国的发展，也并非单纯按照所谓的学科规律或学科内部理论逻辑的顺序渐次展开的。事实上，如果从知识与社会的内在交融性上来看，中国20世纪的教育学科发展以及由此积淀生成的现代教育学知识系统，已经融入中国教育（一定意义上乃至中国社会）一百年来从传统走向现代的转型历程中。对于中国教育学来说，一百年的艰难探索，其间有大转折，也有小回环，有理论探究中“发现新大陆”的兴奋与轻快前行，也有方向骤然迷失后的迷惘与失落。在世纪之交的特殊时期，回溯一百年发展的得失，这几乎是所有学科乃至所有事业从业者共有的一种心向，教育学科自然也不能、不必置身事外。回望，是为了更好地出发；反思，是为了更好地前行。如果我们能够对一个世纪中国教育学科的发展有深刻且真诚的反思，则教育学科在一个新历史时期的更好发展会更可期。叶澜是一个善于反思的人，更是一个善于在反思中寻找新方向的

① 教育学导入中国的开端如何确定，目前存在着三种不同的意见。一种意见认为，西方教育学输入中国，是从19世纪末开始的。第二种意见认为，1899年，日本人剑潭钓徒节译自奥地利学者林度涅尔、连载于《亚东时报》第7—10号上的《教育学纲要》，是目前所见最早的中译教育学文本。第三种意见认为，教育学导入中国，应以王国维译自日本学者立花铣三郎的著作，并于1901年连载于《教育世界》上的《教育学》为开端。笔者认为，判断教育学导入中国的开端，不仅要看哪本以“教育学”命名的书最早“落户”中国，更要看“教育学”作为一门学问，作为一种知识类别，是以什么样的方式“落户”中国，是否得到了引入者甚至时人的接纳，以及对中国教育学的学科建设和发展起着怎样的作用。依此，笔者赞同上述的第三种意见，将1901年王国维译介的《教育学》的刊出，视为教育学导入中国的开端。做此理解，最直接的理由是，在教育学导入中国的过程中，王国维可以说是当之无愧的“开风气之先者”。他和由他担纲主笔的《教育世界》对于西方教育学的导入、传播，对于中国教育学的逐渐成长，发挥着重要的奠基性作用。（孙元涛.研究主体：体制化时代教育学者的学术立场与生命实践［M］.上海：华东师范大学出版社，2015：83—84.）

人。[①]21世纪初，叶澜主编的《二十世纪中国社会科学·教育学卷》，是对一个世纪以来中国教育学科发展历程、经验、教训等的全方位系统反思。叶澜自己撰写的第一编“二十世纪中国教育学发展问题的审视”，以“发展问题”为线索，抓取具有非常强的绵延性，且几乎在整个20世纪对中国教育学科发展产生深刻影响的三大问题，对教育学科的世纪发展史进行了深度的透析。在叶澜看来，这三个问题是“教育学百年发展历程中存在于每个阶段、以不同方式出现的共同问题”，因此，她称其为“中国教育学发展世纪问题”，包括政治、意识形态与学科发展的关系问题，教育学发展的“中外”关系问题，教育学的学科性质问题等。叶澜明确表达了回望与反思背后的价值关怀：“反思和探讨这些问题，是为了新世纪中国教育学研究的原创性发展，为了教育学独特的学术品质的形成与提升。”[②]

（一）百年教育学科史发展阶段的新认识

叶澜在《关于加强教育科学“自我意识”的思考》一文中认识到，对教育学科发展历史的划分，长期以来始终缺乏统一的认识。事实上，无论是学科史还是一般的思想史、制度史，关于历史时期的划分，常常也是学术争论的重要议题。争论的背后，其实主要是标准的确立问题。在一定意义上说，

---

① 笔者认为，善于反思、回望，善于在回望中总结提炼，这是叶澜个人学术生命自觉的重要体现。其主编的“生命·实践”教育学论丛第一卷即以“回望”命名。叶澜在书中发表了《从“冬虫”到“夏草”——“生命·实践”教育学生成过程的个人式回望》。（参见叶澜.回望［M］.桂林：广西师范大学出版社，2007：212—246.）几年之后，叶澜对自己领衔的“新基础教育”的研究史，以个人思想笔记的方式做了研究回望，参见叶澜.个人思想笔记式的15年研究回望［M］//叶澜，李政涛，等.“新基础教育”研究史.北京：教育科学出版社，2010：143—204.

② 叶澜.中国教育学发展世纪问题的审视［J］.教育研究，2004（7）：3—17.该文是叶澜在其主编《二十世纪中国社会科学·教育学卷》（上海人民出版社2005年版）总论的基础上压缩修改而成，为保证解读和阐释更全面，后面引用叶澜关于“世纪问题”的思想和论述时，主要参考著作总论。

学科史的阶段划分，其难度可能更甚于对社会（人类）发展史的划分，因为它既需要考察作为外部生态的社会发展变迁，也需要思考学科自身逻辑的变迁。

以华勒斯坦（Immanuel Wallerstein）为主席的古本根重建社会科学委员会曾指出："任何一门学科（或较大的学科群）都必须以学术要求与社会实践的某种特殊的、不断变化的融合为基础。这些要求和实践相互支撑，然后又得到该学科或门类的制度化再生产的不断增强。变化所采取的最常见的形式便是适应，即持续、细致地对据认为是传承而来的普遍经验与传承的方式进行调整。"[①]教育学科的发展状态和力量主要取决于内外两个方面的因素。一是它的客观基础和外部环境，即教育学科与社会、时代之间的紧密关系。这种关系越是合理而充分，教育学科的发展就越能够得到强有力的支撑和推动。一是它的主观条件和内部机制，即教育学科研究方式的活力和教育学科自身的理论完备性，教育学科的研究方式越有活力，其学科从业者越有学科认同、学科自信和学科责任感，学科内在理论逻辑越有力量，则教育学科越能够回应现实的需要，其在学科丛林里就越能确立自身的位置。学科发展内外交融的特点，决定了对学科发展史的阶段划分，需要有更综合、更抽象的视野。叶澜在定位中国教育学科的百年发展特征时，首先确认了两个基本事实。一是中国近代教育学科各科目的发展，其起点都是由国外"引进"的；二是教育学科"引进"的直接需要产生于19世纪末、20世纪初中国师范教育的创办和发展，即中国教育学的发展在发端处是与兴办现代师范教育紧密关联的——兴办师范，培养新型教师，催生出了对教育学科的急切需求；教育学科的快速引进并迅速植入大学学科体系，又反过来支撑和促进了现代师范教育的快速发展。确认这两个事实，一方面是为了更好地理解中国教育学科在初创时期的"原始性"特征，另一方面也为后面深化对中国教育学发展

① 华勒斯坦，等.开放社会科学［M］.刘峰，译.北京：生活·读书·新知三联书店，1997：53.

“世纪问题”的认识，提供了一个重要的基点。事实上，“引进”，且为了“急用”而加速甚至“多快好省”地引进，在20世纪很长时期内对中国教育学产生了极为深刻的影响。

叶澜将中国教育学的百年发展历程划分为六个阶段。特别值得关注的是，她对百年历程中的三次历史性中断和三次大的转向，做了深刻而独特的剖析。以笔者目力所及，这可能是中国教育学者中唯一从中断和转向维度对中国教育学科发展历程进行阶段划分的理论尝试。叶澜的阶段划分，兼顾了教育学科发展的外部生态和内部逻辑与机制。①

第一阶段从1901—1919年（或1915年）。这是近代教育学在中国的初建阶段。由于这一初建过程，主要是以从日本“引进”赫尔巴特学派的教育学理论或者在引进的基础上模仿编写自己的教育学论著为特点，因此，叶澜将这一阶段视为中国传统教育思想研究与教育学科建设的第一次中断。

第二阶段从1919—1949年。这是中国教育学由向日本学习转向欧美学习的阶段。叶澜称其为“引进方向的第一次整体转向”。在这段时间中，由于一大批留学归国人员参与了中国现代大学的创建和转型，并深度介入了现代新型学科建设，因此，这个时期的教育学科发展呈现出多元且空前活跃的状态。一大批对中国学术奠基产生重要影响的学者，在中西文化碰撞交融的特殊文化生态中“亮相”。

第三阶段从1949—1957年（或1956年）。中国教育学从学习欧美转向全面且几乎是唯一地学习苏联教育学，甚至把苏联教育理论封为马克思主义教育理论。叶澜将这个阶段称为中国教育学“引进方向的第二次整体转向”，也是教育学中断与1949年前的联系的“第二次中断”。

第四阶段从1957—1966年。由于中苏关系的变化，中国教育学被迫开展了“自救”，但在过度强调“中国化”的过程中，几乎“化”掉了教育

① 叶澜主编.二十世纪中国社会科学：教育学卷［M］.上海：上海人民出版社，2005：4—5.

学，丢失了教育学的学术品质，将语录、政策、文件等的摘录、解释等同于教育学研究。这可视为教育学科由“向外学”转为“向内树”的第三次大转向。

第五阶段从1966—1976年。中国教育学与其他学科一样，受到阶段性的毁灭性破坏，这也是学科发展历史中最严重的一次中断。

第六阶段从1977—2000年。教育学科进入全面重建时期。经过二十余年持续不断地发展，尤其是在改革开放的宏观背景下与西方教育学的深度交流，中国教育学开始进入到“自为时期”。但学科发展过程中遗留的诸多问题，如“引进”情结、“编教材”情结、缺乏原创性等问题，依然存在，且在不同阶段、以不同方式、在不同程度上表现出来，影响中国教育学的发展。

（二）“世纪问题”的反思

借助对六个发展阶段的梳理，叶澜明确了回顾与反思中国教育学发展“世纪问题”的基础，并提出了确定“世纪问题”的三个基本标准。一是这些问题应该是影响教育学科发展的根本性问题，而且迄今尚未得到很好的解决，研究这些问题有助于教育学研究的思想解放。二是这些问题集中在对教育学基本理论问题的认识上，深入研究这些问题将促进教育学研究的观念解放。三是这些问题的深层涉及的是教育学研究思维方式、方法论的问题，对这些问题的反思批判将有助于促进教育学研究的思维解放。基于这三个维度的考虑，叶澜展开了对“世纪问题”的深入反思。

1. 政治、意识形态与教育学发展的关系问题

20世纪初期，教育学在中国的发展经历了一个从引进知识、理论，到建构课程，直至进入大学体制逐步完成其学科建制的发展过程。[①]在中国，

① 孙元涛.现代学术转型与中国教育学的建立［J］.高等教育研究，2010（7）：92—96.

教育学最先进入大学学科体系，是从教会大学开始的。19世纪末20世纪初，较早觉醒要设立专门的教育学科的教会大学，将创办教育学科与传教活动联系在一起。到20世纪初，随着中国教会学校逐步走向专门化、正规化，大量教会中学和小学的出现需要大批师资，传教士接受教育学科的专业培训将有助于基督教的传播这一观点已在传教士中逐渐成为共识。因此，教会大学开设教育学科已被提到议事日程上来。[①]如果说，王国维译介《教育学》，引进的是作为知识形态的教育学，则晚清师范教育的引进和探索性建立，在大学逐渐植入的则是作为课程形态的教育学，及至大学学术体系、学科体系现代化转型，引发知识分类体系的深度变革，作为“学科建制”的教育学开始在中国大学中创生，并在不断的改组、改革中被逐渐接纳，遂演变发展成为现代学科建制意义上的一门正式学科。

由于中国传统学术体系中，并无现代学科建制意义上的“教育学”，所以，中国教育学主要是以“引进”的方式降临中国的。而促成这一降临的，除了中日、中西之间学术交流的影响之外，更重要的是与中国当时救亡图存的政治抱负紧密关联的。正是应着这一强烈动机，教育学在中国的“落地”，从一开始就体现出非常急切的引进心理。而且，与其他学科不同的是，教育学的引进，是与振兴教育、兴办师范的强烈需求“绑定”在一起的。1904年的《时报》曾发文指出：“今日中国之言革新者，不论保守党、进步党、急激党，莫不公认教育为当今唯一之问题矣。即教育而论，不论官立学堂、民立学堂，莫不公认师范为当今唯一之急务矣。”[②]根据晚清学者的

① 肖朗，项建英. 学术史视野中的近代中国大学教育学科［J］. 社会科学战线，2009（9）：200—207.

② 论中国成就师范之难［M］// 朱有瓛. 中国近代学制史料：第二辑・下册. 上海：华东师范大学出版社，1989：275.

认识，兴办师范，教育学可以说是一门特色化的必须科目。[①]而利用文化交流上的独特便利，借道日本，急速翻译、编纂、引进各种版本的教育学讲义、教材，成为人们所能够想到的最直接的解决办法。如康有为称“日本之书，为我文字者十之八”[②]。张之洞在《劝学篇》中指出：“学西文者，效迟而用博，为少年未仕者计也；译西书者，功近而效速，为中年已仕者计也；若学东洋文，译东洋书，则速而又速者也。是故从洋师不如通洋文，译西书不如译东书。”[③]“急用”催生“亟需”，“亟需”催生“急译”，遂导致日文中译对人才水平要求过度宽松，造成“翻译内容不具，种类繁多，日文中译事业总体上表现出一定的混乱性局面”。[④]极力倡导借道日本译介书籍的梁启超，对后来出现的风起云涌的译介日书活动有所反思，并作了如下自我批评：“壬寅、癸卯间，译述之业特盛，定期出版之杂志不下数十种。日本每一新书出，译者动辄数家。新思想之输入，如火如荼矣。然皆所谓‘梁启超式’的输入，无组织，无选择，本末不具，派别不明，惟以多为贵，而社会亦欢迎之。盖如久处灾区之民，草根木皮，冻雀腐鼠，罔不甘之，朵颐大嚼，其能消化与否不问，能无召病与否更不问也，而亦实无卫生良品足以为代。”[⑤]

由此可见，教育学在中国的创立与发展，是与强烈的救亡图存、教育救

---

① 例如，梁启超作为笔者目前已知的最早专论师范的学者，在论及中国兴办师范的重要意义时指出：“欲革旧习，兴智学，必以立师范学堂为第一义”；“师范学校立，而群学之基悉定”；梁启超还特别提到，日本师范学校设置有“教育”科。梁启超. 论师范［M］// 朱有瓛. 中国近代学制史料：第一辑・下册. 上海：华东师范大学出版社，1986：980—983.

② 康有为. 广译日本书设立京师译书局折［A］// 中国出版史料补编. 张静庐，辑注. 北京：中华书局，1957：48.

③ 张之洞. 劝学篇［M］. 李忠兴，评注. 郑州：中州古籍出版社，1998：128.

④ 孙建国. 清末民初日文中译与转贩西学问题研究［J］. 河南大学学报（社会科学版），2001(6)：59—64.

⑤ 梁启超. 饮冰室合集：专集之三十四［M］. 北京：中华书局，1989：67.

国等政治诉求紧密关联的。这一方面可以视为教育（进而教育学）的社会属性，尤其是政治属性之一，但另一方面也反映出，教育学从其创立时，主要就不是依循学术、知识等内生逻辑而逐渐演化的。自1914年教育学逐渐跻身大学殿堂，成为一门相对独立的学科开始，中国教育学曾在中西深度交流，尤其是借助留学归国人员的引进，有过一段黄金发展期。但是，时局动荡、内忧外患的社会生态，使中国教育学的发展空间受到很大的挤压。无论是由外交政策变化而引发的对欧美教育学的追随，还是后来国民党党化教育所诱导产生的“三民主义教育学”等，均反映出当时教育学受到政治意识形态深刻的影响。从中华人民共和国成立至1976年的几十年间，中国教育学的发展，受到政治风向的影响极为深刻。无论是全面引进苏联，还是全面批判苏联，及至在强烈的民族自尊心驱使之下剔除所有的外来话语关起门来搞自己的教育学，再到后来干脆中断教育学研究等，反映出的都是政治对教育学发展的强力影响。1977年之后，尤其是进入20世纪80年代之后，中国教育学真正迎来了反思重建、加速成长的时期。其间的若干场严肃认真的学术争鸣，反映出中国社会真正进入了思想解放、学术解放的转折期。

叶澜按照时间线索，分四个阶段、四种形态，就政治与教育学科发展的关系，进行了深度透析。其中对一些问题的分析和判断，从研究主体的角度看，表现出的是教育学研究者难得的理论正气、底气和勇气，从客观环境的角度看，一定程度地反映了世纪之交中国学术整体生态的宽容与开放。叶澜预见，政治与教育学的关系问题，在21世纪还会存在，但“不会再处于影响新世纪教育学发展的第一大问题这样‘显赫’的地位，因为中国正在向社会主义政治民主建设的大方向发展，它将为中国的科学与学术的发展提供更为广阔的空间”。[①]

① 叶澜.二十世纪中国社会科学：教育学卷［M］.上海：上海人民出版社，2005：15.

2. 教育学发展的“中外”关系问题

中国教育学由“引进”开端，这一事实，决定了如何处理“中外”关系问题，将会成为中国教育学科发展过程中一个摆脱不了的大问题。这一问题，再加上对中国社会影响更大的政治意义上“中外”关系的深度影响，变得更为复杂而沉重。

与以往研究不同，叶澜不仅指出了中国教育学以“引进”而创生的事实，更重要的是在对比中分析了为什么其他学科引进后有了较好的发展，而中国教育学的成熟度和学科水平不高的原因。叶澜指出，中国传统文化固然不缺少伟大深刻的教育思想，但是，与西方经常出现教育学论著不同，中国在整个漫长的历史中，都未曾出现专门的、系统化的、具有强阐释力的教育学论著。因此，教育学基本是以“全盘引进”、中断传统的方式逐渐在中国落地的。教育学传统内生理论的欠缺和“急用”心态的刺激，对中国教育学发展产生了极为深刻的影响。叶澜批判说：“教育学在中国的百年历程中，形成了对国外教育学‘翻译’、‘介绍’到‘述评’、‘编纂’、‘自编’等一系列消化吸收的‘中国范式’，并随着吸收对象的更替而多次循环，还视这种‘循环’为‘发展’。”[①]叶澜对20世纪上半叶中国从西方引进的教育学科各类书目做了表格化呈现，刻画出当时西方教育学理论在中国教育学科发展中占主体和支配地位的状态。中华人民共和国成立后，教育学引进中的“中外”关系问题，很长一段时间变成了“中苏”关系。但是，值得反思的是，在很长一段时间内，我们几乎依靠“引进”而存活。当“引进”终止，我们要白手起家建构自己的话语和理论体系时，中国教育学可资利用的理论资源少得可怜，以至于有很长时间陷入理论匮乏的学术空白期。因此，从20世纪初的引进开始，可以说，中国教育学对西方和苏联教育学的严重依赖状态，一直延续到20世纪80年代。

① 叶澜.二十世纪中国社会科学：教育学卷［M］.上海：上海人民出版社，2005：19.

在批判引进的“中国范式”之后，叶澜也客观评析了20世纪不同历史时段中“中国化”意识的几次觉醒和探索。叶澜认为，20世纪上半叶，中国教育学者探索“教育学中国化”的努力，主要是通过两条途径。一是采取“本土教育研究”路线，即从关注中国本土的教育问题入手，尝试逐渐形成某种教育流派或理论。这一路线的实践者包括蔡元培、黄炎培、陶行知、梁漱溟等。二是采取“教育学的本土改造”路线。即在教育学理论研究和表达中，凸显中国立场。这一路线的倡导者包括雷通群、吴俊升、罗廷光等。叶澜肯定了在当时这两种路线的积极意义和难得的历史贡献。但同时也尖锐地指出：他们所倡导的中国化的努力，还主要集中在对中国国情和问题的关注上，对于西方的理论框架、基本概念等还未形成突破性研究，缺乏原创性是其致命缺陷。同时，还存在着把意识形态式的、为解决民生国计问题而提出的教育问题当作“中国化”主要议题的问题，缺乏教育学意义上的独立思考。或许更重要的是，除极少数学者的探索之外，绝大多数的“中国化”倡导，倡导者本人也只是表现为某种“表态”，未能真正付诸学术研究实践。1949—1976年，由于政治的影响，中国教育学也曾有过短暂的“中国化”的表态和尝试，但是，彼时的很多“中国化”，是把摘录注解政策、方针、语录等当成了教育学术研究，在刻意凸显“中国立场”的同时，几乎是“化解”掉了教育学的学术本质。

叶澜将20世纪最后20年的教育学发展，视为“在学科发展意义上进展最大的时期”。她从三个维度分析了这个时期的教育学进展。一是教育学研究视野的拓展。这不仅表现为教育学与横断学科之间通过交叉研究不断衍生出新领域，而且也表现为教育学对更广泛的基础学科的学习和借鉴，以及从哲学、心理学等学科中一些此前未触及的新的学科理论的引入。二是教育学研究的深化。它表现为对一些基本理论的深化认识、对分支学科和专题研究的纵深挖掘，以及研究方法意识的觉醒，同时也表现为对教育改革实践研究中逐渐改变教育理论与实践的关系，实现二者的协同发展与交互建构。三是教育学的学科自我意识的加强和发展机制的初建。主要表现为元教育学研究、教育学科元研究等新领域的开辟。

对于教育学科发展的“中外”关系问题，叶澜认为，从总体上看，至少到21世纪最初的几年，教育学界“向外看”“从外取”“以外为准”的心态与学风还颇盛行。她甚至担心，进入21世纪，随着全球化和信息化的发展，“中外”关系问题有可能上升为制约教育学术发展的第一大问题。①

3. 教育学的学科性质问题②

教育学的学科性质问题，既是教育学引进之初就存在争议的问题，也是直到20世纪末依然没有得到根本解决的问题。叶澜认为，20世纪对教育学学科性质的认识，可以分为两个方面。一是教育学的知识性质问题，即它究竟属于理论性学科还是应用性学科？甚至于在教育学科内外部，都存在某种极端尖锐的疑问：教育学究竟有没有理论？二是教育学究竟归属于科学，还是哲学，是人文科学还是社会科学，或是其他？以这些问题为线索，叶澜对教育学的学科性质问题，不仅有一般意义上的分析，更有从中国教育学科发展的独特性的角度进行的个性化分析。首先，叶澜认为，中国教育学在引进时就带着强烈的“急用”色彩，造成“教育学在中国发展的最大障碍是缺乏理论上的根基和动力”。叶澜进而指出，“教育学之所以缺乏与其他社会科学、人文科学平等对话……缺乏不可取代的独特性和缺乏深入意义上的基本

① 在撰写这部分内容时，距离叶澜提出这一警示已经过去了20多年。回头看21世纪的前20年，教育学科发展中的“中外”关系问题，似乎并未得到有效缓解。中国教育和中国教育学，在享受全球化带来的信息共享乃至同步化“福利”的同时，似乎是更得心应手地把引介、翻译、模仿、改造当作了理论创生的捷径。某些大学所引领的重海归学者、重海外发表等所谓风尚，正在进一步“推动”包括教育学科在内的很多学科的“中外”关系问题的发展。

② 教育学的学科性质问题，是叶澜长期、持久关注的教育学基本理论问题。叶澜在多篇文章、多本著作中论及该问题。本书对叶澜在该问题上核心观点的解析，主要放在中篇。但为了保证我们对叶澜关于“世纪问题”反思的完整性，在这里做非常简要的概括。

理论水平是主要原因”。[①]其次，叶澜也对20世纪中国教育学科的两次科学化努力做了反思。认为教育学的学科属性问题，尤其是其科学属性问题，迄今并未形成统一认识。叶澜本人更倾向于超越哲学与科学或人文科学和社会科学的分类框架，以复杂性的思维方式来认识和思考教育学。[②]

① 叶澜.二十世纪中国社会科学：教育学卷［M］.上海：上海人民出版社，2005：43，45.

② 叶澜在其《教育研究方法论初探》一书中曾对这一观点做过初步阐释。

第二章　学科独立性问题再认识

> 教育内在过程的机制与逻辑的揭示，是教育学的核心构成，也是衡量教育学作为独立学科存在的理论成熟度的标准。
>
> ——叶澜

1806年，赫尔巴特在《普通教育学》中非常清晰地表达了他对教育学学科独立性的期望："假如教育学希望尽可能严格地保持自身的概念，并进而形成独立的思想，从而成为研究范围的中心，而不再有这样的危险：像偏僻的被占领的区域一样受到外人治理，那么情况可能要好得多。任何科学只有当其尝试用自己的方式，并与其邻近科学一样有力地说明自己方向的时候，它们之间才能产生取长补短的交流。"[①]在一定意义上说，赫尔巴特的这一表态，以及围绕这一愿景在理论建设方面所进行的杰出探索，是赫尔巴特被誉为"科学教育学的奠基人"的重要原因之一。赫尔巴特之后的二百余年里，教育学在自觉的学术努力下开枝散叶、开疆拓土，逐渐成为一个庞大的学科群落。但是，关于教育学学科独立性问题的质疑与辩护，却并未因教育学科事实上的确

① 赫尔巴特.普通教育学·教育学讲授纲要[M].李其龙，译.杭州：浙江教育出版社，2002：11.

立得到消解。可以说，对教育学学科独立性问题的质疑与批判、辩护与论证，构成了教育学学术史上一个重要的“公案”。①

一、关于否定教育学独立性观点的反思

无论是教育学现代知识体系的引入，还是作为课程的教育学在大学的植入，抑或是作为建制的教育学在大学体系内的确立，教育学降临中国的时间与其他人文社会科学相比并不滞后。在伴随中国学术现代转型而逐渐培育起来的学科门类中，早期留学归国的教育学者无论从规模还是从当时的职位和社会地位，较之其他学科都毫不逊色。那么，为什么其他学科并没有像教育学科这样，外部不断涌现诸多对其学科独立性的怀疑和质疑，内部亦从不缺乏对自身学科地位的不安与焦虑？这究竟是由教育学科自身的某些属性、特色决定的，还是主要由教育学者的现实作为造成的？这些问题，长期缠绕在教育学科的发展过程中，不同时段中常常会以不同的形态浮现出来。

（一）对否定学科独立性论据的剖析

教育学的学科独立性问题之所以备受关注，除了因为它是教育学作为一个学科“安身立命”的逻辑前提之外，还因为它维系着教育学者的学术自尊与学术自信。因此，为教育学之学科独立性进行论证与辩护，成为许多教育学者自赋的学术使命。叶澜对教育学学科独立性问题的判断，是从“清理地基”开始的。即先清晰界定问题的性质或意义究竟是什么，或者说，在什么意义上来讨论这个问题，才是有意义的，而不是徒托空言的。叶澜指出，从学科建制的角度看，无论在中国还是其他许多国家，教育学都已经是一个独立意义上的学科。她从课程、院系组织、学位、从业人员以及中外、官方与

① 孙元涛.教育学“学科独立性”问题再认识［J］.河北师范大学学报（教育科学版），2009（4）：5—9.

学界等多个维度，论证了教育学科作为一个独立学科的事实性存在。但是，教育学学科独立性问题之所以依然屡屡被旧事重提，盖在于学科外（无论是学术同行，还是理论的需求者如教育决策者或教育实践者）始终存在对教育学作为一门学科的存在价值、存在合理性的质疑。而学科内部，亦广泛存在形形色色的自我怀疑声音，这些声音，有的是因为无法有底气地回答外部质疑而产生的不自信，有的是因为在对教育学科的深究中产生了自己无法解释的困局，还有的则可能是因为要为教育学科的发展寻找一条“非学科化”的道路而反对将教育学局限为学科层面的理解①。

在明确了学科独立性问题的所指和价值关切之后，叶澜非常细致地分析了国内外否定学科独立的各种观点的理论依据。对这些论据的分析，叶澜兼顾了时间与代表人物、代表观点两条线索。例如，关于国外相关论点的分析，叶澜的分析在时间上跨越了从19世纪末到20世纪末的一个世纪，在代表人物上选取了杜威、胡森等在世界教育学界享有盛誉的学者，对他们在教育学科性质、地位、独立性等相关问题上的观点做了细致的分析。在这个基础上，叶澜从教育学核心术语和研究传统的维度，尤其是借鉴“日耳曼式教育学”和“盎格鲁式教育科学”两大研究传统分野的分析框架，分析了为什么原本可以不成问题的教育学科的独立性问题，会成为学术界“嚼不烂的老问题”。叶澜的分析不仅揭示了问题，而且也揭示了问题背后的问题。一是在关于“教育学”术语的分歧中，以及在不同研究传统影响下的教育学科发展走向中，遗憾地缺失了从中国文化传统中生长或培育出来的“教育学”概念。而且，这种现象在延续了一百多年后，迄今没有改善的迹象。二是国内关于教育学科独立性的诸多否定性意见，几乎也是从国外“进口”的。推进学科建设靠“引进”，反思学科发展问题也要靠“引进”，这种无自我的所

① 如坚持认为教育学是“领域”而不是“学科”的观点。

谓学术国际化、全球化，是中国教育学科“软骨病”的表征。[①]

（二）对“否方”贡献与观点的辨析

叶澜将否定教育学学科独立性的纷杂观点，提炼概括为三种类别：不合格终结论、内分裂替代论和无边界领域论。从叶澜一贯在论著和现实言行中表现出的强烈学术自觉、学科自信和教育学立场来看，叶澜对这些观点并不认同，但她客观地评析了这些观点对教育学科发展的三重贡献。一是这种否定的观点，使教育学科的发展始终处于受审视的位置，而且，不同学者、不同时代不断推陈出新的否定性观点，也在一定程度上倒逼认同学科独立性的学者，不断丰富强化对问题的论证。叶澜将这种“倒逼”的力量或贡献，称之为对教育学科发展的动力式贡献。二是这种否定的观点，为突破教育学科原有的稳定框架，乃至促进教育学科内新兴学科或研究方向的创建，提供了新的研究资源。三是这种否定的观点及其相关理由、论证，很大一部分成为事实上的教育学科元研究的构成部分，这对于加强教育学科的“自我意识”，警醒教育学科不断丰富自己的理论基础和逻辑体系等，客观上产生了促进作用。

在承认“否方”观点贡献的同时，叶澜对否定学科独立性的所谓“三论”做了进一步的辨析。与前面对不同时代、不同观点的撮要分析不同，这里的辨析，明显进入了“元层次”，从观点和学术界的现象与“面相”中超拔出来，分析其背后的支撑理念。

叶澜认为，“不合格终结论”往往是以业已成熟的、受到广泛认可的自然科学的研究范式、信念、态度、方法等为标准，来审视和要求教育学科，从而产生对教育学科的判断。由于自然科学在推进技术进步和解决科学理论和实际问题时形成了强大的影响力和可信度，因此，以这种示范性来要

---

① 叶澜. 回归突破：“生命·实践”教育学论纲［M］.上海：华东师范大学出版社，2014：111.

求、塑造和审察包括教育学科在内的人文社会科学，就成为一条顺理成章的学术评价思路。人文社会科学（包括教育学科）在自然科学或潜移默化的渗透或强势逼压之下，不断调整自己的因应策略，逐渐发展出两条路线。第一条可称之为明线，即“直接移植自然科学形成概念的路径与研究定量化的方法，形成对本领域内一般规律的、有自然科学式依据和方法为支撑的普遍定律与体系性构建”[①]。心理学、经济学等学科是采取这条路线的典型代表。在人文社会科学的阵营中，类似这样的学科，往往自认为是转型成功、更贴近“自然科学”、更具有普适性且更具有跨文化对话可能的学科。它们从某个角度证明，人文社会科学现象，至少可以部分地采用自然科学的方法进行研究。但是，关于这些学科在回应社会实践问题，或反哺学科共同体方面的贡献，内外部评价之间往往存在较大的反差。尤其是就学科的民族化、本土化、中国化建设而言，这些学科由于更多地趋近国外所引导的自然科学路线，因而在自主建构原创性理论方面遭到不少内外部压力。第二条路线可称之为暗线，它主张摆脱形而上学和自然科学的双重影响，在与自然科学抗衡的意义上寻找自身研究对象、方法（论）的独特性，从而建构符合人文社会科学特性的研究方法。以狄尔泰（Wilhelm Dilthey）为代表的“精神科学”研究可视为这条路线的典型。之所以称其为暗线，是因为从表面看来，精神科学研究所致思、致力的方向，无疑是刻意凸显人文社会科学与自然科学之间的差异性、不可通约性，正是在这一意向引领之下，精神科学试图分别以“说明”和“理解”来标识自然科学研究与精神科学研究之间的根本差异。但是，精神科学表现出的与自然科学的决裂，在方法论意义上，却恰恰是对自然科学所代表的实证主义方法论的模仿。当代德国著名哲学家哈贝马斯（Jürgen Habermas）批评狄尔泰一心期望使精神科学成为一门“精确科学”，认为他“在实践的生活联系和科学的客观性的这种对比中，接受了一

① 叶澜. 回归突破：“生命·实践”教育学论纲［M］. 上海：华东师范大学出版社，2014：113.

种秘密的实证主义”“狄尔泰想按照纯描述的理想将解释学的理解变成静观的东西”，其结果是“狄尔泰最终也摆脱不了实证主义的束缚”。[①]伽达默尔则更不客气地批评狄尔泰的思想根基是“未加分析的笛卡尔主义”。[②]在一定程度上可以说，狄尔泰越是想要刻意摆脱自然科学的影响，自然科学对他的影响就越深刻，越难以摆脱。叶澜在分析了明暗两条路线之后指出，以自然科学的标准和规范来逼问教育学科，并以此为依据质疑教育学科的存在合理性，实际上是一种前提性问题上的停滞。一方面，在“学科”概念不断丰富发展的背景下，等级式的偏狭学科观在培根时代就已经得到了修正。叶澜辛辣地批评：“用老爷式的姿态嘲讽尚未充分发展的学科，不是近代、更别说是现代科学家应有的态度。”[③]另一方面，自然科学所坚持和倡导的实证主义方法论，其本身也存在严重的缺陷。它不仅在认识人文社会科学现象、问题上存在功能性缺陷，即便在自己最擅长的自然科学研究中，也存在回答不了、解决不了的诸多问题。叶澜指出：“方法重要，但不是学科有无可能发展的唯一保证，方法只有在与对象、问题、目的的相互关系和相互作用中，才能呈现其价值与水平。”这些在当代科学哲学中几乎已成共识的观点，之所以依然在判断教育学学科独立性问题时缺位，反映出的或者是在封闭学科观影响之下的轻慢，或者是对教育学科不自信所产生的习惯性示弱。

对于“内分裂替代论”，叶澜认为这一观点的产生，是源于教育学科内部的分化发展。叶澜从两个维度分析了这一观点存在的理由：一是以欧美教育学，尤其是美国教育学为范本来加工“修剪”中国教育学。其内部逻辑通常是，教育学内部的某某学科，在美国教育学中找不到对应的学科，因此，

---

① 哈贝马斯.认识与兴趣［M］.郭官义，李黎，译.上海：学林出版社，1999：170.

② 伽达默尔.真理与方法：哲学诠释学的基本特征［M］.洪汉鼎，译.上海：上海译文出版社，1999：306.

③ 叶澜.回归突破：“生命·实践”教育学论纲［M］.上海：华东师范大学出版社，2014：114.

中国教育学理应淘汰这些学科；或者，美国教育学下设了某某学科，中国教育学目前没有，所以应该增设，如此等等。就前者言，教育学中作为二级学科的“教育学原理”，以及教育学原理中的重要研究方向“教育基本理论”，在美国都很难找到较为准确的适配，因此，其存在合理性常常受到质疑；就后者言，近20年来，中国教育学界或隐或显的课程论与教学论之争，以及与“学为中心”一脉相承的试图以“学习”话语替代“教学”话语乃至“教育”话语的主张，均可视为“替代论”的表征。二是教育学科内部子学科的繁殖和发展壮大对母学科的削弱。这种削弱效应之所以发生，可能是因为子学科逐渐发展壮大之后，表现出较为强烈的“上位”倾向，即想要从子学科的位置挣脱出来，直接升成一级学科。近年来教育学领域中关于“高等教育学”是否是一级学科的讨论是这一倾向的代表。①也可能因为子学科在成长发展的过程中，更多致力于经营自己的“小天地”，“忽视对教育的整体性认识与基本理论更新的关注和联系”。②还有一种可能是各子学科在发展的过程中，直接越过母学科，与外部学科建立更紧密的关系，甚至直接应用或移植其他学科的理论。例如，德育论更多引用伦理学、政治哲学的理论，课程与教学论更多引用心理学理论，学校管理学更多引用管理学理论，等等。叶澜引用皮亚杰在《人文科学认识论》中对有关母学科和子学科（含交叉学科）关系的相关分析，指出，母学科与子学科不仅不应该呈现互损的发展格局，反而应该在协同发展中走向共荣。“替代论”“不仅混淆了特殊与一般、局部与整体的层次关系，在理论上站不住脚，而且在实际上造成了损伤教育学科群内生态的消极影响，忘记了本学科在发展对教育整体认识上承担的责任。”叶澜进而指出，在这一非常简单的问题上出现反常的论点和现象，主

① 李均，李鸿.建设“教育学一级学科”背景下高等教育学科的困境与出路［J］.大学教育科学，2016（2）：99—104.

② 叶澜.回归突破：“生命·实践”教育学论纲［M］.上海：华东师范大学出版社，2014：115.

要不是认识问题，而是价值取向上出了问题。这一尖锐批评，实际上是在价值观、学科自信、学术责任等维度呼吁教育学者的反省与理性自觉。

关于“无边界领域论”，叶澜重点批判了以杜威为代表的否定教育学学科独立性的两种观点。之所以选择杜威的观点来做辨析，很大程度上是因为杜威对教育学作为独立学科的否定，在教育学领域有很大的影响力。杜威极为看重科学对教育发展的价值。他认为，如果没有科学，教师工作仅凭经验和灵感维系，尽管会有非常好的教师，但是他们的经验会“随他们生而存在，随着他们死而消失；受益的只是那些和这种天才教师有个人接触的学生……但是，有了科学，能使天才的经验有共同的功效；有了科学，能使特殊能力的结果变为其他研究人员工作装备的一部分，而不致自生自灭”。[①]杜威所生活的时代，正是科学发展日新月异，人们对科学塑造未来美好生活充满憧憬的时代，因此，杜威强调教育中科学的重要意义，是一种颇为正常的姿态。后世人在解读杜威关于教育科学独立议题时，往往忽略的一个重要事实，是杜威对教育科学资源和教育科学内容的细致划分：

> 教育科学的最终的现实性，不在书本上，也不在实验室中，也不在讲授教育科学的教室中，而是在那些从事指导教育活动的人们的心中。有些结果，虽然对于从事教育活动的人们的判断、计划、观察的态度和习惯，没有起什么作用，仍可以是科学的结果。但是，没有这种作用，它们就不是教育[②]科学。它们是心理学、社会学、统计学，或者诸如此类的东西。
>
> 这是我们整个讨论的关键所在。我们必须把教育科学的资源和科学的内容区别开来。我们常有混淆两者的危险，我们往往假定，某些结

① 杜威.教育科学的资源［M］// 杜威教育论著选.赵祥麟，王承绪，编译.上海：华东师范大学出版社，1981：278.

② 文中着重号均为原文所加，下同。

果，因为它们是符合科学的，就已经是教育科学了。我们要记住，这些结果，乃是教育者利用的资源，使教育工作的进行更加明智，只有这样，才能有所启发，透彻和进步。①

之所以将杜威的两段原话摘录于此，是为了更精细地解读杜威心目中的教育科学观。在他看来，教育借用其他科学的理论、技术、手段等来改进实践，这只能是教育科学资源，而不是教育科学内容。亦即，这里的“科学”，不是教育的属己性知识，而是借用的其他学科的知识。只有教育拥有自己的属己性知识，才算是真正意义上的教育科学。正是在这个意义上，杜威提出了他独特的教育学学科独立性的论断：“我们没有一门特别独立的桥梁建筑学，同样也没有一门特别独立的教育科学，但是，从其他科学抽取来的资料，如果集中在教育上的问题，就成为教育科学的内容。”②杜威把教育实践称为“社会工程学”。他认为，教育作为一门艺术，之所以比其他普通工程学的部门如土地测量、桥梁建筑等落后，除了从业者所受系统训练较少之外，“突出的事实是：为实际教育工作者的工作提供科学内容的科学，要比较不成熟些。例如，作为教育的科学内容的人文科学——生物学、心理学和社会学——比之数学和力学，要落后些”③。不难看出，杜威虽然非常看重教育实践需要依赖科学，但他不认为存在独立形态的“教育科学”；值得玩味的是，因为否定独立形态的教育科学存在的必要，杜威为当时教育实践的落后找到了很好的理由：由于支撑教育艺术的其他学科相对落后，才导致了教育艺术的落后。

① 杜威. 教育科学的资源［M］// 杜威教育论著选. 赵祥麟，王承绪，编译. 上海：华东师范大学出版社，1981：280.

② 杜威. 教育科学的资源［M］// 杜威教育论著选. 赵祥麟，王承绪，编译. 上海：华东师范大学出版社，1981：281.

③ 杜威. 教育科学的资源［M］// 杜威教育论著选. 赵祥麟，王承绪，编译. 上海：华东师范大学出版社，1981：281—282.

叶澜从两个维度批判了杜威的教育科学观。第一，杜威将教育科学与桥梁建筑学类比是不恰当的，桥梁建筑的确需要广泛应用工程学、力学等学科知识，但在学科广泛交融的时代背景下，应用别的学科，与拥有自己的学科知识，并不是非此即彼的关系。所以，叶澜批判说："此时的杜威，一方面受科学立场的影响，一方面受时代的局限，还不能认识到'综合性'的学科也是独立的学科。"①第二，杜威并没有精细区分作为其他学科的"理论基础"与本学科自身建设所需要的"基础理论"的差别。因而才得出教育科学只需要其他学科作为资源，而无须建设独立的教育科学的结论。叶澜认为，由于杜威在教育学史上的重要性，杜威的这一思想，有可能使教育学者放弃自身学科独立性的持续追求，进而有可能进一步巩固作为教育科学资源的其他学科在面对教育学科时的轻慢。②

通过对国内外具有一定代表性的否定教育学学科独立性的诸多观点进行精细的分析和深度辨析之后，叶澜为教育学独立性问题的讨论清理好了地基。这一进入问题、解析问题的思路，是叶澜在"元层"思考教育学科发展问题的一个重要特征。她喜欢深入问题的根基处进行深度透析，善于从问题的诸多乱象中抽离超拔出来，在思维方式、方法论方面辨析各种观点背后的信念、价值和理论基础。

二、学科立场的寻问

在现代汉语中，所谓立场，指认识和处理问题时所处的地位和所抱的态

① 叶澜. 回归突破："生命·实践"教育学论纲［M］.上海：华东师范大学出版社，2014：117.

② 叶澜. 回归突破："生命·实践"教育学论纲［M］.上海：华东师范大学出版社，2014：118.

度。[①]按照《牛津中阶英汉双解词典》的解释，立场对应的英文词standpoint的意思是“思考某个问题的特定方法”（a particular way of thinking about something）。[②]每一个人，当他具有了清晰的自我意识时，他的思考和表达，就与一定的立场紧密关联起来了。他所处的物理空间和文化心理空间、他的身份和地位、他的阶层和角色、他与他者即其他周边生态之间的微妙关系等，都或隐或现地形塑着他的立场。在很多时候，人们需要提醒自己或被他人警示：要把自己的立场表达清楚；但也有一些时候，人们往往被迫或自觉地隐藏自己的立场，或者有意淡化、刻意抑制自己的立场。汉语“立场”一词的表意性非常传神。“立”表征一种存在感。“场”字蕴含着丰富的社会动力学意涵。它是一种虚拟的力量，无形却又实存，无所在却又无处不在。因此，人可以有意识地强化或弱化、表露或隐藏、坚持或改变自己的立场，但是人很难真正做到无立场，除非他还是个自我意识阙如的婴儿，或者因为伤病丧失了自我意识。在有意识的主体中，笔者能够寻觅到的“无立场”的唯一案例，是美国学者罗尔斯（John Bordley Rawls）所构想的“无知之幕”（veil of ignorance）[③]。但“无知之幕”只是一种现实世界中不存在的理想设计。

世界原本是圆融甚至混沌的。但是寻求确定性、确定感几乎是人的一种天性。于是，完整的世界已经被分割为无数带着具体符码的箱格。每一个具体个人其实都可以按照不同的标准被划归到不同的箱格中。所以，人的立场也就有可能逐渐细化成为政治立场、学术立场、学科立场、学派立场等。在教育学学科独立性议题上，学科立场是一个不可或缺的思考维度。叶澜可能

① 中国社会科学院语言研究所词典编辑室. 现代汉语词典［Z］. 7版. 北京：商务印书馆，2016：802.

② 牛津中阶英汉双解词典［Z］.5版. 北京：商务印书馆，2016：1306.

③ 笔者认为，“无知之幕”是一个极为大胆的思想设计。这或许是保证公共决策不受特殊利益绑架的最合理的设计。但大幕降下，如果所有幕后之人都真的“无知”，则理性选择其实也就无从谈起了。这也是罗尔斯广受质疑的重要问题。

是中国教育学领域中最早倡议开展教育学学科立场研究的学者。[①]叶澜为什么看重学科立场问题？叶澜所称的学科立场主要指什么？学科立场为什么被视为思考学科独立性问题的重要方向？

（一）学科立场的内涵与特征

叶澜认为，学科立场是由学科研究主体确立的，是观察、认识、阐明与该学科建构和发展相关的一系列前提性问题的基本立足点。[②]她从三个维度进一步扩展了对学科立场的解释。

首先，学科立场是一个学科的专职从业者从事学科研究的基础。倡导价值无涉的德国社会学大师马克斯·韦伯（Max Weber）之所以告诫研究者要悉心看护自己，不要因为“价值涉入”造成对研究过程的“污染”，就是因为他洞悉了“价值立场”的广泛存在。按照韦伯的理解，“科学家绝不是头脑空白地接近现实。现实总是要经过某一个概念透镜而被过滤。我们总是从某个特定的立场来了解这个世界。某个立场总会涉及一系列有关这个世界本

① 在知网上，以“学科立场”为篇名搜索项，共查到中文论文25篇，其中教育学领域的论文16篇，其余9篇来自图书情报学等学科。在教育学科的论文中，归属于“普通教育学”或“教育基本理论”的论文，即在一般意义上来谈教育学的学科立场的论文共8篇，在教育学分支学科范围内讨论学科立场的论文共8篇，主要分布在教育技术学、教学论等分支学科。在教育学科意义上讨论学科立场的论文，在2006年逐渐“升温”，这与2005年8月中国教育学会教育学分会教育基本理论专业委员会在内蒙古师范大学以“教育学的学科立场”为主题召开的第十届年会有关。经核实，2006年刊发的论文，大部分是作者在年会上提交的论文。叶澜是这次年会主题的建议者。（叶澜．立场［M］．桂林：广西师范大学出版社，2008：1—38.）在2005年之前，唯一讨论教育学学科立场的论文，是出自吴黛舒的《论“教育学”的学科立场——探索“教育学”学科独立性问题的另一个思路》，作者在文中特别注明：“教育学立场”这一术语是叶澜教授提出并多次在学术活动中强调的，本文的研究即是在这一观点启发下进行的。〔吴黛舒．论“教育学”的学科立场：探索“教育学”学科独立性问题的另一个思路［J］．华东师范大学学报（教育科学版），2004（3）：13—18.〕

② 叶澜．当代中国教育学研究“学科立场”的寻问与探究［M］//叶澜．立场．桂林：广西师范大学出版社，2008：1—38.

质的假设……它们引导我们对问题的选择，它们界定了我们看见什么，怎样看待这个世界，以及‘事实’或‘事件’在社会知识中的重要性和角色。”不仅如此，韦伯甚至洞见了“立场”对科学理论发展的重要影响。“当立场发生转变时，它的经验和概念的机制就都转变了，包括认为什么样的问题是重要的，什么是重要的概念、因果模式等。”[①]所以，叶澜鲜明地指出，学科立场是与学科同在的：只要有学科存在，学科立场就必然存在，因此，学科立场的提问方式不是“有”和“无”的问题[②]，而是“什么”、“怎样”、“为何”和“如何”的问题。“立场”会影响研究主体进入研究问题的切入点，但是立场并不等同于切入点。立场的“直接解释与空间有关，即研究者立足点在哪里（场域）、从什么方位、以什么视角去研究相关学科”。[③]

其次，学科立场具有鲜明的个体性和生成性。个体性指学科立场在不同主体之间的差异性。每一个人都带着自己全部的丰富性走进学科，这些丰富性包括主体的生活履历、个人学术史、从事学科研究的价值取向、自我认同、精神境界等，同时，在同一个学科群体中，不同子学科的研究主体，也往往会有差异较大甚至截然不同的学科立场。例如，教育学科内部教学论与课程论的部分学者关于各自定位和二者彼此关系的不同论述，即反映出了因学科差异而产生的立场分歧；再如，在教育学科内部，有的二级学科的学者笃信该学科应当从教育学科中独立出来，发展成为一级学科，但教育学科内不属于该二级学科的学者，显然对此有不同的主张；又如，教育学科与其他学科交叉形成的二级学科，究竟归属于哪一边？研究者秉持的学科立场往往也有或微妙或深刻的差异。叶澜曾尖锐地指出，当前教育学一级学科下若干

① 塞德曼.有争议的知识：后现代时代的社会理论［M］.刘北成，译.北京：中国人民大学出版社，2002：46.

② 任何对“无立场”的倡导，都是一种对研究的规范性要求，而不是事实性判断。进一步讲，“无立场”的倡导如果有意义，那一定是我们反思到了“立场”的真实存在。

③ 叶澜.立场［M］.桂林：广西师范大学出版社，2008：1—38.

由学科交叉形成的二级学科，虽划归在教育学科下，但其实相当多的学科都属于别的一级学科的应用性子学科。[①]学科建制的归属性和研究主体在心理认同上的归属感，都会深刻影响学科立场问题。学科立场的生成性，主要指学科立场并非预设的，而且也不是稳定不变的，不同时代、不同时期的学科立场，可能会有一些共性，因此研究主体群体的学科立场可能随着时代背景的变化而发生变迁；就同一个研究主体而言，其学科立场也可能随着学术观点的变化、学术积淀的增加等复杂因素的变化而产生或大或小的变化，这些变化可能是渐变，也可能是突变，取决于研究主体内外部因素的独立变化或交互变化。正因如此，对研究主体学科立场的分析、评价和判断，是一个充满极大挑战的复杂性工作。叶澜认为，某种学科立场对于学科发展的价值，主要不是一个自评的议题，而是“应以新的学科立场的确立，是否及在什么意义、多大程度上推进了学科发展，提供了新的视角和认识框架，改变、突破了以往的认识方式为依据……它须放到学科历史形态的演化、比较中，通过时间的积淀和实践的检验，才能形成。此类判断在时间上有较长的滞后性，但正是这种滞后性，可以洗刷一些学界不可避免的门户之见、学术偏见，甚至是一些非学术的评价因素的影响”[②]。

最后，学科立场研究属于教育学科元研究层次。提出“学科立场”问题，意味着研究主体具备了一定的理性自觉，开始对事关教育学科发展的前提性问题进行反思与追问。这种追问方式，一方面可能对研究主体自我及整个共同体产生一定的唤醒或规约，即在从事教育学研究的过程中，需要经常地反省自身作为教育学者的身份角色、话语方式、责任担当，需要经常内省自己的学术实践与教育学的学科建设之间的内在关系，这是一种基于立场的“内求”路线。另一方面，关于学科立场的研究，对教育学科建设而言具有

① 叶澜．回归突破：“生命·实践”教育学论纲［M］．上海：华东师范大学出版社，2014：118.

② 叶澜．立场［M］．桂林：广西师范大学出版社，2008：1—38.

双重推进作用。一是它通过集聚研究主体的理性自觉，更好地推进学科理论建设，改变教育学科内立场不明，基础理论不强，在与其他学科对话过程中缺乏教育学独特声音的现存状态；二是对学科立场的反思，本身构成教育学科元研究的组成部分，有助于丰富和推进教育学科元研究的理论创新。

（二）为什么学科立场问题变得日益迫切

教育学的学科立场问题在今天呈现为一个紧迫的元层次问题，很大程度上是与教育学的学科危机分不开的。如果研究者对这种学科危机缺乏敏感性，则会进一步增加危机的严峻程度。叶澜指出：走出学科生存危机的阴影是当前中国教育学发展需要解决的特殊问题。对教育学的学科立场缺乏深度讨论和未形成系统的基本观点，正是教育学危机存在的认识根源。[①]在相当长的时间内，人们为一个学科的存在合理性进行辩护，往往倾向于从该学科所针对的研究对象，或者该学科独特的研究方法两个角度去做论证。这种倾向有一定的合理性，毕竟，一个学科要想确立起来，一定要有比较稳定的研究对象。而有的学科在追溯学科诞生标志时，往往将某一种方法的引入作为标志性事件。例如，标志心理学诞生的事件，是德国心理学家冯特（Wilhelm Maximilian Wundt）于1879年在莱比锡大学创立世界上第一个专门研究心理学的实验室。其主要原因是，人们认为，心理学走向实验研究，意味着它从传统的哲学中分离出来，成为一门独立的学科。但是，在当前方法多元且共享、学科交叉融合的时代，没有一个学科会死抱着某个特定的方法不知变通，其他学科也不可能让某学科独占某个特定的方法。甚至于，某些学科所宣称的独特的研究对象，其实并不具有专属性。例如，社会学者经常研究教育问题，心理学者也经常研究社会现象。这意味着，单纯以对象或方法来论证学科存在的合理性和独特性，理由并不充分。毋宁说，以研究对

① 叶澜. 立场［M］. 桂林：广西师范大学出版社，2008：1—38.

象和研究方法来界定学科，其实往往是学科建立起来之后，为学科合理性进行辩护所采用的一种“补充叙事”。只不过，当这种补充叙事被越来越多的人视为学科独立性的标准时，人们反倒舍弃了学科建立、学科分界过程中诸多社会性因素与心理性因素，而将对象与方法推到“前台”，充当了学科分界的依据。①

就研究对象而言，在学科初创时期，“每一个学科都试图对它与其他学科之间的差异进行界定，尤其是要说明它与那些在社会现实研究方面内容最相近的学科之间究竟有何分别”②。但是，学科分化发展到一定阶段之后，一些趋同性因素开始浮现出来，人们反而开始反思原先所设定的诸多边界、框架存在的合理性问题。随着学科自身的发展，各个学科相继突破了原来为自己设定的研究领域。沃勒斯坦注意到，在社会科学者协会的年会上，来自不同学科的学者所提交的论文题目，居然“惊人地相似”，所不同者，不过是不同学科的学者在标题的名词性短语后面加上“的人类学”“的社会学”“的历史学”等后缀而已。来自不同学科领域的论文，在内容方面，其差异远不像想象或声称的那样大。③对于力图以“对象”来标举学科独立性的学者而言，这一发现无疑具有重要的瓦解和颠覆作用。教育学科也面临这一境况。例如，同样是学校教育，政治学在其中看到了权力与意识形态的影子，社会学在其中发现了人际互动、社会关系的轨迹，而经济学则从中解读出了诸多

---

① 关于方法、对象和学科立场在确证学科独立性问题中的不同作用，笔者曾专文做过较为翔实的论证。在此不再展开，只对核心观点做简要扩充。〔孙元涛.教育学“学科独立性”问题再认识［J］.河北师范大学学报（教育科学版）2009（4）：5—9.〕

② 华勒斯坦，等.开放社会科学［M］.刘锋，译.北京：生活·读书·新知三联书店，1997：32.

③ 沃勒斯坦.知识的不确定性［M］.王昺，等，译.济南：山东大学出版社，2006：107.

的利益关系和资本增减的逻辑[①]……由此看来，不同的学科，完全可以针对同一种事实上存在的对象进行研究。但是，在不同的学科视野内，对于同一种对象，往往有着不同的理解。并且学科立场、学科视野的过滤和思维加工，不同学科的学者在同一实际存在的对象中汲取到的信息和资源也可能存在差异，由此形成“属己”的研究对象。在这个意义上，有必要区分问题的两种情形：一方面，先于学科而存在的对象是实存的，但是这个意义上的对象往往并非某学科专有，而是可以共享的；另一方面，如果一个学科果真有“属己”的特殊研究对象，那是因为先有了学科立场、学科视野的支撑，在这个意义上，学科在逻辑上“先于”研究对象。

就研究方法言，一种方法也未必只适用于一门特定的学科。不仅如调查法、实验法等方法被不同学科竞相使用，而且许多富有学科特色的方法也失去了其专属性。例如，随着人类学自身发展壮大，以及和其他学科对话与沟通的深化，人类学家也逐渐放弃了他们赖以自守的人种志研究，不再以它作为界定自己身份的依据。而其他学科，包括教育学科，也开始自觉借用人类学的人种志研究，透析教育生活中的人类学图景。因此，以研究方法作为衡量学科独立地位的尺度也开始遭到怀疑。无论是在学科内部还是外部，以教

① 吴康宁曾提出，真正标定一个学科是否独立的首要条件，是“学科之眼”。他认为，学科之眼本身是自足的，是不依附于其他的学科之眼的，它们相互之间具有不可比性。用这些不同的学科之眼所“看到的空间范围”——亦即所形成的“学科视野”——也就具有了不可比性。政治学使用的是“权力”之眼，经济学使用的是“利润”之眼。权力之眼看到的是与权力的形成及运作有关的一切现象。利润之眼看到的则是与利润的产生及分配有关的一切现象。哲学的学科之眼是“人类幸福”。用这种学科之眼来审视，哲学所看到的是整个人类意义上的“大写的人”，是这种意义上的人的生活幸福问题。社会学的学科之眼是“社会平等”。用这种学科之眼来审视，社会学所看到的是具有相同的社会或文化特征的各种人群之间的平等问题。〔吴康宁. 社会学视野中的教育［J］. 教育研究与实验，2006(4)：1—5〕。笔者认为，即便是在一个学科内部，由于自我定位以及对自己研究对象的理解上的差异，在选择介入某一问题或事态时，其切入点以及把握到的“景象”也不尽相同。例如，同样是对学校教育的研究，仅社会学一个学科，就可能在其中解读出不同的“意象”：如社会结构、社会行动、社会事实等。

育学缺乏富有自己特色的、垄断性使用的研究方法为据来质疑教育学之学科独立性未必精当。但是，这样说绝不意味着研究方法对于教育学之学科独立性无足轻重。事实上，研究方法的选择是否得当、使用是否准确等，不仅影响着教育研究成果的性质和呈现形态，而且直接关系到教育学的学科声誉，进而波及对教育学学科独立性问题的自我认同与外界认同。从这个意义上说，中国教育学如果希望以研究方法为突破口，首先必须对研究方法与特定对象的适切性及适切范围、程度做出明智的判断。在今天，当人们屡屡质疑教育学之独立性时，实际上倒并非真地会威胁学科建制意义上的教育学的独立存在。反而是众多的质疑和批评意见对教育学学科声誉的影响，以及由此造成的教育学者的内在焦虑和学科认同危机才是更为关键的问题。

因此，真正导致教育学之学术声誉屡遭诟病的，并非是教育学没有独特的研究对象和研究方法，倒是教育学者理解和把握研究对象的方式，以及选择和使用研究方法的水平；进一步的结论是，决定教育学之学科独立性的根据内在于“人”，即作为教育学研究当事人的教育学者。“学科”并不是自然进化的产物，而是人为建构的结果。一个学科成长为什么样子，表现出什么状态，固然受到诸多外部因素的影响，但“人”的因素却是更为根本、更为内在的影响因素。换言之，对于教育学之学科独立性问题的确证与建构，教育学者不是“局外人”，而是“当事人”与“创作者”。这意味着，教育学之学科独立性问题的解决，虽然不拒绝对外部条件的合理利用，但更重要的是，教育学者必须秉持坚定而明确的“学科立场”，致力于对教育学之学科认同的心理建构与实践建构。这是解决教育学之学科独立性问题的“内源性”策略。

所谓“本立而道生”，教育学作为一个学科，并非自然演化的结果，而是人为建构的产物。凡人为之事，影响最大者，便是人之心态和立场。因此，教育学学科边界的确立，学科“软边界”的寻找和确立，最核心的问题是教育学者学科自我意识的觉醒，更具体说，是教育学者学科立场的自觉和学科认同感的强化。[①]一个对自己所从事的学科缺乏内在心理认同的研究主体，其思考和言说也就很难提升到学科框架内的自觉和自为水平。任何学科，都不可能完全地占有对某一特定研究对象的垄断权。但是，一个学科经过长时间的自觉“经营”和自我培育，往往会形成富有学科特点的研究视角、思维方式，这些内在的学科文化方面的维度，对于学科的区分和划界，往往发挥着实质性的影响力。因此，教育学者对学术研究的“诚意正心”式的自我反思与立场重建，对教育学的学科立场的自觉，学科认同感的建立，以及向自身学术实践的积极转化等，对于提升教育学研究的专业化水平，进而提升教育学在学术共同体中的学科形象和学术声誉，无疑是非常重要的。只有借助这种不断返回自身的努力，才有可能增强向外转化为知识的可靠性，进而提升理论的解释力、影响力。而这些是构成学科学术影响力的核心要素，也是在基础理论建设的意义上确证和夯实教育学学科独立性问题的更合理路径。

（三）重建当代中国教育学的学科立场

在以对象和方法确证学科独立性、合理性的形式呈现出乏力的情况下，为教育学科寻找更坚实的基础，在寻寻觅觅中触摸到了“学科立场”之于论证教育学科独立性和存在合理性的关键，这样的解释似乎是符合逻辑的。在一定意义上说，这也是学科立场作为教育学话语创生的诱因之一。但是，叶澜对教育学学科立场的倡导，是在更为紧迫的危机意识的激发之下产生的。这种危机，她形象地称之为“双重裂解危机”。[②]

教育学的发展壮大过程，是一个不断孵化扩散的过程，是作为一门学

---

① 姜晓强，孙元涛．教育学“学科认同”的心理建构与实践建构［J］．现代大学教育，2009（4）：10—12，38.

② 叶澜．立场［M］．桂林：广西师范大学出版社，2008：1—38.

科的“普通教育学”逐渐分叉发展成为一个庞大学科群的过程。这个过程，如同从一棵单主干榕树繁衍成为一片榕树林。叶澜认为，教育学的第一层分裂，是在学科内部发生的。众所周知，赫尔巴特的普通教育学内含“教学”“管理”“训育”三部分内容。赫尔巴特去世之后，其弟子对其学说的理解产生分歧，导致教学、道德教育、学校管理等领域相继独立。至此，内部分裂并未完成，各分支学科在发展相对壮大之后，又进一步分化……当分支学科实现精细化发展，一个问题随之浮现：以整体为对象、表达一般理论的、作为一门学科的教育学是否还有存在的必要？米阿拉雷所指称的由“教育学”到复数的“教育科学”，其实质，就是对作为整体的普通教育学存在合理性的质疑。由于此类教育学的存在危机系由自身内部裂变而引起，叶澜将其称为“内裂危机”。

知识爆炸、学科不断涌现，一方面促成了知识的箱格化，另一方面也促成了不同学科之间的碰撞、妥协、交融与共生。当一些已经初步具备学科传统、研究范式的学科不断向外“殖民”扩散，并将触角延伸进教育时，教育这片领地，就成为他们应用或检验其理论解释力和研究方法有效性的依托。人们往往将学科穿透边界的接触过程，统称为“学科交叉”。但遗憾的是，大部分进入教育领地的学科，它们并不在乎教育学在研究什么、如何研究以及形成了什么，而是着力于形成本学科的应用学科。尽管在教育学界内，这样所谓“交叉”出来的学科，被冠名为“教育 × × 学”，且这些学科往往被视作教育学科群中的组成部分。但是相当多这样形成的所谓交叉学科，“教育”提供的只不过是供其他学科研究的领域，在以“教育 × × 学”标识的相当多所谓教育学的分支学科中，教育学并没有真正贡献属于教育学的理论与方法。叶澜将这种因其他学科介入教育领域研究而产生的教育学存在危机称作“外解危机”。一个“内裂”，一个“外解”，这“双重裂解危机”不仅对教育学发展提出了持续性的新课题，而且也在教育学科内逻辑、教育学科与其他学科的关系两个维度上同时对教育学科发展产生着持续不断的挑战。

这意味着，200多年前，赫尔巴特所担忧的问题，在经过200余年的建设后，依然存在，且不断以新形态出现。

从逻辑上讲，无论是教育学的内部分化，还是教育学科与其他学科的对话与交叉，不仅不会带来教育学科的生存危机，反而应该很好地推进教育学科的繁荣发展。因此，教育学的生存危机，真正需要反思的，不是其他学科向教育领域的渗透，而是教育学科在相互的交流中，为什么总是弱势方甚至受伤者？叶澜尝试构建了“双重立场”“双重缺失”的分析框架，渗透进教育学学科立场的结构内层，进行深入的剖析。

所谓双重立场，意指教育学的“内立场”与“外立场”。前者针对的是教育学内部分解形成的“内生分支学科”，尽管其研究对象各不相同，但它们都属于原先作为一门学科的教育学研究对象范围中的某一局部，如教育学原理、教学论、课程论等，都是以教育活动最基础的核心构成作为原始的研究对象。这样建构教育学科研究对象的立场可称为“内立场”。后者针对的是以原教育学研究范围之外的其他学科介入教育问题的研究而生成；以介入学科的研究范式、理论框架、基本观点和方法，作为生成新交叉学科的路径；又把由此形成的交叉学科视作本学科在研究教育领域中新建的应用学科。因此可称其为教育研究中形成的“外生交叉学科”。如此建构教育学科研究对象的立场可称为“外立场”。[①]

从内外立场的分析来审视教育学科的内结构，叶澜认为，当前的教育学研究存在着两大研究缺失。第一大缺失是以当代教育活动本身内在整体为研究对象的、作为一门学科的教育学研究，我们可以把它称为“内在整体学科”研究的缺失。教育学自身的“裂解”及其与其他学科或主动或被动的交叉，在促进教育学从单数到复数的膨胀式发展的同时，也使得维系一种“普

① 叶澜．立场［M］．桂林：广西师范大学出版社，2008：1—38.

通教育学”相对稳定的学科内“公共话语空间”变得越来越艰难。[①]更重要的是，分化之后的教育学，即便在“统合”的意义上做基础理论研究，也不可能回归赫尔巴特时代普通教育学的形态，它需要在回应教育实践、技术、方法深度变迁的基础上，在因应教育学科研究视野、研究主题、研究方法（论）等实现了巨大发展的基础上，对分支学科不感兴趣且无法承担的涉及学科基础性、整体性的一系列大问题展开“重聚”式研究。在一定意义上说，当前人们感受到的杜威之后再无教育思想大师的问题，就是教育学科分化之后缺乏内在整体学科研究所致。[②]第二大缺失是以教育学的研究范式、理论框架、基本观点和方法为据，以其他学科领域中与教育相关的问题，或教育内部与其他领域相关的问题为研究对象，以教育学为本体的、应用性的“内生交叉学科”的缺失。笔者认为，这一重缺失，既与教育学科内在的基础理论、方法（论）薄弱有关系，也与教育学研究主体缺乏自觉意识，缺乏主动以教育学的学科立场为立足点寻求“以我为主”的学科新交叉方式有关。在一定意义上说，二者彼此之间又存在“互构”效应。本体的基础理论、方法（论）越发达，内生交叉的能力也就越强，研究主体的自觉意识和学科立场也就越强；反之，如果研究主体更自觉地尝试内生交叉研究，无疑会为教育学科的发展创造更好的平台和基础，教育学基础理论也就有更多自我夯实的机会与条件。

独立不是孤立，独立也不是封闭。强调教育学的学科立场，维系和提升学科独立性，并非想为教育学筑墙围城，也不是想要刻意守护某些主体的既得利益。事实上，在一个学科彼此交融发展的时代，筑墙行为既不必要，也

① 孙元涛，吕秋艳.重建教育学的“公共话语空间”：迪特里希·本纳“普通教育学”思想探论［J］.全球教育展望，2021(1)：45—55.

② 这一现象的存在机制比较复杂，现代性形成的知识箱格化，在改变知识组织、呈现结构的同时，也改变了知识人的思考方式和培养方式。缺乏学科统整思维的研究，会造成“大理论”的匮乏。教育学科如果缺乏厚实的基础性理论滋养，其分支学科的繁荣不可能持久。

不可能。我们无须也无法拒绝经济学、心理学、社会学、管理学来研究教育问题，也无须且不必要阻止教育学研究主体以教育学立场去分析社会问题、经济现象等，这里的关键是，在协同建构一个更好的教育学科的事业中，每一个具体的研究主体，是否真正明晰“学科立场”及其在当前背景下的特殊价值，是否能自觉将其转化进自己的学术实践。

三、提升教育研究原创性

对中国教育研究的原创性吁求，可以说是对中国教育学百年发展史进行透彻反思基础上的一种自我反省与鞭策。简而言之，原创性研究是对依附性研究的超越。1944年，毛泽东在谈及继承、借鉴与发展的关系时指出：“继承中国过去的思想和接受外来思想，并不意味着无条件地照搬，而必须根据具体条件加以采用，使之适合中国的实际。我们的态度是批判地接受我们自己的历史遗产和外国的思想。我们既反对盲目接受任何思想也反对盲目抵制任何思想。我们中国人必须用我们自己的头脑进行思考，并决定什么东西能在我们自己的土壤里生长起来。”①2016年，习近平在论述中国特色哲学社会科学建设时指出：“我们的哲学社会科学有没有中国特色，归根到底要看有没有主体性、原创性。跟在别人后面亦步亦趋，不仅难以形成中国特色哲学社会科学，而且解决不了我国的实际问题……一切刻舟求剑、照猫画虎、生搬硬套、依样画葫芦的做法都是无济于事的。”②

（一）教育研究原创性的内涵

我国学术界关于“原创”问题的讨论，最初可以追溯到1993年。朱良志发表于《读书》杂志的短文《艺术生命的原创力》是我们目前能够查阅到

① 毛泽东文集：第3卷[M].北京：人民出版社，1996：192.
② 习近平.在哲学社会科学工作座谈会上的讲话[N].人民日报，2016-05-19(02).

的直接论述原创问题的文章。在“中国知网”上，以篇名为搜索项，含“原创”字样的文章，在2000年之前总共为10篇，主要分布于艺术和编辑领域，分布情况呈现离散性特点。2000年，直接讨论“原创”问题的研究，陡然增加到22篇，此后一直呈现总体平稳的递增趋势，在2016年和2019年达到峰值。

教育学科是介入“原创”问题研究较早的学科。2001年开始就陆续有学者以“原创”为题参与相关问题的讨论。[①]这一方面可以理解为教育学科对学术界新动向较为敏感，另一方面也可以理解为教育学科对原创的呼唤。叶澜在论及中国教育研究原创性时，曾直抒胸臆地表达了自己的热望：“一个偌大的中国，一个拥有最多教育人口的中国，一个进入了21世纪的中国，不能没有原创的教育理论。”[②]

在教育研究中倡导原创，就是呼吁研究主体走出引进、模仿、依附、注解、转化应用等生产本土教育理论的惯习，走向真正意义上的自主创新。原创之“原”，强调原发性，意味着这里的创新，不是对原有状态的完善、改进或提升，也不是对已有结论或解释给出新注解；注解可以促进原创的发展传播，但注解本身不是、也不可能直接生产原创。原创无疑是艰难的，要求所有的研究都是原创既不现实，也不必要。但是，整体缺乏原创力的教育研究，不仅无法回应教育实践的需求，而且在理论生产路径上也存在致命的缺陷。粗略地讲，教育研究呼唤原创，是对原创在教育研究和理论生产中从无

① 叶澜的论文《世纪初中国教育理论发展的断想》〔发表于《华东师范大学学报》（教育科学版）2001年第1期〕或许是教育学科中最早系统论述教育研究原创性的论文。该论文题目中并未出现“原创”字样，但论文中以很大篇幅讨论了原创对于21世纪中国教育学科的重要价值。以“原创”为篇名搜索项的中国知网文献中，李政涛2001年发表于《教育评论》的文章《教育研究的原创性探询》是我们能够查阅到的、教育学科最早直接讨论原创性研究的文章。

② 叶澜.世纪初中国教育理论发展的断想［J］.华东师范大学学报（教育科学版），2001（1）：1—6.

到有及至从微弱到渐强的期待。

叶澜认为，中国教育研究的原创性“是指以本国教育发展需要和问题为研究的本源，通过各种不同手段获取原始性素材，或作原始性（相对于‘验证性’）的研究，进而得出在国内或国际范围内富有独特性和创新性的理论（或其他形态的研究成果）。也就是说，中国教育研究的原创性至少是由问题的原发性、研究素材的原始性、结论的独特性和创新性等要素综合构成。它未必一定关涉到学派创建、基本原理的突破等重大研究，但确实是从中国这块独特的文化土壤和现时需要中生长出来的‘珍品’。”[①]

（二）中国教育研究原创性的失落与回归

李泽厚对整个20世纪，尤其是20世纪后期的知识界表达了这样的看法：思想淡出，学术凸显。这一颇具辛辣意味的评论引发学界广泛争论。很多人并不同意将思想与学术对立的观点，认为真正的思想并不拒绝学术，真正的学术则一定是有思想的。[②]从思想与学术关系的理想型看，二者理应是相互促进的。但是，建立在高度依附基础上的学术，在呈现“虚假繁荣”的同时，的确面临思想匮乏的局面。因此，“思想淡出，学术凸显”在表达中国20世纪学术整体样态方面，的确可以算是一种写实的表达。那么，中国的教育研究为什么会呈现原创匮乏的局面呢？

首先，20世纪中国教育学多次中断、反复推倒重来式的发展，是造成学术积淀薄弱，原创力匮乏的重要原因。叶澜指出：纵观中国教育学发展的百年史，我们会发现一个奇特的现象，那就是教育学在百年中出现多次的“整体式转向”或“推倒（或抛弃）重来式”的“发展”。并且，几乎每一次的“推倒重来”都循着基本相同的路线：中断历史—重新启动—简单模仿

---

① 叶澜. 世纪初中国教育理论发展的断想［J］. 华东师范大学学报（教育科学版），2001（1）：1—6.

② 倪梁康. 学术与思想：是否对立以及如何对立［J］. 学术月刊，2001（10）：3—6.

（或演绎）—初级综合—建立体系。这种“发展”的结果表明教育学缺乏严格意义上的学术积累和学术发展。①学术上的原创，绝不同于发明创造中的灵光乍现。在绝大多数情况下，学术原创是建立在厚实的基础上的，无论是对研究主体个人，还是对研究共同体而言都是如此。进一步讲，中国教育研究的原创，必须扎根在中国传统文化的土壤中，有厚土与沃肥为支撑。没有传统支撑的所谓本土原创是不可想象的。郑昕在《康德学述》的“弁言”中曾经说过一句掷地有声的评语：“超过康德，可能有新哲学，掠过康德，只能有坏哲学。”②倪梁康在论述原创与积累的关系时也指出：“思想史的研究表明，少量具有革命性的原创思想必须以大量的常规研究为基础，而且后者的存在还并不一定意味着前者的成立。这意味着，积累是原创的前提，尽管积累并不必然导致原创。”③

其次，教育学术与教育实践之间的分离与隔膜，造成教育研究缺乏支撑原创的源头活水。问题意识是原创的诱因。而问题往往是研究主体自我意象与现实之间的差异或分歧产生对撞而生成的。但是，随着学科建制的完善和精细化发展，教育研究与教育实践之间的鸿沟越来越宽且越来越深。相当多的教育理论生产是在书斋里完成的，其所表达的实践，是思维世界里的实践，而非现实生活世界中真实发生着的活的实践。这种情况下“捏造”出来的问题，可能是虚假的问题，也可能是他者的问题。即便是真实的问题，研究者也需要一种实践情怀、实践精神去真诚进入问题本身从事一种切记的体察。可以辩护的是，并不是所有的教育研究都需要发生在问题现场，也不是所有的学者都需要沉浸到实践中，但是教育研究与教育实践的系统性隔膜，无论如何都不可能是理论原创的良好生态。

最后，持续一个世纪的“引进”惯习，已经几乎形塑了中国教育研究的

① 叶澜.二十世纪中国社会科学：教育学卷［M］.上海：上海人民出版社，2005.

② 郑昕.康德学述［M］.北京：商务印书馆，2000：弁言.

③ 倪梁康.原创与积累［J］.学术月刊，2000（1）：18—19.

新传统。中国作为一个“后发外生型”现代化国家，在发展过程中被迫接受或主动吸收域外经验，这几乎是尽快摆脱落后状态必须经历的过程。学术研究进而教育学研究亦复如此。然后，如同在发展道路上我们越来越清醒地意识到“中国特色”的重要价值一样，学术研究中对“中国特色”的呼吁同样强劲。显然，与实践变革领域对“中国特色”的探索和践行形成较大反差的是，学术研究的“中国特色”迄今尚未形成洪流。从理论到话语、到方法，跟着国外研究走，谁先引进谁就占据前沿，这种风向标迄今未见根本扭转。这是中国教育研究持续一个世纪的窘境。在其背后，可能还需要直面一个更窘迫的问题：被我们作为范本引进的国外教育学理论，也常常面临原创性不足的质疑。德国著名元教育学专家布雷岑卡在《元教育理论：从经验、分析的观点看欧洲的贡献》一文中，引述了自19世纪末到20世纪60年代近百年间的一些著名学者批判教育学的论点。这些观点虽不乏某些“意气”，但很多批判却直指教育研究原创性不足的硬伤。①这双重的窘迫决定了中国教育研究原创性不足的问题久病成疾，积重难返。若教育学者共同体不能在集体共识意义上做深度反思，且动员尽可能大的力量努力挣脱，则这种惯习会越加顽固，挣脱的难度和需要付出的代价将会更大。因此，叶澜又一次呼吁：“教育学在一个世纪发展中走过的曲折和付出的‘学费’，换来的最重要的启示就是要提升教育学科的独立学术品格和力量，教育学界要为此作出持续和艰苦的学术努力”。②

---

① 布雷岑卡.元教育理论：从经验-分析的观点看欧洲的贡献［J］.黄向阳，译.未公开发表，网上个人图书馆［EB/OL］http://www.360doc.cn/mip/660642382.html（2021-03-16）。

② 叶澜.二十世纪中国社会科学：教育学卷［M］.上海：上海人民出版社，2005：50.

第三章 学派意识与“生命·实践”教育学的创建

> 教育学建立以来两个世纪的“寻家”或“寄居”的历程已经走近终点，解决问题的新路径已经走出，那就是“创建自己的家园”。
>
> ——叶澜

在世界学术发展史上，“学派”是一个不可忽视的现象。西方在古希腊时期就诞生了毕达哥拉斯学派、斯多葛学派等对后世哲学产生深远影响的学术团体，中国古代也有诸如程朱学派、乾嘉学派、桐城学派等颇具学术影响的学派典范。这些学派在维系学术传承，推动学术纵深发展方面产生了重要的作用。事实上，无论是学派的扩展与延续，还是学派之间的争鸣与沉浮，都以不同的方式促进了学术的发展。尽管学术未必一定要通过学派来发展，但是在大部分情况下，学派林立的确是学术繁荣的标志。更重要的是，学派对内是推动学术传承积淀，沿相对稳定的方向不断向深处掘进的组织保障，对外是彰显学术个性，扩展学术影响力的重要力量。正因如此，今天的中国，比以往任何时代都需要学派的诞生。2016年，习近平总书记在哲学社会科学工作座谈会上的讲话中指出："社会大变革的时代，一定是哲学社会科学大发展的时代。当代中国正经历着我国历史上最为广泛而深刻的社会变革，也正在进行着人类历史上最为宏大而独特的实践创新。这种前无古人的伟大实践，必将给理论创造、学术繁荣提供强大动力和广阔空间。这是一个需要理论而且一定能够产生理论的时代，这是一个需要思想而且一定能够产生思想的时代。我们不能辜负了这个时代。"①

对于中国教育学科而言，学派创建的议题，无疑是由人文社会科学乃至整个学科体系的普遍性问题到特殊性问题的演绎性议题。但这一议题在当今教育学科建设中之所以具有适切性、现实性和紧迫性，不仅是因为这一普遍性议题抓住了当代中国哲学社会科学研究的公共性问题，更重要的是，当代中国教育学所面临的诸多根本性、内生性的问题，也能在这一议题中得到深刻的诠释，并可望在进一步的审议和探究中获得新的理论方案。

一、学派的内涵与特征

在现代汉语中，学派指的是"同一学科中由于学说、观点不同而形成的派别"。②《牛津英语大词典》对学派的解释为：学派（"school" or "school of thought"）是指"在哲学、科学、艺术等某个理论的或实践的知识领域内，由于受教于同一专门大师，具有相同师承关系，或因原理方法和风格上的普遍相似而联系在一起的学者群体，他们遵循共同的教义、原理或规训，甚至规范的话语"。③从中英文对"学派"的定义看，二者指称的事物显然是一致的。但是汉语"学派"主要是在与其他实体区分的意义上来界定学派的，

① 习近平. 在哲学社会科学工作座谈会上的讲话［N］. 人民日报，2016-05-19（02）.

② 中国社会科学院语言研究所词典编辑室. 现代汉语词典［Z］. 7版. 北京：商务印书馆，2016：1488.

③ 牛津英语大词典［Z］. 简编本. 上海：上海外语教育出版社，2004：2696.

并没有对学派内部的价值、理念、观点的共同性或共通性特征做描述；而英语中的“学派”则是从界定学派内部特征的角度对学派内涵进行界定的。

在现代学术史上，我国学者对学派的研究由来已久。蒋径三1933年所撰《现象学派与新康德派》一文，是中国知网收录的1949年以前，篇名中含“学派”的唯一论文。中华人民共和国成立之后，关于学派的论文常常见诸期刊，其中大部分是介绍国外某些学科（如哲学、心理学、物理学等）中的某个学派。20世纪80年代，国内学者关于学派的研究开始陡然增加，不过研究路向依然是以介绍国外学派及其观点、学术动向为主。从20世纪80年代中期到90年代中期，我国陆续有学者开始针对“学派”这一特殊学术现象进行专题论述。例如，盛宗范、黄伟合在《江淮论坛》上发表的《简论学派》[①]；胡之德在《高等教育学报》上发表的《论学派争鸣》[②]；倪波、纪红在《南京社会科学》上发表的《论学派》[③]；等等。与译介、批判某一学派的论文不同，这些将学派作为研究对象的论文，往往更多从分析论证学派内涵、特征、形成机理、在学术史上的地位和价值等问题展开对学派议题的研究。或明或隐，这些论文一般都会谈及中国现代学术中学派阙如的现实，并对中国当代学术发展中的学派建设发出呼吁倡导。

进入21世纪之后，学术界对学派的研究随时间呈整体上升趋势，到2013年达到峰值（378篇）。此后稳定在高位略有下降。概览已有的关于学派研究的相关文章，可以发现，不同的学者对学派的定义尽管有细微差

---

① 盛宗范，黄伟合. 简论学派［J］. 江淮论坛，1986（1）：1—4.

② 胡之德. 论学派争鸣［J］. 高等教育学报，1986（2）：27—32.

③ 倪波，纪红. 论学派［J］. 南京社会科学，1995（11）：3—9.

别[①]，但这些差异主要是选取角度或突出的重点不同，所指称对象之名与实则基本一致。这意味着，“学派”概念具有相对稳定性，人们在以这一概念进行学术交流时，不致因为所指差异或因文化背景不同而产生理解上的分歧。一般认为，学派具有一些共同特征。

被誉为“创新理论鼻祖”的经济学家熊彼特（Joseph Alois Schumpeter）对学派的特征有过间接的阐释。他在讲到重农学派时指出：这些人在学术上、在个人关系上形成一派，总是集体行动，互相标榜，共同奋斗，每个人都在集体宣传中尽自己的一份力量。即使他们没有超过科学上的一个派别，他们实际上也充分表现了这种社会学现象的性质。他们是统一在可以说是一个信条之下的一个集团。[②]

宫敬才在总结了一些学派的共同特征之后，提出了判断学派的几条主要标准：自然形成且以学术为旨归的组织结构、特定的研究方向和风格、成员之间的关系具有拟亲情性质、拥有叫得响的研究成果、学术主张为学界所瞩目，以及学派不是宗派。[③]

在笔者研读的文献中，黄明东等人对学派要素及其价值的分析，是相对比较齐全的。他们从学派要素培育与大学学术进步的角度，梳理了学派的七

---

① 黄明东等学者梳理了关于学派的几种较为典型的定义：如学派指“坚守某种价值或信念的学术共同体”；学派“是由持相同学术观点而集结成的同人群体”；学派“主要是指某一特定研究群体，他们研究旨趣相似，理论导向相同，思想倾向相仿，学术风格相近，它是由于学说师承不同、观察事物视角不同以及对现实与趋势判断不同而形成的学术派别”；学派“是指在某个理论的或实践的知识领域内，因相同的师承关系或概念范畴、原理、方法和风格上的普遍相似而联系在一起的，具有完善的学术思想体系、独特的语言符号系统和特有的规训制度的学术团体。”学派“是同一学科中由于学说、观点的不同形成的派别。”〔黄明东，陈梦迁，刘博文．论学派要素培育与大学学术进步［J］．教育研究，2015（6）：38—45+95.〕

② 约瑟夫·熊彼特．经济分析史：第1卷［M］．朱泱，等，译，北京：商务印书馆，1991：336.

③ 宫敬才．论学派：兼及我国马克思主义哲学研究中的学派问题［J］．江海学刊，2015（2）：33—39.

大要素，并就这些要素对学术发展的潜在或现实贡献做了阐释：学派的学科共同性有利于学科形成特色；学派拥有相同或相近的学术观点和学术信念，有助于树立学科成员的学术和学科信心；相同的理论基础和理论阵地为学术研究和学科建设奠定了坚实的思想基础；学派中通过师承关系所产生的学术领袖在学术研究与学科建设方面可以有效地发挥引领作用；学派的相同学术符号系统有助于学术研究与学科建设过程中相互争鸣，促进学术发展；学派的研究对象相同性能够促进学术研究与学科建设向深层次推进；学派共同结成的集体有效地凝聚了学术研究与学科建设团体力量。[①]

二、学派宣言

在中国现代学术中，社会学、经济学等学科，都曾提出了创建中国自己的学派的观点。社会学在学派这一话题上的活跃度，可能是最强的。一方面，社会学在总结中国社会学史的过程中发现，20世纪早期，中国社会学的发展已经初步形成了在世界社会学界产生一定影响的流派。例如，郑杭生在《中国社会研究与中国社会学学派——以社会运行学派为例》一文中提出，中国社会学发展的早期或前期，中国社会学研究中逐渐形成了四大学派：以晏阳初和梁漱溟为代表的乡村建设学派，以孙本文为集大成者的综合学派，以吴文藻和费孝通为代表的社区学派，以李大钊、瞿秋白等为代表的马克思主义学派。[②]闻翔发表了《陈达、潘光旦与社会学的“清华学派”》一文，认为陈达对清华社会学的奠基和潘光旦对清华社会学之改造，体现了社会学中国化、本土化的努力。他们二人成为“清华学派”的灵魂人

① 黄明东，陈梦迁，刘博文.论学派要素培育与大学学术进步［J］.教育研究，2015(6)：38—45，95.

② 郑杭生.中国社会研究与中国社会学学派：以社会运行学派为例［J］.社会学评论，2013(1)：5—13.

物。“清华学派”的演变发展，从一个维度展现了中国早期社会学家对社会学这门学问在中国的想象和实践。其思想设计、理论建构和学术实践，已经超越了对西方社会学的简单应用或移植，而是与中国自身的知识与思想传统相结合，在当时中国特定的历史情势与社会脉络下，呈现出了独特样态和品格。[①] 改革开放以后，中国社会学实现了转型重生，中国化、本土化的老问题开始在新时期重新浮现出来。经过发展，建构本土学派的构想再一次浮现出来。郑杭生在1988年就提出，中国应该“多一点学派，少一点宗派”。根据郑杭生的自述，他“可能是中国社会学界较早关注学派问题、较早进行学派建设的学者”。他领衔的团队，先后提出社会运行论、社会转型论、学科本土论、社会互构论、实践结构论等五个理论，初步建构形成了中国社会学的本土学派“社会运行学派”。[②] 该学派提出后，在社会学界产生了一定的影响。[③]

与大学、学科、学院等建制意义上的学术体制相比，学派可以视为一种隐性的学术体制。学派或者是在没有学派意识的情况下逐渐培育生成的，或者是通过有意识的自为性的努力逐渐建构出来的。在前一种情况下，学派似乎是自然形成的结果，但其形成过程中无论是否有明确表达的学派意识，其实都离不了有意识的主题聚焦式的研究。这也是为什么学派往往与师承有着紧密的关系。由于学派的形成和成型往往需要持续用力且可能需要连续几代人接力建构，因此，学派既需要领衔人的学术魅力、影响力、领导力，也需要接力者的认同度、聚合度和理论持续创新的能力。事实上，无论是社会

① 闻翔．陈达、潘光旦与社会学的“清华学派”[J]．学术交流，2016(7)：155—159.

② 郑杭生．中国社会研究与中国社会学学派：以社会运行学派为例[J]．社会学评论，2013(1)：5—13.

③ 如，谢立中．当前中国社会学理论建构的努力与不足[J]．河北学刊，2006(5)：84—85；奂平清．“理论自觉”与中国社会学的发展：以郑杭生及其社会运行学派为例[J]．西北师大学报（社会科学版），2012(3)：42—48.

学、心理学还是教育学，历史上存在过的学派，相当多是在接力者有意为之的持续努力中逐渐成形的。在后一种情况下，学派往往是在清晰的学派意识的引导之下逐渐培育生成的。当人们能够对学派的内涵、属性、生成与发展的一般逻辑有较为准确的把握之后，以自主自为的方式开展有意识的学派建设，也不失为提升中国教育学文化自觉、理论自觉的重要路径。

2004年2月，《教育研究》发表了一篇对叶澜的特约访谈，题为《为“生命·实践”教育学派的创建而努力》。这是叶澜第一次通过专业杂志，公开、明确表达自己在职业学术生涯最后一阶段的追求：

我现在最大的一个心愿就是锤炼一支队伍，将创建“‘生命·实践’教育学派”作为共同的目标，形成共同的学术空间，为中国教育学的发展作出我们尽力而为的奉献。我理想中的学术空间服务于两个基本目标。

一是追求21世纪中国教育学理论的发展。当前，理论发展仍需要改变20世纪就已出现的基本依附国外的状况。其中，虽然与西方的时间差距在缩短，但跟着走、追着走的风气依然不轻。另一问题是直接从其他学科移植，或通过推理形成教育学的结论。总之，从双重依附走向独立，从移植性的研究转变为本土的研究，从解释性转变为创建性，恐怕是21世纪中国教育学发展不能回避的问题。

二是推进中国教育学家队伍的建设。我认为，中国需要有教育学家，不能只有教育家。我们不要辱没了“教育学家”的称号，不要再让钱钟书这样的名家来笑话教育学教授。顺便说一句，钱钟书的嘲笑，对于他所接触到的现实也许是有据的，但从教育学家的本义而言，肯定是片面的、感性的，属玩笑话之列。有些人因钱钟书作为一个名人之言，而把这句话当作“名言”来批评“教育学家”，并似乎因此而可以否定“教育学家”的价值，这多少有些天真。恰如鲁迅先生曾言，错把名家的话都当成了名言，当成了真理。这个任务非常艰巨；并非一人所能为，但我们可以一起努力推进其进程。[①]

在一定意义上说，这一宣言，反映了叶澜自提出“加强教育科学‘自我意识’”观点之后，对中国教育学科建设未来发展方向的一种自我担当式的路径设计。以中国学术界的文化心理度之，学派宣言的发布，必然引来强烈关注。尽管，当今中国学术建设，包括教育学科建设，太需要学派意义上的学术突破了。尽管，此前已经有来自不同学科的很多学者都曾热烈地呼唤中国自己的学派（包括教育学派）的创生。但是，真正站出来振臂一呼，明确提出“创建学派”的愿景，却需要极大的勇气。这不仅是因为创建学派是一项极其艰巨的任务，而且还因为这一宣言表达的不是荣耀，而是叶澜向自己和她所领衔的团队发出的“集结号”。这是一份把小我融入中国教育学本土建设事业的自我加压，而且是以公开宣布、无惧旁观、不惮监督的方式表达出来的。学派建设是一项久久为功的事业，叶澜的宣言表达的是志向和行动方向，而不是成果发布。因此，这一漫长建设过程，考验的既是领袖的学术水平和领导能力，也是一个群体的聚合力、创新力和持久黏合力。以叶澜对“自我反思”“生命自觉”的看重与自我践行，她在做出这一表达之前，一定对自我和她所领导的团队，做了极其深入的反思和考辨。

2004年，叶澜在丁钢主编的教育学辑刊《中国教育：研究与评论》上发表了一篇长文：《我与“新基础教育”——思想笔记式的十年研究回望》。文中围绕着已经走过的“新基础教育”十年研究，回溯了这一研究实践与其学术生命成长的关系。在该文的结语中，叶澜再次表达了自己的学派理想：

我和华东师大课题组的成员，把新的高度在理论上设定为“生

① 本刊记者. 为“生命·实践”教育学派的创建而努力：叶澜教授访谈录［J］. 教育研究，2004（2）：33—37.

命·实践”教育学的创建。我们想通过“生命·实践”教育学的创生，在世界舞台上发出中国教育学者的声音。这声音将揭示平凡教育事业蕴涵的丰富与伟大；蕴涵的与人类最基础的存在——生命与实践不可分割的内在联系；蕴涵的对创造、智慧和发展的呼唤；蕴涵的对健康人性、幸福人生、美好社会的价值追求。①

一年中，以访谈和“思想笔记”两份不同的文本，连续发出创建“生命·实践”教育学派的宣言，这意味着叶澜已经把自觉建设中国自己的教育学派作为自己未来“生命·实践”的核心使命了。

数年之后，为了更好地推进学派建设，集中呈现学派一段时间以来在“生命·实践”教育学理论探索中的阶段性积累，叶澜主持编写了《“生命·实践”教育学论丛》(共四辑)。在第一辑《回望》中，叶澜回顾了自己在发出学派宣言时的心境，特别表达了自己的意图：

“生命·实践”教育学创建的宗旨，不只是一个学派的建成，更是通过学派创建的过程和倡导，与广大同人一起营造二十一世纪富有活力、底气、根基和丰富多彩的中国教育学新世界。更何况学派发展本身，也需要各种不同观点、意见的碰撞和滋养。自然，作为第一辑的《回望》是婴儿的第一声啼哭，它发出的更多是“自我”独特的声音，是为了让更多的人听到和了解、认识这一声音，让大家有可能也愿意与它交谈。

第一声“啼哭”，它自然不会优美如诗，惊天如雷，但它是真诚、无忌的。但愿这真诚、无忌的第一声“啼哭”，能打动所有挚爱中国教

① 叶澜.我与“新基础教育”：思想笔记式的十年研究回望［M］// 丁钢.中国教育：研究与评论：7.北京：教育科学出版社，2004：56.

育和教育学事业的赤子之心。①

时隔一年，在《“生命·实践”教育学论丛》第二辑《立场》中，叶澜再一次表达了自己发起创建学派的初衷和心愿：

我们的心迹在于想更好地集聚力量，自觉地去做自己认为该做的和能做的，以及有指向、有基础、有积累的事，不是去妨碍或反对别人“为”和“不为”、如何“想”和“做”。②

叶澜把学派创建、把论丛诞生形象地比喻为“婴儿的第一声啼哭”，这既是一种谦卑的风范，更是对学派建设初始状态和发展愿景的自我表达。首先，如叶澜所说，发出学派创建的宣言，并非一时心血来潮，也不是在毫无理论积淀的基础上从空白处开始着手。事实上，叶澜对“生命”“实践”和“生命·实践”的关注早就开始了。这意味着“生命·实践”教育学的创生，即便以2004年的正式宣言为其“元年”，它也至少有其“前史”，即理论的酝酿、“制曲”、储藏、发酵的历史。但是，置身于中国教育学科建设的宏观背景中来看学派建设，尤其是看学派建设的萌芽期，它的确还不能够自称强大。其次，婴儿是人生中较为孱弱的一段时期，但也恰好是人生中成长性最强、可塑性最大、蕴含着无限美好可能的时期。以婴儿的第一声啼哭来比喻学派初生，很大程度上是对学派未来长势的期盼，也是对学派同人作为学派建设力量的角色使命的呼唤。最后，一个婴儿，而且还是在啼哭中的婴儿，他需要的是关注，尤其是呵护。对于发展中国自己的教育学科而言，我们太需要来自各方的宽容、理解和护佑了。学派的成长是需要宽容的学术生

① 叶澜，序言［M］// 叶澜．回望．桂林：广西师范大学出版社，2007：1—3.

② 叶澜．当代中国教育学研究“学科立场”的寻问与探究［M］// 叶澜．立场．桂林：广西师范大学出版社，2008：1—38.

态的，中国教育学派的自我培育和本土生长，尤其需要来自各方力量的悉心呵护。如果一味按照既成学派的严格标准来度量刚刚萌发的“生命·实践”教育学派，或者以某种“独清”的姿态来审视、挑剔、苛责乃至打压她，则她的自为式成长之路，将徒增许多除去正常理论建设之外的纠葛与烦恼。如同一颗种子的培育萌发和成长需要阳光雨露，一个婴儿的成长需要关怀怜爱，一个学派的成长则需要宽容呵护。

三、学派内逻辑的阐发与内理论的建构

王晓华在论及学派与思想创新的关系时提出：“学派的重要意义在于提供独特的思想生态，使成员在思想研究的起点处就相对个性化。”一个学派，其群体的思想和理论个性化是其区别于“非学派”或其他学派的显性标识。但这些标识要真正具有学派意义，非经持久艰苦的学理耕耘无法立足。“没有自己思想体系的学派是没有资格与重大的文化对话的，因为她缺乏独特的立场，无法以不可替代的方式发言。”[①]因此，创建中国本土内生的教育学派，绝不仅仅是“振臂一呼”这么简单，更不可能只是空洞地表达某种意愿和构想。如果说，学派前史时期，叶澜对涉及学派的一系列理论、概念进行了持续研究，且越来越明晰学派的整体理论架构。那么，自学派宣言发布之后，叶澜及其团队，就以更为自觉的意识，以“掘进”方式展开了学派内逻辑和内理论的探索和建设。

（一）“生命·实践”的双螺旋

对教育与人关系的思考，对人的生命成长机制的探究，对“生命·实践”双螺旋结构的探索，是叶澜“生命·实践”教育学探索中的主线。这条

① 王晓华. 学派化与思想创新［J］. 深圳大学学报（人文社会科学版），2003（1）：33—35.

主线，在学术研究的开端处或许并不清晰，但是在钉牢核心问题进行掘进深耕的过程中，生命与实践的内在关系，以及“生命·实践”之于人的成长、之于教育学理论建设的独特意义问题，变得越来越明晰。

1986年，叶澜在探究遗传、环境、教育与人的发展的关系问题时，就已经初步论及主体自主能动的实践活动在人的发展中的独特作用。她认为，教育学理论长期坚持的遗传、环境、教育在人发展中的作用的“三因素论”，忽视了人作为实践主体的能动性，存在把复杂问题简单化的倾向。“三因素论”只分析各影响因素分别对发展主体的作用，不分析发展着的主体对这些因素的反作用，不分析各因素的不同组合构成的总体对发展主体的影响，不分析各因素之间的相互作用。这样的分析路子，从表述该因素作用的单一侧面看，似乎不无道理，但它把复杂、丰富、多变的个体发展与影响发展的因素间的相互作用关系简化和绝对化，在方法论上存在形而上学的问题。叶澜认为，影响人发展的可能性因素为人的发展提供的是多种可能，但要使可能最终成为现实的发展只有借助于个体的活动才能实现。在使个体发展的各种可能变为特殊的现实发展的意义上，个体的活动是个体发展的决定性因素，没有个体的活动就谈不上任何发展。[①]在大家广泛接受的“三因素论”的研读中，洞悉其方法论误区，以主体自主自为的实践活动，看作是激活可能性因素、真正实现人的身心发展的关键，这是对人的生命成长内在机制的实践论阐释。从静态的“三因素”分析到动态、立体、复合、多重回环的可能性、现实性因素及其作用机制的剖析，叶澜完成的不仅仅是对“要素”数量、内容的扩展，更重要的是一种方法论重建。

1997年，叶澜在《教育研究》杂志上发表了《让课堂焕发出生命活

---

① 叶澜. 论影响人发展的诸因素及其与发展主体的动态关系［J］. 中国社会科学，1986（3）：83—98.

力——论中小学教学改革的深化》[1]一文。由于该文深刻批判了当时学校课堂教学中机械、沉闷和程式化的问题，从鲜活的生命的高度来重新审视课堂教学和师生交往的形态、价值问题，由此引发了教育理论和实践领域的广泛共鸣。[2]因为这篇文章，叶澜常常被视为“生命教育”的代表性学者。事实上，叶澜对教育中生命问题的关注，与教育理论和实践领域经常讨论的“生命教育”有本质的不同。曾经有一段时间，儿童的生命安全、儿童自我生命意识问题一度成为学术界和媒体广泛关注的焦点问题。这种社会背景下浮现出来的“生命教育”有其特定含义。叶澜对人的生命成长、生命实践问题、教育与生命实践关系等问题的思考，当然隐含着珍惜生命、关爱生命等理念，但叶澜关于主体实践在人的生命成长中价值的思考，关于让课堂焕发生命活力的思考，却是建立在对影响人成长的诸要素及其关系的思考基础上，建立在对学校教育尤其是课堂教学“无生命状态”的深刻反思基础上。[3]叶澜主张从生命的高度用动态生成的观点看课堂教学。她认为，课堂教学是师生各自和彼此重要的生命经历，是他们生命的有意义的构成部分。她着力批判关于课堂教学的两种认识误区及其实践。

第一，传统的教学认识论及其实践形态，把鲜活的教学过程化约为干瘪枯燥的特殊认识过程。叶澜批判道：

> 把丰富复杂、变动不居的课堂教学过程，简约化归为特殊的认识活动，把它从整体的生命活动中抽象、隔离出来，是传统课堂教学观的最根本缺陷。它既忽视了处于不同状态的教师与学生，作为每个独立个

① 叶澜. 让课堂焕发出生命活力：论中小学教学改革的深化［J］. 教育研究，1997(9)：3—8.

② 截至2021年初，该文在中国知网上累计下载22 725次，被引5 293次，并于2011年被评为《教育研究》创刊30周年杰出论文。

③ 为防扩展论述过多造成枝叶芜杂，关于叶澜的“生命·实践”教育学理论与一般讨论的“生命教育”主张的区别，笔者拟另文专论。

体，在课堂教学过程中的多种需要与潜在能力，又忽视了作为共同活动体的师生群体，在课堂教学活动中多边多向、多种形式的交互作用和创造力。从根本上看，这是忽视课堂教学过程中人的因素之突出表现，它使课堂教学变得机械、沉闷和程式化，缺乏生气与乐趣，缺乏对智慧的挑战和好奇心的刺激，使师生的生命力在课堂中得不到充分发挥，进而使教学本身也成为导致学生厌学、教师厌教的因素，使传统课堂教学视为最重要之认识性任务也不可能得到完全和有效地实现。①

第二，传统教学认识论及其实践只关注课堂教学在促进学生学习方面的价值，忽视了课堂教学作为教师个体生命构成对其生命价值提升的重要意义。

十分重要的是使每个教师都要意识到这一点：课堂教学对他们而言，不只是为学生成长所做的付出，不只是别人交付任务的完成，它同时也是自己生命价值的体现和自身发展的组成。每一个热爱学生和自己生命、生活的教师，都不应轻视作为生命实践组成的课堂教学，由此而激起自觉地上好每一节课，使每一节课都能得到生命满足的愿望，积极地投入教学改革。这就是我们在认同课堂教学的社会价值、促使学生发展价值的同时，再指出它对教师同样具有生命价值，形成和提出课堂教学对教师和学生都具有个体生命意义这一观点的重要原因。②

在叶澜的思想中，教师绝不是一个“教书匠”；教师的发展，也不能简单定位为“专业发展”；教师所从事的工作，固然与知识传授、文化传承分不开，但教师工作的本质，却是一种复杂的、充满创造性的劳动。因此，只有建构一个充满创造性的、充满生命活力的课堂，“教师的劳动才会闪现出

①② 叶澜．让课堂焕发出生命活力：论中小学教学改革的深化［J］．教育研究，1997(9)：3—8.

创造的光辉和人性的魅力”，课堂教学“才不只是与科学，而且是与哲学、艺术相关，才会体现出育人的本质和实现育人的功能”。①

从对教育场域中人的生命成长机制的探讨，到课堂生态、学校教育变革中对生命的深切观照，再到对实践在人的生命成长过程中独特价值的剖析，“生命”与“实践”这两个在日常生活中颇为常见的、但是在有意识的教育思考中变得沉甸甸的词汇，正通过叶澜及其团队的学术实践，逐渐彼此靠拢，并在研究主体的意识层面上发生着某种“化学反应”。日常生活世界中的某种缺失，当反映到研究主体的自觉意识中并激发起主体的探究性意识和行为时，就可能演变成为一个学术性的选题。叶澜不仅在日常的学校生活、课堂教学中看到了对生命状态的漠视，更在教育学研究中发现了关于生命、实践的双重缺失：“缺失对教育生命价值的关注（更多的是社会意义和个人意义），缺失对教育实践整体性的深入研究，更缺失以生命价值为核心的教育实践的整体性研究。”②这两重缺失，一定意义上是激发叶澜产生重建教育学基础理论的内在诱因之一。至此，生命与实践在这里会合。构成“生命·实践”教育学派思想内核的要素，已经初步形成并得以稳定下来。

学派之个性和特色，是由思想理论表征出来的。但构成个性和特色的内在依据，一定是在学派成员思考问题和构思理论的意识层面发生的。叶澜领衔的研究团队，不仅在理论上深究人的生命成长机制问题，以及生命实践在人的成长发展中的独特价值问题等，而且作为研究者，他们并不满足于教育实践之外，以旁观者的身份来观察和表达实践，他们选择了对学校变革实践的深度介入。在叶澜看来，研究主体对学校变革实践的深度介入，一方面是研究主体在大变革时代主动融入学校改革，为共创美好教育新生活承担公共

---

① 叶澜. 让课堂焕发出生命活力：论中小学教学改革的深化［J］. 教育研究，1997(9)：3—8.

② 叶澜.“生命·实践”教育学引论（下）：关于以“生命·实践”作为教育学当代重建基因式内核及其命脉的论述［M］// 叶澜. 命脉. 桂林：广西师范大学出版社，2009：1—57.

责任的过程；另一方面也是变革教育理论与实践的关系，促使二者从相互隔离、相互指摘，走向交互生成、双向建构的过程。当研究主体真正以生命在场的方式，以行动者的身份参与学校变革，他对教育实践的研究，就不再仅仅是一种“旁观”和“旁听”，而是融入了体认、体察和体验。叶澜指出：正是在亲历学校研究性变革实践的过程中，她领衔的研究团队深刻认识到教育实践对于学生和教师的生命发展价值，在参与建构新关系的过程中丰富、拓展了教育理论与实践复杂关系的认识。在这个过程中，研究团队还体验到了学术研究方法论和方式的变革，对研究主体自我学术生命的发展价值。从这个意义上说，学派所主张的生命、实践的内在关联和双向建构，及自我学术生命实践的变革与理论创生，已经内蕴了中国古代“以身立学”的学术生命观。如同叶澜所说：“实践的多重生命意义在我们这里有了深刻的体验，直接促使我们完成了从对‘生命’的关注，到对‘实践’的强调，最终走向将‘生命’‘实践’建立起基因式双螺旋交互关系的文字表达形态——‘生命·实践’，确立了我们学派的命名。”①

之所以将“生命·实践”视为学派的基因式概念，既是对“生命·实践”之间内在关系与基因的双螺旋结构的一种类比，又是对“生命·实践”之于学派的意义，与基因之于生命体意义的一种类比。所谓基因，指的是“生物体携带和传递遗传信息的基本单位……一个基因是一段核苷酸序列编码蛋白质，也就是说决定特定蛋白质一级结构的是结构基因。生物的一切性状几乎都是许多基因以及周围环境的相互作用的结果。”②基因遗传信息的基本物质载体是染色体（DNA），染色体是储藏、复制和传递遗传信息的主要物质基础，其形态为双倍体，相互成螺旋交叉状。之所以将“生命·实践”称为学派的基因式概念，是因为叶澜在“生命·实践”交叉缠绕、相依相生

① 叶澜．命脉［M］．桂林：广西师范大学出版社，2009：1—57.

② 辞海编辑委员会．辞海：上［Z］．1999年版普及本．上海：上海辞书出版社，1999：1551.

的密切关系中，发现了与基因类似的结构、形态和功能。

> 基因是解读生命之所以生生不息秘密的最基本的单位，是生命之本原基始。我们以“基因”来类比教育学理论的内核，其一，就是取其“本原基始”之意。其二，基因内含着生命遗传的基本信息，规定了生命的性质、生理特征、代谢类型、行为本能及生长序列等，即生命的基本生理特征可以从基因中得到解释。这种代际的信息传递性质，本身也是教育的基本规定性之一，区别在于教育信息的“源”和“质”、传递的路径和方式是人类所特有的。我们从功能的代际性和机制的生成性上借用“基因”一词，表明我们对教育学理论内核的选择与构建，要求具有基因的功能、机制等特征。其三，基因物质载体DNA的双体性，也启发了我们对理论内核组成的要求，即不是单一的，而是复合的。这是从形态上选择“基因”作类比的原因。[①]

为了进一步辨析生命与实践之间的双螺旋关系，以及论证“生命·实践”作为学派基因式概念的合理性，叶澜从自然、社会、精神三个层面对人的生命和实践的关系进行了阐释。无论从个体层面上还是从人作为“类存在”的意义上，人的生命成长的方向、形态、品质等，都与人区别于动物的独特生存方式——实践——有着内在关联和彼此创生关系，即人的生命是在实践中呈现为如此这般的，且由有意识的实践决定其生成性、延展性；反之，人的实践意识、能力和实践意图能够在多大程度上实现和“绽出”，极大地依赖于人的生命状态与能量。进一步讲，人的生命成长，不得不依靠遗传、环境、教育等客观因素，但是，一旦人具有了清晰的自我意识和强大的生命自觉，他就能够主导自己的生命选择和历程，有意识地展开自我的生命

① 叶澜. 基因［M］. 桂林：广西师范大学出版社，2009：1—36.

实践。在这个意义上，一个人的生命自觉，是决定其未来生命成长的内在依据。叶澜把培育人的生命自觉，作为“生命·实践”教育学派对当今社会在教育中关于人的发展的目标设定。“教育最为根本的目的是培养人对自己及其人生、生命发展及其成长过程的主动认识和策划，积极地成为实现自己人生理想的主人，成为能超越自我、把握自己命运的主人。”①这一定位，既是对教育在人的生命成长过程中所应承担核心使命的论证，也是对当前教育实践漠视生命、对培养人的生命自觉的教育使命缺乏自觉意识的一种批判和重建的努力。

（二）学派信条

一个学派的确立，除了要有相对稳定且有传承性的研究力量之外，还要有标志这个学派独特性的思想、理论和价值观，因此，人们常常把共享价值观作为评判学派的标准之一。2017年，叶澜在《光明日报》发表了《“生命·实践”教育的信条》②，将学派在长期研究中逐渐积淀形成的思想共识和共享价值观，通过十二个教育信条的方式表达出来。叶澜所陈述之十二个信条，既是各自相对独立的，又是内在统一且具有内在逻辑性的。十二个信条所阐释之学派主张，主要回答了学派的“教育观”、“学校观”和“教育学观”。③

1. 教育是体现生命关怀的事业

信条一：教育是直面人的生命、通过人的生命、为了人的生命质量的提高而进行的社会实践活动，是社会中最体现生命关怀的一种事业。

---

① 叶澜. 命脉［M］. 桂林：广西师范大学出版社，2009：1—57.

② 叶澜.“生命·实践”教育的信条［N］. 光明日报，2017-02-21（13）.

③《光明日报》所刊发的信念，共4 500余字。我们在这里不拟全部引用，只将信条之主条目列出，以便分析讨论，信条的具体阐释在此省略。

信条二：教育通过“教天地人事，育生命自觉”，实现人的生命质量的提升，体现教育中人文关怀的特质。

信条三：教育通过提升人的生命质量，为社会提供各种人才，实现其社会功能。教育是人类和社会“更新性再生产”活动。社会发展要求实现终身教育，要求“社会教育力”的集聚与提升。

在学派的“教育观”中，叶澜对“教育是什么”的第一重回答，特别突出了教育的“生命”意蕴：如果说“直面人的生命”是教育与生命共在、联通的一种本真存在方式的话，那么，“通过人的生命”则体现了教育关切生命的独特方式。不同于医学对人之生命的技术性、智识性呵护，教育是师生生命的共契，是以我之生命自觉启迪你之生命自觉，或因感受到你之生命内在力量的澎湃而唤醒我之生命自觉的过程。这不仅是生命与生命之间的对话，更是生命与生命实现精神能量转化、协同共生、共进共长的过程。一定意义上说，正是这种生命与生命的相遇，才使得教育的人文内涵更深沉和持久，甚至具有某种能够激荡人之神圣使命的特殊力量。“为了人的生命质量的提高”表达的是对教育价值的期待。这种表达直接越过了对教育的许多“形而下”诉求，如知识扩展、技能培养、人格完善等，这些都是教育价值的有机构成。但叶澜用更具概括性的表达，直指教育使命的核心。教育不仅关怀生命，更重要的是以提升人的生命质量为鹄的。人的生命质量的提升，当然包含人生命跨度的延长，但更重要的是生命内涵的丰富、生命能量的扩容、生命价值的彰显、生命品质的优化。叶澜关于“教育是什么”的第二重回答，是以“教天地人事，育生命自觉”来诠释教育内涵和使命，以非常浓缩精练的中国话语、中国智慧，对“教育”二字作出了非常有力度的诠释。中国传统哲学通常把自然称为“天地”，把社会之事称为“人事”，天地人事的勾连，不仅仅是一种并置，更重要的是强调一种转化生成关系，天地与人事的相遇，使人应如何生存的哲学元题，进一步转化成为人与天地人事的关系问题[1]，这是中国哲学的大视野，也应该是中国教育的原生智慧。叶澜对学派“教育观”阐释的第三重，是对教育个体功能和社会功能的统合。教育作为人类和社会的“更新性再生产”，是通过提升人的生命质量，为社会提供各种人才，实现其社会功能。这里既并行陈述了教育之于个体与社会的两种功能，也勾勒出了个体功能与社会功能之间的内在关系。比较而言，教育的个体功能更为直接，因为教育直面人的生命。教育社会功能的存在和释放，是以培养人、提升人的生命质量为前提的。叶澜在这一简单的阐释中对教育基本理论研究中的这一经典命题——教育是什么——作出了学派意义上的回答。

2. 学校是教育的“生命场”

信条四：学校是师生开展教育活动的生命场，提升学校的生命质量是学校变革的深层次诉求。

信条五：学科教学和综合活动是学校教育特殊性的体现，是师生在学校承担社会责任的具体表现，也是师生学校生活的基础性构成。

信条六：教师是从事点化人之生命的教育活动的责任人。没有教师的创造性劳动，就不可能有新的教育世界。教师只有将创造融入自己的教育生命实践，才能体验这一职业内在的尊严与欢乐。

信条七：每个人都得自己活，不能由别人代活。学校中的学生处于生命成长的重要时期，具有主动发展的需要与可能。学生是学习活动的主体和责任人，是教学活动复合主体的构成。“育生命自觉”从培养学生的自尊、自信和主动性开始。

信条八：用创造学校新生活的理念开展日常教育活动，使师生成为学校生活的主动创造者。教育的意义不只是在未来，它就在当下创造生命成长

① 叶澜．中国哲学传统中的教育精神与智慧［J］．教育研究，2018(6)：4—7，23.

的、丰富的学校各项活动中。

信条四至八阐释了学派的“学校教育观”。与一般意义上把学校视为一种组织机构不同，叶澜以形象的语言，把学校称为“生命场”。“场”是一个极具想象力和伸缩性的概念。场既是一个可视化空间，又是时空中物质能量之间的相互作用关系。这是一种具形的存在，后者则是一种无形的存在。“生命场”既意味着学校为师生的生命成长、发展、交互提供了真实的场景，也表达了学校生活中生命与生命之间相倚相生的、虽无形体却又真实存在的深厚关系。学校作为一个微型浓缩的社会，内含非常复杂的社会活动，但最体现其育人使命和存在独特性的，是学科教学和综合活动。叶澜将其称为师生学校生活的“基础性构成”。学校的“主角”是教师和学生。教师的使命是“点化人之生命”，教师劳动是一种创造性劳动。这一教师观，既是对“匠化”教师的超越，也是对“圣化”教师的纠偏。马克思曾经指出：“能给人以尊严的只有这样的职业，在从事这种职业时，我们不是作为奴隶般的工具，而是在自己的领域内独立地进行创造。”[①]对教师劳动创造性本质的揭示与诠释，不仅是对传统教师观的一种理论超越，更有可能在实践中唤醒教师内心的创造潜能，整体提升教师的生命自觉和生命质量。不同于把学生当作“受教育者”或“学习者”，叶澜所诠释的学派“学生观”，突出了学生作为“主体”和“责任人”的角色。这是对学派一以贯之的教育理想——育生命自觉——的一种坚守。一个生命自觉的人，应该自己规划人生之路，选择人生价值，人生中有相当多的事务可以由他人代替，但是“活”（living）和“成长”（growing）却无论如何都只能由主体自我承担。教育所承担的责任，

---

① 马克思，恩格斯．马克思恩格斯全集：第40卷［M］．中共中央马恩列斯著作编译局，译．北京：人民出版社，1982：6.

不是“给予”，而是“使能”（empower）。[①]师生在学校生活中的生命成长，既依赖学校新生活的建构，更有助于促进学校新生活的建构。一个人选择一种生活心态、状态、姿态，不仅在改变自我的生活，同时也参与建构了一个与他共在的群体的新生活。因此，学校生活，不仅是师生生活的场景，更是师生生活的“作品”，这个作品具有持续生成性，且不断汇入师生的生命成长历程中，构成他们生活的元素和能量。[②]教育是面向未来的事业，但是未来从来不是现在的彼岸，而是现实不间断延伸所抵达的“所在”。因此，教育为未来负责的态度，不仅仅是构想，而且是行动和创造。让现实更具未来性，让未来的美好照进现实，改造现实，现实才会更具走向美好未来的可能性。这是“生命·实践”学派所主张的师生共创学校新生活的美好期待。

3. 教育学研究要坚持“长善救失”“以身立学”

信条九：作为独立学科的教育学，以揭示教育事理为核心。教育实践的层级性、社会性和生命性等诸多复杂性，决定了教育学属复杂学科，是一门以教育为聚焦点的通学。

信条十：教育学研究需要作出方法论的改造与探索，用复杂思维形成综合抽象、研究过程中的“互动生成与转化机制”。改变两极对立的简单思维方式，改变客观主义的所谓科学方法，要在理论与实践的双向构建中推进学科建设。

信条十一：教育学研究者，包括专业人员、教师和任何真诚投入者，其发展同样需要有生命自觉和责任担当，并在教育研究的实践中成事成人。

---

① empower一般翻译为“赋权”或“赋能”。笔者用“使能”这一概念，意在淡化“赋”内含的“交给”之意。教育当然蕴含“赋予”之意，但是教育对学生能力的培养和生命自觉的培育，却不是一种赠予和交付，而是一种唤醒、启发。

② 这就是杜威在阐释“经验”概念时所强调的“interaction”。我们在把这个概念翻译为“相互作用”时，容易丢掉其内含的持续性“互构”的内涵。

信条十二：“生命·实践”教育学派以“长善救失”“以身立学”为研究精神和行为准则，共同致力于学派的持续发展。

信条九至十二阐释了学派的“教育学观”。叶澜将教育学的独立性宣称放在“教育学观”的首要位置，表达了她对教育学科独立性的一以贯之的坚守。叶澜将教育学视为“复杂学科”和“通学”，这一方面是由教育实践的复杂性决定的，另一方面也是对教育学研究思维方式的一种重构。叶澜是国内教育学领域率先倡导复杂性思想的学者，她不仅精读了有关复杂性思想的大量著作，尤其是法国当代复杂性思想的代表人物埃德加·莫兰（Edgar Morin）的著作，而且通过读书会、学术研讨会等方式，传播复杂性思想，更以自己的教育研究方法论重建的学术努力来践行复杂性思想。叶澜反对两极对立的简单思维方式，对教育改革中的某些非此即彼的所谓话语创新，始终保持警惕。例如，对于当前课堂教学改革中盛行的“从教为中心到学为中心”的话语，当前终身教育研究中被视为时尚的以“终身学习”替代“终身教育”话语的热潮，对于教育研究中“实证主义至上”的热潮等，叶澜都有不同的见解。这些话语，是两极对立思维方式的典型体现。以“学为中心”为例，改变“学为中心”并非改变“教为中心”的唯一道路，甚至也不是理想道路。“学为中心”对“教为中心”的替代，在一定意义上可能给中国教育带来更严重的问题。与对实证主义的过度推崇不同，叶澜并不反对实证主义研究，但是她认为，客观主义方法论并非提升教育学科独立性和存在合理性的关键。叶澜倡导教育理论与实践双向建构的深度介入式教育研究。但是，与“唯我独尊”式的宣称不同的是，叶澜从不认为这是教育研究的唯一道路，事实上，她本人对教育的历史研究、思辨研究都极为看重且很擅长，但作为“学派信条”，叶澜强调作为“生命·实践”教育学独特研究方式的深度介入式研究在发展教育学科中的作用。叶澜极为看重教育学研究者的生命自觉和使命担当。教育学者投入学术研究的过程，不仅是一种智慧输出的过程，也是在研究中发展自我、成就自我的过程。所以“成事成人”是教育学者与教育学研究的相互玉成。最后，叶澜对学派发展提出了两条自律性的要求：“长善救失”和“以身立学”。叶澜所说的“长善救失”是对《学记》所论“长善救失”的传承与扩展性理解。“救失”不仅是救他者之“失”，救学派理论、方法与路径之失，更包括救自我之“失”，即要不断地反求诸己，诚意正心；“以身立学”强调学派建设不仅是思想和理论的传承发展，更重要的是人的价值观境界升华、学术涵养提升和学术气质养成。

信条的发布，向外表达的是一种“求其友声”的心向，对内表达的则是学派同人理应坚守的共享价值观。把学派创建提升到生命自觉的高度，有助于凝聚共识和人气，深化对一系列教育基本理论问题的认识，从而推进教育学科建设。对中国教育学科发展而言，这无疑是一项意义深远的事业，但同时也是一项艰难的事业。

对于任何一个学派而言，一个必须接受的事实是，学派从来不是生来就有的，也不可能恒久存在。学派的生命力，既取决于学派自己的作为，也在很大程度上取决于外部学术生态的演变。我们正处在中华民族伟大复兴逐渐成为全民共识的时代。“中国”意识的觉醒，不仅表现在政治、外交舞台上，而且表现在学术话语中。我们太需要一种以中华传统优秀文化为基干的、海纳百川的学术理论了。这是中国学术创生学派的绝佳生态，也是发现西方学术在解释中国问题时的欠缺，从而产生酝酿创造本土创新理论的绝佳时机。但是，学派创建依然可能困难重重。首先，孔子“述而不作”的自谦之辞，有时候会被作为一条治学经验乃至规约，这在相当长的时间内影响了中国学术的原创意识。其次，人们往往存在一种非常微妙奇特、且不便于公开表达的心理：对存在者吝啬，对消逝者慷慨。这种心理的广泛存在，会极大影响中国学者创建学派的勇气、动力，更影响到学派思想的交流传播。学派的发展壮大，一方面需要向内着力，但相互之间的争鸣，在争鸣中不断反省改进，对学派发展意义重大。20世纪80年代，教育学界的学术争鸣曾蔚为大观，极大地促进了教育学科从低谷走向繁荣。近年来，学术争鸣的整体萎缩[1]，不利于中国本土学派的萌芽发展。再次，学术史上对学派的某些“敌意”，也在一定程度上影响到学派的健康发展。例如，杜威在谈到学派时曾说：“他们往往形成学派，不接受别的问题和真理；他们倾向极其信赖师傅的话，在他死后，继续重述他的思想，往往失去原有的精神和卓识。”[2]值得玩味的是，杜威的思想传承，也慢慢演变成了学派。德国学者在评论赫尔巴特时也曾指出：“教育学学派在其下几代中渐渐地变得僵化起来，失掉其缔造者所具有的强烈冲动，埋没在技术和纯粹的陈规俗套之中，这就是所有教育学学派的命运。裴斯泰洛齐、福禄培尔是这样经历过来的，而赫尔巴特也是这样经历过来的。”[3]创新理论的奠基人熊彼特也曾说过：“我从未想过要创建一个熊彼特学派，它不存在，也不应该存在。经济学不是哲学而是科学，因此在经济学领域不应该存在任何学派”。[4]但熊彼特却被视为经济学奥地利学派的核心成员。凡此种种，提醒我们，对学派保持一种更开放宽容之心或许更有助于理性看待学派的学术史贡献。

有必要再申明：叶澜是“生命·实践”教育学派的倡导者和创建者，但她本人也是复杂性思想的坚持者。这一方面意味着，她的“生命·实践”教育学研究，内含着复杂性理论的启发；另一方面，也是更为重要的是，她从未表达过、也并不认为“生命·实践”教育学所倡导的价值观和思想理论，应该上升为教育学的“一般性”或“普遍性”。学派要有基本理论做支撑，但学派作为学派，一定有其特别关注的核心问题域，也一定有其独特的、个性化的思想理论和表达方式。所以，创建学派的过程，是对价值、立场、理

① 或许还存在偏离争鸣本质的所谓争鸣的“猥琐化”现象。

② 杜威.杜威教育论著选［M］.赵祥麟，王承绪编译.上海：华东师范大学出版社，1981：279.

③ 赫尔巴特.普通教育学·教育学讲授纲要［M］.李其龙，译.杭州：浙江教育出版社，2002：前言.

④ 洛林·艾伦.开门：创新理论大师熊彼特［M］.马春文，等，译.长春：吉林人民出版社，2003：338.

论和方法做出某种选择的过程。任何选择，都不可能囊括所有的教育研究，解决所有的教育问题和教育学问题。在多元价值共生的时代，价值选择的关键，并非绝对不犯错误，而在于“不要总认为自己完全正确”[①]。对学派作如是观，可能会为学派发展创造更好的生态，从而可能在一个需要学派、呼唤学派的时代中，培育出更多的中国学派。

① 艾伦·布卢姆.美国精神的封闭［M］.战旭英，译.南京：译林出版社，2007：导言.

中篇

教育研究方法论

叶澜的生命历程尤其是大学毕业之后参加的教育活动以及社会活动为她的教育研究方法论的形成提供了遗传基因和社会背景。这使叶澜在1981年之前已经亲身体验了教育研究方法的“中国式”问题。多年后，叶澜把这些问题归结为三个方面：一是如何处理异国文化；二是如何处理民族文化传统、教育遗传与当代教育思想的关系；三是如何在教育研究中正确运用马克思主义。①

叶澜有关教育研究方法论的学术孕育始于1981年。1980年，叶澜得到一个去南斯拉夫访学的机会。在南斯拉夫访学的两年期间（1980—1982年），叶澜凭借其学术敏感性和学术灵性，注意到了通过提升教育研究方法论来推进教育学理论的问题。这使她一下子找到了撬动教育学研究的杠杆和支点，她让自己站到了教育和教育学研究的制高点。

在45岁前后，叶澜以“冰火”为笔名，发表两篇介绍南斯拉夫教育以及教育研究方法论的重要文章（以下简称“冰火两篇”）。一是于1983年发表的《试论南斯拉夫教育的特色》，二是于1986年发表的《南斯拉夫教育科研中的方法论问题》。

“冰火两篇”是叶澜教育研究方法论孕育期的胚胎。胚胎的成型性标志是叶澜在1987年发表的《关于加强教育科学“自我意识”的思考》。叶澜在这篇文章中正式提出她所关注的教育研究方法论问题。而在此前后，叶澜发表和出版的《论影响人发展的诸因素及其与发展主体的动态关系》（1986年）及《教育概论》（1991年）正式运用了她所追求的教育研究“方法论”。

① 叶澜．回归突破：“生命·实践”教育学论纲［M］．上海：华东师范大学出版社，2014：124—125.

叶澜教育研究方法论正式形成于1999年前后。那年，叶澜出版《教育研究方法论初探》。在此之前的相关思考与系列论著构成了叶澜教育研究方法论的孕育期，在此之后的相关思考与系列论著构成了叶澜教育研究方法论的发展期。

第四章　教育研究的“方法论问题”

> 方法论研究具有提高研究人员的素养与研究能力的普遍意义。方法论水平表现在研究者个体身上，就是思想方法的科学性与开拓性。它与批判性的反思能力和综合性的构建能力直接相关。[①]
>
> ——叶澜

在南斯拉夫访学期间，叶澜敏锐地注意到南斯拉夫的教育特色尤其是教育研究方法论方面的特色。1986年前后，有关教育研究方法论的思考让叶澜心潮澎湃、激动不已。在此期间，叶澜连续发表多篇介绍南斯拉夫的教育特色以及教育研究方法论特色的文章。当时华东师范大学校长刘佛年也正密切关注其他国家教育研究的进展。他召集那些到国外留学或访学的年轻学者座谈，叶澜受邀主持一个小组的研讨会并负责撰写研讨报告。“这也是叶澜第一次在一个大的小组中发表自己的教育观点，这为她后来的职业发展奠定了基础。”[②]

---

① 叶澜. 教育研究方法论初探［M］. 上海：上海教育出版社，1999：25.

② 许美德. 思想肖像：中国知名教育家的故事［M］. 周勇，王承绪，许洁英，等，译. 北京：教育科学出版社，2008：238—250.

一、南斯拉夫教育见闻

1981年，叶澜在南斯拉夫通过阅读、听课、参与大学生的课堂讨论、到小学访问，形成了对南斯拉夫教育的初步印象。根据自己在南斯拉夫的参与式观察和亲身体验，她连续发表四篇“南斯拉夫教育见闻”系列文章。

（一）南斯拉夫的课堂讨论

叶澜的“南斯拉夫教育见闻”之一介绍并关注了南斯拉夫的课堂教学与课堂讨论的关系问题。教授讲课时学生可以不来，但课堂讨论时学生必须到场。课堂讨论是萨格勒布大学的一个指向实践的教学环节，旨在使大学培养出来的人一走上工作岗位就能迅速适应实际需要。

南斯拉夫的教师和学生都认为“课堂讨论的价值对学生来说比听课还重要”。听教师讲课不必签到，允许有不听课的自由（这是师生都承认的），理由是大学生可以通过看书自己学习。但实验、练习作业、课堂讨论却一定要参加、完成并要签到。若几次不到，则取消期终考试资格。

这使叶澜明白一个道理：要想贯彻一个教育观点，除了必须在理论上分析讲透以外，还要在具体的实践中有措施。如果这个观点是一定要贯彻的，那么措施必须有力，要和学生或教师的一些切身利益有关，这叫涉及要害。至于实践（包括让学生“自制图册”这类实践活动）究竟要占多少比例最为恰当，那还得由实践来决定。①

（二）南斯拉夫的美育特色

叶澜的“南斯拉夫教育见闻”系列文章之二特别介绍了南斯拉夫的美育特色。南斯拉夫人喜欢鲜花、音乐、舞蹈，人们穿着得体，待人接物讲究礼

① 叶澜．漫步在异国的同一领域中：南斯拉夫教育见闻之一［J］．外国教育资料，1981（4）：62—64.

仪，公共秩序井然。与之相应，南斯拉夫的教育强调每个人的个性的和谐的、全面的、充分的发展，他们将此作为社会主义教育与资本主义教育在培养目标上的根本区别，作为人道主义精神在教育中的体现。所谓全面，这里指的是体育、智育、德育、美育和劳动教育五个方面。在谈到五育各自在人的全面发展中的地位问题时，他们强调的是各得其所、不可缺一，而不是孰轻孰重、排列主次；在谈到五育的相互关系问题时，强调的是协调配合，依存渗透，而不是对立排斥、矛盾斗争。正是在这样的前提下，美育在南斯拉夫的教育学体系中处于独立的、不可取代的、又是与其他几育相辅相成的地位。

比较特殊的是，他们不仅把美育看作丰富个性、陶冶性情、培养情操、活跃生活的手段，而且更视其为培养学生表达能力的一个方面。他们认为，音乐、舞蹈、图画、造型艺术和语言一样也是人类表达自己思想感情的一种方式。因此，对这些方面能力的培养应和语言能力的培养一样受到重视。

叶澜注意到南斯拉夫一所基础教育的学校中有一门名为“家庭知识”的课程，从五年级起开设。在这门课程的教科书中,叶澜认为她找到了为什么南斯拉夫的姑娘善于把自己的服饰搭配得和谐，把房间布置得富有艺术性的原因。原来，从五年级起，她们就接受这种训练。这门课程使学生懂得生活中的美，发挥了美育美化生活的作用。在课余的自由活动中，音乐、美术等艺术教育占了很大的比重。

在对南斯拉夫美育特色的点评中，叶澜特别看重美育使人具有一种表达思想感情必不可少的能力的价值。叶澜当时的访学导师在教学中很注意运用图解的方法来阐明自己的思想，这让叶澜这样的在语言上尚有困难的外国学生在听课时感到特别有用。有时，叶澜与南斯拉夫大学生交谈遇到语言障碍不能听懂时，那些大学生常会拿起笔来通过图画使叶澜理解，这种习惯反映了教育训练的一个侧面。[①]

后来，叶澜在思考和撰写自己的教育论著时，也特别看重“图示”这个方法及其方法论。她在1986年发表的《论影响人发展的诸因素及其与发展主体的动态关系》中，就特别采用了两个比较清晰的“图示”，以此呈现影响人发展的“诸因素”及其与发展主体的“动态关系”。而在随后出版的《教育概论》中，叶澜延续并扩展了这个“图示”的方法。她所画的“影响个体发展基本因素相互作用图”显得更加成熟、精致。[②]不仅画图，叶澜在她的论著中也有“列表”的习惯。这个习惯可能来自叶澜在南斯拉夫访学期间获得的经验与启发。[③]

（三）南斯拉夫的基础学校与学制

叶澜的“南斯拉夫教育见闻”之三介绍了南斯拉夫“基础学校”的教学设备与校园文化以及丰富的课外教育活动。当地基础学校每班学生人数不得超过30名。学校教室很宽敞,采光和照明条件也很好，教室里摆放了鲜花和学生作品。几乎每个教室都有电视机。

学校除了有供一至八年级每个班级使用的教室外，还都设有供五至八年级学生使用的各学科专用教室，比如生物教室、技术课教室、物理化学课教室、语言教室、图画教室等。

每个教室都备有基本的供教师和学生使用的专业设备,有些学校还附有

---

① 叶澜．漫步在异国的同一领域中：南斯拉夫教育见闻之二［J］．外国教育资料，1981（5）：61—63.

② 在《教育概论》第一版（1991年版）中，叶澜的图示标题呈现在图示的上面。在后来的修订版（2006年版）中，图示标题统一按照出版规范，转移到图示的下面。详见：叶澜．教育概论［M］．北京：人民教育出版社，1991：32，235；叶澜．教育概论［M］．北京：人民教育出版社，2006：33，219.

③ 叶澜．教育概论［M］．北京：人民教育出版社，1991：67. 叶澜．教育概论［M］．北京：人民教育出版社，2006：65.

该课程使用的教师和学生的参考书籍，有室内灯光球场，有小花园，每个学校有自己的厨房和餐厅，为那些父母是双职工、家里又无老人照顾的全天在校的学生提供早餐和午餐。教师若有需要，同样可在此就餐。学校没有教研组办公室（教师没有坐班制，没有课可以回家），只设教师休息室、会议室、图书阅览室。

整个环境是赏心悦目的，一切都安排得井井有条。校园里洋溢着暖融融的气息。南斯拉夫把基层一级的机构称为“基层共同体”。学校是个温暖的共同体，充满着对孩子的爱。[①]

叶澜的“南斯拉夫教育见闻”系列文章之四首先介绍了南斯拉夫教育系毕业生的就业去向，提出南斯拉夫教育学专业并不存在要不要开设这个专业的问题，而只存在如何开设得更好的问题。在南斯拉夫，每所基础学校，大部分中学、幼儿园、成人教育中心都设有教育家的职务，而这个职务要由教育专业（或心理专业）的毕业生来承担。教育专业的教学计划规定，自四年级起分为学前教育、学校教育和成人教育三个专业组进行教学，学生按自己的兴趣选择专业组。学校教育家的主要作用不在行政方面，而在专业方面：他要运用教育理论来分析研究学校教育工作的状况，提出改进学校工作的意见；他要根据教学改革的需要，与教师合作进行教育科学的试验或调查；他要负责提高教师和家长的教育科学知识的水平和教养，每学期定期为他们讲课；他要与校长一起研究制订学校的年工作计划；等等。

不仅大学教育系毕业生有比较灵活的就业选择，而且南斯拉夫的整个教育培养体系和毕业生的就业方向都比较灵活。在培养目标上强调“自治的社会主义社会的新人”。也因此，南斯拉夫并不把“智育”或考试成绩作为核心指标。南斯拉夫初步建立了普通教育与职业教育融合的教育制度。每个人既是社会主义社会的成员，又是有个性的独立的个人；既有参加社会生产劳

① 叶澜．漫步在异国的同一领域中：南斯拉夫教育见闻之三［J］．外国教育资料，1981（6）：60—62.

动和政治活动的需要和责任，又有满足个人兴趣爱好，充分发挥个人才能的需要和权利。人的活动不只是在生产领域、社会政治领域，还有纯属个人的自由活动领域。因此，他们反对把年轻的一代只当作未来社会的生产力来训练，主张教育要注意到人的活动的多样性和个性的多面性。学校不仅要完成教育的社会任务，还要为每个人的价值的发挥创造最好的条件。正因为如此，在南斯拉夫的学校教育中，智育并不是处在特殊的、中心的位置，而是作为五育中不可缺少的一部分。这正是学生没有被学习压得喘不过气来的重要原因之一。

在学制上，他们把普通教育的体制与专业教育的体制结合起来；把正规教育与非正规教育、学校教育与企业教育、青少年教育与成人教育统一起来，设计出一套独具风格的既统一又灵活多样的南斯拉夫教育新体系。学生从中等学校毕业以后，一部分直接进入高一级的学校继续学习，一部分则直接参加工作。由于中学阶段后两年受到一定的职业训练，中等教育中心又是由学校与有关劳动企业联合举办，所以，学生毕业后能直接走上相应的劳动岗位。有的联合劳动组织对新工人还进行短期的专业训练，使他们更好地适应本企业的需要。中等教育的这一改革，既满足了国家对中等专业人员的需要，又解决了一部分中等学校毕业生不能直接上大学的矛盾，同时也体现了马克思主义关于教育与生产劳动相结合，缩小体脑差别的思想。

与之相应，南斯拉夫特别重视中等定向教育中对学生的职业指导，目的是使学生的职业选择能更好地与个人的兴趣、爱好、才能、倾向结合起来，使他个人得到最好的发展。对学生的职业指导在基础学校就有体现，选修课、自由选修课的开设和课外活动的大力开展就是一例。它使学生的倾向性和才能得到充分的表现和培养，有利于学生本人确定今后的专业方向。到了高年级，学校通过参观、访问、展览、电影等方式向学生介绍各种职业的状况、特点和要求，使学生有一个初步的了解。职业指导工作也不只局限在学校，社会、家庭同样承担责任。出版社出版相关的书籍，学校教育家要对家长进行指导孩子选择专业的辅导，企业也要配合学校做这方面的工作。此外，学生的职业选择也不是一次定“终身”。进了中学的学生在第一阶段学习结束以后，可以根据自己的情况重新选择专业。[①]

上述四篇“南斯拉夫教育见闻”系列文章重点介绍南斯拉夫基础学校的教育制度、教育观念以及相关的教育改革，但这些教育制度、观念和改革的背后，隐含了南斯拉夫教育研究的特色以及教育研究方法论上的特色。就此而言，叶澜在1981年前后发表的四篇“南斯拉夫教育见闻”系列文章与她在1986年前后发表的《南斯拉夫教育科研中的方法论问题》，隐含了某种呼应关系。

二、“冰火两篇”中的南斯拉夫教育与研究特色

在“南斯拉夫教育见闻”系列文章的基础上，叶澜后续发表的“冰火两篇”成为叶澜教育学研究的两个轮子：一是思考有关“教育基本理论问题”的教育学原理研究；二是思考“方法论”问题的教育研究方法论研究。

（一）南斯拉夫教育的特色

在1983年发表的《试论南斯拉夫教育的特色》中，叶澜注意到，在跟苏联的矛盾激化和公开化之后，南斯拉夫开始走自治的道路，并由此关注教育怎样体现自治精神，怎样加强民主化教育，怎样使教育更好地发挥社会功能和促进个性发展，以适应、推动社会主义社会政治、经济、文化、科学发展的需要和个人发展的需要。叶澜认为这是南斯拉夫教育理论转向独立化的一个重要转折。1978年，在南斯拉夫出版的《教育学》概述了南斯拉夫这段时间的变化：当时南斯拉夫正处在一个过渡时期，从偏重于集中向自治的

① 叶澜．漫步在异国的同一领域中：南斯拉夫教育见闻之四［J］．外国教育资料，1982（1）：63—65.

方向过渡。过渡期要求教育学重新理解教育与政治的关系。在当时它将可能加强科学的独立性和教育学作为科学的社会积极作用。这是社会主义教育学的一个特殊问题。

在20世纪80年代初，无论是当时的南斯拉夫教育界还是中国教育界，都已经意识到教育与社会的关系以及教育的两个功能：教育除了具有社会功能之外，还具有发展个人的价值的功能。叶澜认为，在实践中，不同的国家、不同的社会制度以及在不同的历史时期，教育的这两种功能被强调的程度却不太一样。

首先，在过渡期，南斯拉夫教育理论界强调的是在社会主义自治社会中两种功能的统一，但更重视教育在个人发展中的作用，重视人的价值，主张个性的自由发展。每个人都有发展自己的需要和可能。人生活在社会中，除了从事社会、政治活动和生产劳动会花费大部分时间以外，还有一部分时间是完全属于个人自由支配的。在这部分时间里，他可以从事满足个人的兴趣爱好以及各种个人生活需要的活动。随着社会生产力的发展，人们的工作时间将缩短，属于个人自由支配的闲暇时间将增加。这就为每个人的兴趣爱好和才能的发展创造了条件。因此，教育不能只考虑培养熟练的劳动力和合格的公民，还要考虑个人的幸福——他的兴趣爱好和才能的发展，以此充分地实现自身的价值。南斯拉夫的教育理论界特别强调这一点。

其次，社会主义革命的目的就是要推翻人剥削人的制度，实现劳动和劳动者的彻底解放。每个人的自由发展是一切人的自由发展的条件。每个人都能得到自由的、全面的发展，是社会主义事业顺利进行的必要条件，是社会主义革命为之奋斗的目标，也是社会主义教育优于资本主义教育的本质特征之一。发展人的个性与社会的需要并不相悖。社会各部门是各有分工的。各类活动需要各式各样的人，教育若按照一个模式去培养人，反而不能满足社会的需要。好的教育不应该抹杀人的个性，而应该发展人的个性，并努力使每个人都能找到最能发挥其智慧和才能的职业，使社会的需要与个人的才能、特长吻合。既不能把个性生长置于社会发展之上，也不能把人只看作集体的部分、大机器中的小螺丝钉。不能把人只当作工具，当作实现某种目标的手段。

其三，南斯拉夫教育理论中强调的个人发展，主要是指体力与智力的和谐发展，满足个人的理想和兴趣，支持和推动他前进的愿望，发展每个人的创造力和一般能力，使他成为社会的劳动者，物质和精神财富的创造者，有文化和有道德的人，有丰富的物质和精神需要的人，具有高度伦理和美的价值的人。也就是说，当时南斯拉夫的教育理论已经开始强调五育并举的和谐发展问题。教育要让人在道德、智慧、体魄、审美力和劳动能力等各方面都得到发展。为此，教育活动就应该包括上述五方面的内容。关于五育之间的相互关系，他们强调的是各育在人的发展中都有必不可少的作用，强调五育之间的互相渗透和统一整体性，反对割裂、对立或以某一育凌驾于其他各育之上的观点。他们认为，五育不应区分什么主次，它们之间最好的联系就是各自处在自己应处的位置上，既发挥各自的作用，又互相补充、配合，使人能得到和谐的发展。

在对五育内涵的解释和它们之间相互关系的阐述上，南斯拉夫的教育理论也有自己的特色。如在德育中，人道主义被视为整个德育的基础。所谓人道主义就是指相信人人有完善自己，追求真理、公正和社会进步的愿望。人道主义意味着关心人（人们之间团结、信任和相互照顾）和热爱人（为人的权利而斗争，为个性的自由、为人的尊严而斗争）。因此，无论是对待自己还是对待别人，无论是在学校集体中还是在社会、家庭生活中，在处理人与人之间的关系问题上，都应该贯穿人道主义的精神。

此外，南斯拉夫教育理论还增加了有关性道德和形成对物质和精神财富积极态度的教育内容。在智育方面，人的智慧的发展不是简单地接受知识的直接结果，而是对知识的态度、感受和由此而产生的情感、意志交互作用的结果。智育不仅要培养学生认识、研究和揭示真理的能力，而且要形成学生对真理追求的态度。智育是培养真理的探索者、认识者、爱好者和保卫者。这种对智育的理解重视了学生作为教育活动主体的能动性，把学生作为一个整体的人来看待，既强调了智育中除认识活动以外的其他心理因素的作用，也提出了智育在培养人的活动中的多方面价值。正是从这种理解出发，南斯拉夫的教育理论特别重视批判性思维和创造性思维的价值。

为了实现人的全面发展和使个人的兴趣、爱好、才能都得到发展的目标，南斯拉夫的教育实践采取了相关措施。第一，课程设置上的统一与灵活相结合。第二，大力开展课外活动，重视闲暇教育。闲暇教育被视为培养全面发展的人的必不可少的条件。在南斯拉夫的学校中，课外活动的内容丰富多彩，涉及文化艺术、科学技术、体育卫生各个领域。其组织形式也灵活多样。学生可以参加校内组织的活动小组，也可以参加校外的各种团体活动。这样就把社会力量也利用起来，为学生课外活动的开展创造了优越的条件。此外，南斯拉夫的儿童读物的出版市场十分繁荣，各地都为不同年级阶段的学生出定期刊物。每个大城市都有专门的儿童剧场。电视每天都有儿童节目，电视教育节目的内容与教学大纲密切配合，以丰富、扩大学生的知识面和及时传递在科技方面的最新信息。第三，重视职业指导，为学生提供职业选择的可能。①

《试论南斯拉夫教育的特色》这篇论文虽然侧重介绍南斯拉夫的教育特色，但是在这篇论文中叶澜也关注了南斯拉夫的教育研究方法论的问题。第一，南斯拉夫开始走自治道路之后，要求教育学重新解释教育与政治的关系，加强科学的独立性和教育学作为科学的社会积极作用。第二，如何处理马克思主义方法论的运用水平的问题，尤其是教育在社会发展和个人自由发展两大功能的辩证关系上，如何既重视教育的社会功能，同时又重视教育在个人发展中的作用，重视人的价值，主张个性的自由发展，真正落实“每个

① 冰火．试论南斯拉夫教育的特色［J］．华东师范大学学报（教育科学版），1983（1）：60—66.

人的自由发展是一切人的自由发展的条件”这个经典理论。第三，如何处理五育之间的关系问题，重视五育之间的互相渗透和统一整体性，反对割裂、对立或以某一育凌驾于其他各育之上的观点及其思维方式（方法论）。

（二）南斯拉夫教育科研中的方法论

叶澜在《南斯拉夫教育科研中的方法论问题》中主要讨论了1982年召开的南斯拉夫第五次教育家代表大会有关教育研究方法论的讨论及其争议。文章重点介绍贝尔格莱德大学哲学学院教育系鲍特考涅克（N. Potkonjak）在大会上有关教育研究“方法论”的发言。鲍特考涅克是当时南斯拉夫教育研究方法论方面的权威之一。他的专著《教育学的理论》被誉为南斯拉夫教育学方法论研究的里程碑。这本书的副标题就是“方法论问题”。

叶澜的这篇论文一开始就提出当时南斯拉夫教育研究方法论存在的两个问题：一是运用马克思主义的辩证唯物主义思想方法的不成熟；二是吸取现代科学研究中的系统方法方面的偏差。具体问题表现在以下四个方面。

第一，大量运用新术语。把方法论的突破简化为术语的更新，呈现出“虚伪的、过度的，甚至有害的教育学的政治化和概念化”。表面上声称采用了马克思主义的方法，实质上却停留在实证主义、经验主义和实用主义的水平上。

第二，媚上欺下。对一切来自上面的东西都取辩护赞美的态度，而对一切来自下面的东西则抱轻视的态度，把马克思主义与国家的政令等同起来，这样的理论给实践带来了限制。

第三，形式主义。对原有的理论体系只做形式上的改造，改变组合、排列的次序，对内容却不做深入的批判性分析，因此也不能形成新的体系。

第四，试图把教育科学完全建立在自然科学研究方法的基础上。以往表现为强调采用实验研究的方法，后来又简单采用控制论、系统论和信息论等“新方法”。马克思主义教育学不应排斥自然科学的研究方法，但不能简单化和绝对化。

正因为教育研究的方法论出了问题，所以当时南斯拉夫教育学的理论与实践出现了危机。叶澜概括了当时讨论的南斯拉夫教育学研究的四个问题。

第一，教育学研究对象过于狭窄，缺乏对教育与社会的关系的深入研究，尤其缺乏对人、劳动和社会这三个方面及其关系的研究。（1）对“人的研究”没有给予足够的重视，或者只做了简单化的、割裂的研究，这是不符合马克思主义基本原理的。在马克思主义学说中，“人总是存在着，而且属于中心位置。”教育学研究不仅要考虑人的自然性，还要考虑人的个性发展因素和可能性，不仅要考虑人已经具有的，还要考虑人的能动性和创造性。（2）缺乏对劳动与教育关系的研究。人通过劳动并在劳动中表现出自己的本质。通过劳动，人实现自己的理想和思想，同时也实现了自己。劳动是人类和个人发展的唯一途径。教育学对劳动与教育关系的研究不能限于综合技术教育和教养这一方面，同时还要研究不同社会、不同形式的劳动对人的影响，要研究教育与劳动的各种性质的关系与相互作用。（3）教育学缺乏对社会的研究。社会既是人类和个体发展的基本前提，又是对人起强制作用的环境与手段。当社会劳动的分工不当时，社会又会成为人的异化和摧残个体、摧残人性的影响因素。因此，要改变人，就必须改变社会条件。不能简单地用形而上学的反映论来看待个人与社会的关系。因此，教育学应该关注教育与社会、人三者的关系及其相互作用。

第二，应通过方法论的转变，用辩证法去研究教育中的矛盾关系及其结构。教育的整体性与综合性决定了教育研究要用整体、系统的观点去认识教育。过去的教育学研究缺乏整体性与系统性，只研究教育活动的某一方面和某一阶段，教育学要发展，就必须研究教育对象整体中部分与部分、因素与因素之间的相互联系和作用。教育内部的复杂性以及教育与外部社会之间的复杂关系决定了不能用简单化的方法只做单因素之间的因果关系研究，应该把研究的重点放在“结构”上。

第三，要重视教育学与其他学科（尤其是自然科学）之间的关系以及国内教育研究与国外教育研究的关系。教育研究既要综合运用多种研究方法，尤其要重视西方教育科学在实证的、量化的方法方面的进展，同时又要考虑教育研究对象的复杂性。教育的复杂性、层次性、综合性和不同的性质必然要求复杂的、多方面的、各种相关的方法与手段的有机结合。教育学正在逐渐从演绎-哲学的方法和经验-实验主义的方法中解放出来。

第四，要重视教育理论与教育实践的关系。针对当下教育学对教育改革作用甚微的现象，应该把教育学改造成推动教育改革的科学，强化教育理论与实践的联系。[①]

叶澜在叙述当时南斯拉夫的教育研究存在的四个方面的方法论问题和四个方面的理论问题时，她很可能也切身地感受到了当时的中国教育研究与南斯拉夫教育研究的相同或相似的问题及其隐含的教育学研究的突破口与未来发展方向。这里提出的问题，已经涉及了叶澜后来提出的教育研究对象的复杂性问题（以及与之相关的教育的整体性、综合性问题）、教育学的学科独立性问题、教育研究的理论与实践关系问题。

三、叶澜访学期间对“方法论”的关注

叶澜在南斯拉夫访学期间，导师是萨格勒布大学教育系鲍良克教授。1987年，叶澜翻译并出版了鲍良克著的《教学论》。该书“译者的话”显示，她在1983年已经大体完成了这本书的翻译。叶澜对这本书的翻译与她在1986年发表《南斯拉夫教育科研中的方法论问题》和在1987年发表《关于加强教育科学“自我意识”的思考》的时间几乎重合，也因此在翻译的过程中，叶澜特别关注了这本书所显示出来的教育研究的方法论思路。

① 叶澜. 南斯拉夫教育科研中的方法论问题［J］. 外国教育资料，1986(1)：9—13.

（一）鲍良克“教学论”中的方法论

鲍良克的这本书详细地讨论了教学论的基本问题，全书内容丰富，脉络清晰。讨论了组成教学活动的几个重要方面，而且展示了教学活动的流程。叶澜认为这本书“逻辑结构十分严密，而且富有立体感”。这为叶澜后来深入到中小学课堂教学实践提供了有关课程与教学研究的理论资源。

叶澜不仅关注书中的教学论观点，而且留意了作者“研究问题的思想方法”。在她看来，这本书呈现了有关教育研究“方法论”的几个特点。①

第一，作者特别重视教学论这个领域的“学科体系”研究。作者对教学活动本身和教学活动的诸要素（教师、学生、教学内容）的关系“是作了一番着力研究的”。否则，作者不可能安排如此严密的结构体系。叶澜强调，这并不是说只有这本书的教学论结构体系是正确的，而是说，社会科学的教科书确实要重视“学科体系”的研究，而对教育科学研究而言，“强调这一点尤为必要”。鲍良克正是在这方面花了很大的功夫。

鲍良克对“学科体系化”的重视，影响了叶澜在1983年开始有关教育概论的教学与写作。这个追求也几乎成为叶澜后来写作中的自觉意识。她后来出版的《教育概论》和《教育研究方法论初探》等教材或专著不同程度地体现了“学科体系化”的追求。

叶澜后来回忆自己的留学经历时，特别提到与“学科体系化”相关的专题研究问题。她注意到鲍良克是在完成了十多本专项研究著作后，才写出教学论方面的专著。②

第二，作者对传统教学论的一些观点不作简单的完全否定，在各种教学论思潮面前显得较冷静，不偏执。

叶澜在给学生讲课或与学生交谈的过程中，多次强调“说话不要偏激，不要以为偏激就能解决问题”。有时她会提醒，“如果不能重建，就不要把

① 鲍良克．教学论［M］．叶澜，译．福州：福建人民出版社，1987：译者的话1—2.
② 叶澜．方圆内论道：叶澜教育论文选［G］．北京：中国人民大学出版社，2019：8.

墙推倒”。类似这样的实践智慧让叶澜很容易对鲍良克的《教学论》所体现的对他人观点“不作简单的完全否定”以及在各种教学论思潮面前显得“冷静，不偏执”产生共鸣，难免会有“他乡遇知音”的接纳与欣赏。

第三，作者用辩证唯物主义的视角来分析教学论的基本问题，叶澜认为作者“把教学活动当成一个复杂的系统来研究”，不仅注意到教学活动的不同方面，而且注意到教学活动的不同层次。不仅从宏观上，而且从微观上分析问题。不仅用分析的方法来分析教学活动的诸要素，而且用综合的观点去阐述各要素之间的联系和关系，从而勾画出整体结构。

鲍良克在《教学论》这本书里并没有直接提出教学活动是一个“复杂的系统”。鲍良克认为，“教学活动是一个完整的、运动的和复杂的过程”，教学方法具有“复杂性”和丰富多样性。但叶澜当时已经从南斯拉夫教育学研究以及相关文献中接触到了有关“系统论”的资料，她从系统论的视角出发，发现鲍良克“把教学活动当成一个复杂的系统来研究”。

有关“复杂的系统”这个思路在叶澜后来出版的《教育概论》和《教育研究方法论初探》以及相关著作中得到确认和发展。1990年出版的《教育研究及其方法》提出，教育实践活动是一个“复杂系统”。[①]1991年出版的《教育概论》开篇就将教育视为“复杂、开放的社会系统”。叶澜认为：“按系统论的观点看，教育可归属到复杂的开放系统一类。所谓复杂的开放系统（相对于简单的封闭系统而言）是指存在着两个以上内在联系的要素，并与环境有着联系和发生相互作用的，具有整体功能的系统。”[②]《教育概论》2006年第二版完整地保留了这个说法。1999年出版的《教育研究方法论初探》重申了“复杂、开放的社会系统”这个界定。[③]

可见，在留学期间以及回国后从事“教育概论”教学和写作的那几年，

---

① 叶澜．教育研究及其方法［M］．北京：中国科学技术出版社，1990：9—10.

② 叶澜．教育概论［M］．北京：人民教育出版社，1991：1.

③ 叶澜．教育研究方法论初探［M］．上海：上海教育出版社，1999：193.

教育（以及教学）作为一个“复杂的系统”，已经成为叶澜思考教育基本理论以及教育研究方法论的一个重要主题。

（二）挑战与冲击

20世纪初，中国留学生在回国之际，喜欢引述荷马史诗《伊利亚特》的一行诗句：“如今我们已回来，你们请看分晓吧。”或曰：“如今我已回来，且看我如何改变世界。”叶澜在回顾当时的访学经历时说：

> 当初接受到南斯拉夫访学的派出时，我并不觉得它很有吸引力。一则因其国家小，语种要重新学起，又无普遍适用的价值，怕白费力气又学不到多少东西。二则是60年代我国开始的对修正主义的批判，气势磅礴的“九评”，在脑中有很深的印象。我只是出于服从领导安排的习惯和在第一次出国机会的诱惑下才没有放弃。访学回来时我已觉得不虚此行，没有后悔，踌躇满志，想要好好地在业务上有一个新的开始。

果然，在1986年发表《南斯拉夫教育科研中的方法论问题》的同一年，叶澜发表《论影响人发展的诸因素及其与发展主体的动态关系》。这篇论文并不直接讨论教育研究的“方法论”问题，但其提出问题的方式尤其是关注因素及其关系以及多层次分析问题的思路，显示了她对教育研究方法论（系统结构分析）的基本追求。

第二年（1987年），叶澜开始构建并提出她的教育研究方法论（此前主要是翻译和介绍南斯拉夫教育科研中的方法论），发表她的学术人生中第一篇有关教育研究方法论的文章：《关于加强教育科学“自我意识”的思考》。叶澜在这篇文章中正式提出她所发现的教育研究的基本观点和基本思路以及她所期待的教育科学的元研究。[1]

叶澜在1981—1982年在南斯拉夫萨格勒布大学的访学，对她的学术研究尤其是有关教育研究方法论的研究带来了重要影响。叶澜用“挑战与冲击”来概括她在南斯拉夫访学期间的这段难忘经历。南斯拉夫当时的政治意识形态、南斯拉夫人的日常生活方式，更不用说南斯拉夫的教育制度、教育观念以及教育研究方法论体系，都给叶澜带来了“挑战与冲击”。南斯拉夫访学是叶澜学术生涯的重要转折点。

访学归来之后，叶澜迅速围绕两个方向发表她的系列论著：一是关于教育基本问题的教育学原理研究；二是关于教育研究方法论的研究。不能说叶澜展开的这两个研究方向完全是受南斯拉夫访学的影响，但至少可以说，叶澜在这两个研究方向上，都在不同程度上受到南斯拉夫访学的启发和推动。

① 叶澜．关于加强教育科学“自我意识”的思考［J］．华东师范大学学报（教育科学版），1987（3）：23—30.

第五章 “教育概论”的方法论思考

《教育概论》是对作为复杂的社会现象的教育之整体的、概括性的研究和论述，不是现有教育学理论的概述，也不是学校每天进行的教育活动的概述。

——叶澜

1983—1989年，叶澜给本科生开设“教育概论”这门课。她并没有把它当作不得不完成的教学任务。相反，她将教学与学术研究完美地关联起来。按照叶澜在《我与教育学原理研究》中的说法，她“完全用研究的方式进行课程建设”①。她在备课、教学、讨论、阅读和思考的过程中，写成了一部别具一格的学术专著。在“教育概论”这门课的教学以及撰写教材的过程中，叶澜特别关注了“影响人发展的诸因素”这个教育基本理论问题。1986年，叶澜发表《论影响人发展的诸因素及其与发展主体的动态关系》。这篇文章是她首次运用“方法论”去建构自己的教育学体系，也是一锤定音、一鸣惊人的一次学术尝试。

① 详见《叶澜自选文集》（内部资料）。

一、“影响人发展的诸因素”的方法论

在《论影响人发展的诸因素及其与发展主体的动态关系》中，叶澜主要有两个主题或两个任务：主题或任务之一是对当时流行的影响人发展的“三因素论”提出质疑和反驳，重新提出影响人发展的关键因素，并由此关注人的精神生命的主动发展；主题或任务之二是提倡并运用一种新的教育研究的“方法论”。

（一）回到生命的元点

正因为叶澜采用了新的“方法论”，她在文章中经由对“三因素论”的批判，特别强调了人作为发展主体的“自主性”和“能动性”。在影响人的发展的诸因素中，她特别看重人的主体因素。“主体因素为每个人的发展提供了多种可能性，并赋予人在一定条件下主宰自己命运的可能。”她认为教育的重要责任就在于重视人的自我意识和自我控制水平。“学校教育要注意培养受教育者自我教育和自我控制的能力，识别、控制、利用、改造环境的能力，只有这样，学校教育在主体身上产生的影响才能持久地发挥作用，以至对主体一生的发展起主导作用。”①

回到人的元点，回到生命的元点以及回到方法论的元点之后，叶澜关注了人的生命发展的主动性，成为她后来“新基础教育”研究和“生命·实践”教育学研究的基本原理。在她看来，在一定意义上人的命运是由自己决定的。教育的重要任务是赋予人把握自己命运的意识与能力。叶澜在1999年发表《把个体精神生命发展的主动权还给学生》。这篇文章的开篇就提出：

---

① 叶澜．论影响人发展的诸因素及其与发展主体的动态关系［J］．中国社会科学，1986（3）：83—98.

> 每个人都只能自己“活”，不能由别人代“活”；每个人从出生到死亡的全部历程都得自己走，不能由别人代走。这是一个明白到不能再明白的事实，是每一个活着的人都能体会到的朴素真理。然而，基于这一朴素事实作进一步思考后得出的结论，即主动性是生命活动重要本质特征的结论，却并非被每个人意识、认同和付诸实践。人们往往只是在自然生命的意义上接受这个结论。因为一个人的自然生命存在的基本表征，就是他能自动地呼吸；当肠胃发出饥饿信号时，能主动进食和消化；机体能自动地进行复杂的新陈代谢。没有这些自动和主动，生命就不能自然维持和生长，人就将走向死亡，这是明白无疑的。但是，当问题扩展到人的精神生命发展等领域时，这一结论却常常被人遗忘、丢弃，甚至违背、践踏。学生精神生命发展的主动性被剥夺，在我国几千年的教育传统中表现得十分突出，哪怕是在20世纪末的今日的学校里也还顽强地存在，就是一例。[①]

叶澜特别提示，“在学校里，课堂和班级都牢牢地掌握在教师手中，学生的成长被教师控制，教师可以决定学生如何发展，甚至恨不得代替他们去活，去成长。”而且，学生习惯了被控制的生活之后，一旦学生将来掌握了决定权，他也会习惯性地去控制别人。“事情的严重性还不止于此。人怎样生活，就会成为怎样的人。如若几十年的学校教育，养成了依赖、等待等对待生命的消极态度，那么，走上社会以后他们还是依然期待着有决定生命的人来决定自己行动。而且，一旦他们拥有了决定权，还会无视生命发展的主动权应属于每一个人，还会同样以主宰者的身份去控制所能管辖的

① 叶澜．把个体精神生命发展的主动权还给学生［M］// 郝克明．面向21世纪我的教育观：综合卷．广州：广东教育出版社，1999：331—342.

他人。”[①]

叶澜的《把个体精神生命发展的主动权还给学生》开篇与杜威的《民主主义与教育》的开篇几乎是在讨论同一个问题。杜威的《民主主义与教育》的开篇也是回到“生命”的元点，关注生命的“主动性”：

> 生物和无生物之间最明显的区别，在于前者以更新维持自己。石块受击，它抵抗。如果石块的抵抗大于打击的力量，它外表保持不变。否则，石块被砸碎。石块决不会对打击做出反应，使它得以保持自己，更不会使打击成为有助于自己继续活动的因素。虽然生物容易被优势力量所压倒，它仍然设法使作用于它的力量，变为它自己进一步生存的手段。如果它不能这样做，它不只是被砸得粉碎（至少在高等生物是这样），而且不成其为生物。[②]

更重要的是，回到人的元点，回到生命的元点以及回到方法论的元点之后，叶澜注意到了“活动”这个概念以及相关的活动理论。在她看来，个体的活动是个体发展的决定性因素，没有个体的活动就谈不上任何发展。这篇文章总共6个部分，有关个体活动和活动理论不仅单独占据一个部分（是该文第五部分的主题），而且另一个部分（第二部分）在讨论“人的发展的自主性”时，特别提出“人的发展的自主性还表现在人通过自己的活动来实现自己的发展。离开了主体的活动就谈不上任何发展，因此，主体的活动也应作为影响人发展的重要因素列出。”叶澜在这里有关个体“活动”的讨论与此前在《南斯拉夫教育科研中的方法论问题》中讨论“人、劳动和社会”中的“劳动”有些关联，与她后来在“新基础教育”研究和“生命·实践”教

---

① 叶澜．把个体精神生命发展的主动权还给学生［M］//郝克明．面向21世纪我的教育观：综合卷．广州：广东教育出版社，1999：331—342.

② 杜威．民主主义与教育［M］．王承绪，译．北京：人民教育出版社，2001：6.

育学研究中特别强调的“实践”也比较接近。“活动”与“实践”虽然不是同一个概念，但“活动”可算是叶澜关注“实践”的早期学术经历。

（二）“系统结构分析”的思维方式

一般读者可能主要关注《论影响人发展的诸因素及其与发展主体的动态关系》这篇文章的第一个主题，关注有关人的自我意识以及教育如何推进人的自我意识和人的主动发展、自觉发展。但是，相比之下，这篇文章第二个主题或第二个任务显得更加重要。这篇文章的关键词貌似是标题中的“影响人发展的诸因素”或“发展主体”，其实，这篇文章真正重要的关键词是标题中的“动态关系”及其所隐含的“方法论”。

该文直接提出“方法论”这个概念有4次，而间接讨论“方法论”的问题则渗透、遍布整篇文章。“因素”这个概念本身就与方法论尤其与叶澜当时关注的系统论相关。除了“因素”之外，叶澜在这篇文章中大量采用并讨论了与方法论相关的其他概念。比较大的概念是“唯物辩证法”和“系统结构分析”，比较具体的概念主要有六个。

一是“系统”。这是与上述概念相关的系统论科学的基本概念，甚至与唯物辩证法的思想方法也有关联。

二是“整体”，与之相关的概念有“全面”。她反对的是“片面思维”“局部思维”。后来叶澜在“新基础教育”研究中，将“新基础教育”改革试验的模式概括为“三Z”（即“整体”“综合”“终身”三个词的第一个汉语拼音字母）。[①]叶澜本人也将“新基础教育”研究称为一项教育改革与教育理论相结合的“综合整体研究”。[②]

三是“复杂”，与之相关的概念有“复杂性”或“丰富”。这是叶澜后来积极关注“复杂理论”的早期学术体验。与“复杂”相对的是简单思维或

① 叶澜.“新基础教育”探索性研究报告集［R］.上海：上海三联书店，1999.

② 叶澜.回归突破：“生命·实践”教育学论纲［M］.上海：华东师范大学出版社，2014：15.

还原思维。

四是“要素”。任何复杂的系统都是由要素构成的。要素是系统分析的基本单位。系统分析不能止于要素，但必须从要素出发。也正因为如此，叶澜的第一篇影响深远的论文就选择了影响人发展的“诸要素”这个关键词。立足于系统论，叶澜敏感地注意到了这个研究对象与系统论这个研究方法的适切性。有了“要素”的眼光，事物就会清晰地呈现出来。与“要素”相对的思维是“模糊”思维或外行思维。俗话说“内行看门道，外行看热闹”。内行看门道，看门道的第一步就是查看事物的“要素”。外行看热闹，看热闹的人因其不得其要而不得其门，找不着北。

五是“结构”与“关系”，找出事物的要素之后，紧接着必须进一步分析要素之间的关系与结构。与“关系”“结构”相关的概念还有“联系”（或相互联系）和“相互作用”。与之相对的思维是“孤立思维”或简单的因素分析。此外，与关系或结构相关的概念还有“层次”和“子系统”（与之相关的概念是“多种组合”）。只寻找事物的要素及其关系还不够，必须进一步分析各种要素和关系处于哪一个层次以及整个系统中还包含哪些“子系统”。将不同层次的要素和关系并列呈现在同一个层次，就会导致思维的杂乱和混乱。“层次”思维是对事物进行“结构”分析或“子系统”分析。看到了事物的要素及其关系，事物就已经呈现出比较清晰的结构。但这还不够，还必须进一步查看各种要素和关系的层次以及大系统的子系统，以便更加完整、精确地窥探事物的整体结构。与层次、结构、子系统等概念相对的是“平面”思维或“混乱”思维。

六是“功能”和“变化”，与之相关的概念有“过程”或“动态发展”（叶澜有时也采用“开放系统”这个概念）。“只有用相互作用的、动态的分析方法才能正确认识影响发展的诸因素。”叶澜有时也使用“多变”这个概念。与功能、变化、动态、开放相对的是封闭的、僵硬的、“静态”的分析。

前三个概念（系统、整体、复杂）主要用于描述系统的总体特征，后三个概念（要素、结构与关系、功能与变化）主要用于分析系统的具体路径。

这样看来，叶澜的《论影响人发展的诸因素及其与发展主体的动态关系》这篇文章既是一篇教育基本理论的研究成果，也是一篇教育研究方法论的实战演习。在这篇文章最后，叶澜总结和归纳了她所追求和关注的“方法论”及其“系统结构分析”的方法：“综上所述，在研究影响人的发展的各种因素时，我们应该考虑各种因素之间的不同组合与结构，归纳出几种基本的结构类型……只有对复杂的、与人和社会有着千丝万缕联系的、处在经常变化条件下的教育现象做深入、细致、全面的分析与研究，才能使我们的教育理论丰富、发展起来，摆脱空泛的状态。这是一项十分艰巨而又极需进行的工作。”[①]

这篇论文所讨论的教育基本理论在叶澜随后出版的第一本专著《教育概论》中得到更加充分的思考与研究，其隐含的“方法论”尤其是“系统结构分析”的思想方法也得到更加娴熟的运用与发挥。

二、两篇“之论”的方法论

叶澜在1990年前后发表了另外两篇与之相关的论文。一是《试论当代中国教育价值取向之偏差》（1989年）；二是《教育两大功能关系之探究》（1990年）。叶澜的两篇“之论”[②]共同讨论的话题依然是教育对社会发展的影响和教育对个体发展的影响。就此而言，两篇“之论”可算是《论影响人发展的诸因素及其与发展主体的动态关系》的余论。

---

① 叶澜．论影响人发展的诸因素及其与发展主体的动态关系［J］．中国社会科学，1986（3）：83—98.

② 这两篇论文题目都使用了“之”字，故称两篇“之论”。

（一）教育价值取向之偏差

在《试论当代中国教育价值取向之偏差》中，当时的叶澜对以往的教育研究价值取向做了比较详细的分析。她将新中国成立40年以来教育发展过程分三个阶段："文革"前17年、"文革"10年和"文革"至她写作当年（1989年）的13年。

比较三个阶段的教育价值取向之后，她得出的结论是：从国家决策层来看，选择教育价值的基本视野没有大变，思考问题的基本方法没有大变，有变化的仅是知识的具体标准与内容。

新中国成立初期强调教育"为工农服务，为生产建设服务"。1958年提出"教育必须为无产阶级政治服务，教育必须与生产劳动相结合"的教育方针。此后直到"文革"前，教育必须为无产阶级政治服务的价值取向越来越得到强化。叶澜认为，当时选择的教育价值取向符合当时的政治改造和经济建设的任务。但是，它简化了教育与政治、教育与经济的关系，忽视了教育与政治、教育与经济的区别，忽视了教育对个体个性发展的价值，使教育在价值取向的起点上出现了偏差。它忽视了教育自身特点的倾向。"文革"期间，"教育必须为无产阶级政治服务"甚至被视为教育的唯一功能。

在"文革"结束之后，虽然决定把教育放在优先实现四个现代化的战略地位上，提出了"教育必须为社会主义建设服务，社会主义建设必须依靠教育"的指导思想，但是，作为个体人的生命价值问题，在教育价值取向上依然没有得到应有的重视。学校对学生人格的基本要求仍是传统式的服从，对个体价值的认识基本停留在国家机器"螺丝钉"的水平上。叶澜认为，在对待个性发展的要求上，人格独立性的问题依然没有得到关注。这段时期的教育价值取向上的偏差的实质是忽视教育的特殊性，忽视个体的价值，忽视人格培养。[①]

最后，叶澜从“方法论”上作出了两个结论。第一，必须认识到教育价值取向存在的偏差，要让个体发展问题、人的价值问题在教育理论和教育实践中获得应有的地位。第二，我们需要对当时近40年的当代中国教育史作认真而深入的探讨，对教育领域中形而上学和教条主义的思维方式做认真而深入的剖析。唯有迈出这一步，唯有承认问题和研究问题，才能解决问题。[②]

（二）两大功能关系之探讨

叶澜在1990年发表的《教育两大功能关系之探究》与她在1989年发表的《试论当代中国教育价值取向之偏差》面对的几乎是同一个话题：如何认识教育对社会发展的影响和教育对个体发展的影响？但后一篇“之论”对前一篇“之论”提出的问题提供了更清晰的理论视角和更深入的分析。

叶澜用三个表格，比较清晰地讨论了“社会与个体发展关系”的三个类型之后，提出了处理两大功能关系的思想原则。

原则1：使社会的发展与个体的发展达到最大限度的统一和被兼顾到。这是社会主义教育优越性的重要体现。

原则2：对教育的研究不能停留在教育与社会的关系上，必须深入到教育与人的成长发展的规律性联系上。教育两大功能的实现最终应落实到各级各类学校和其他教育机构培养人的活动中去。

原则3：社会主义教育必须培养独立的个性。个性发展与社会发展是可以统一的而非对立的。

原则4：教育是一种以长效和滞效为特点的活动。教育相对于其他的社

---

① 叶澜在跟学生交往时，多次强调要有独立人格，不跟他人作无谓的比较。卓尔不群，越而胜己。叶澜说，她一直记得她母亲教给她的两句话。第一，不是你的东西，不要眼红。第二，有本事自己努力去获得。（这是2012年5月6日叶澜在丛书研讨会上发言时讲述的故事。）

② 叶澜．试论当代中国教育价值取向之偏差［J］．教育研究，1989（8）：28—32.

会活动来说具有更大的稳定性，必须尊重教育的相对独立性。

叶澜的基本结论再次显示了她的“方法论”思路：只有立足于教育实现社会与个体之间相互转化机制的发展，才能较合理地解决教育两大功能之间的矛盾统一问题。①

这也是叶澜在大学本科期间就已经接触并意识到的“教育学的基本规律”。叶澜在本科期间经历了批判性地学习凯洛夫教育学和资产阶级心理学，学习了党的教育方针和革命领袖的教育语录，用批判的眼光学习了一些中外教育史和教育学的知识。在此期间，叶澜认识到，“教育学的基本规律体现在两大领域：一是教育与社会的关系，包括教育具有阶级性，当今中国的教育要为无产阶级政治服务，要坚持与生产劳动相结合；二是教育与人的发展的关系，包括教育要建立在儿童的年龄特征的基础上，共产主义教育的目的是培养全面发展的人。教育是对人的塑造。”②

叶澜在大学本科期间主要注意到了“教育与社会”“教育与人的发展”这两大关系，但并未意识到中国教育界在这两大关系的理解上以及在与之相关的教育的两大功能的理解上是否存在偏差的问题。直接推动叶澜关注“当代中国教育价值取向的偏差”并对教育的两大关系展开探究的，是叶澜在南斯拉夫访学期间的阅读、思考和体验。她在访学期间，发现南斯拉夫已经开始思考讨论“教育与人的发展的关系”问题，教育不能只考虑培养熟练的劳动力和合格的公民，还要考虑个人的幸福，发展人的个性与社会的需要并不相悖。③当时的南斯拉夫也开始关注对“人的研究”没有给以足够重视的问题。南斯拉夫的访学经历提醒叶澜：中国教育学丢失了教育的“另一半”。不仅缺少对个性发展的深入理解，也不够重视教育如何教人意识到“把握自

① 叶澜. 教育两大功能关系之探究［J］. 教育研究，1990（1）.

② 叶澜. 方圆内论道：叶澜教育论文选［G］. 北京：中国人民大学出版社，2019：4—5.

③ 冰火. 试论南斯拉夫教育的特色［J］. 华东师范大学学报（教育科学版），1983（1）：60—66.

我命运”。[1]

三、教育作为一个“复杂、开放的社会系统”

1991年出版的《教育概论》在结构和观点上都不同于当时国内流行的教育学著作。叶澜将“教育整体”作为自己的研究对象，以教育、人、社会三者关系为核心问题，对作为“复杂、开放的社会系统”的教育提供了深入的系统结构分析。该书重点关注两个关系：一是教育与社会，分上、下两编，构成第二章和第三章；二是教育与人的发展，分上、下两编，构成第四章和第五章。前面第一章相当于前言，最后一章相当于结语。无论从分析的要素来看，还是从结构来看，这本书逻辑严密、思维清晰，行文流畅，令人惊叹。

（一）教育与社会

叶澜首先讨论“教育与社会相互关系的历史演变”。叶澜将原始社会、奴隶社会和封建社会都归入古代社会，将自由资本主义社会视为近代社会，将当代社会主义社会和发达资本主义社会视为现代社会，分别讨论三者与教育的关系。

她得出的结论是：教育就像根植于社会这个大地中的一棵大树，时时从社会大地中汲取丰富的营养，又时时结出丰硕的果实奉献给大地。为了生存，它必须适应社会土壤的特点，而它的生存又对社会土壤的改造起着特定的作用。教育与不同社会形态的关系，主要体现为三个规律性联系。第一，教育随社会的发展而发展。每一个社会中教育的发展水平是该社会诸方面综合作用的结果，也是这些方面发展水平的综合反映。第二，社会诸方面对教

---

① 冰火. 南斯拉夫教育科研中的方法论问题［J］. 外国教育资料，1986（1）：9—13.

育的作用在不同的历史时期和不同的国家里是不平衡的，并循着一定的趋向变化。第三，教育虽然与社会之间有密切的联系，但教育又有相对的独立性。造成这种相对的独立性的原因首先是教育有自己的独特对象——人。此外，教育的发展还有自身的继承性。教育内容、方法、组织形式等有相对稳定性。[①]

在考虑历史的分期时，叶澜考虑了马克思的分类依据：

> 人的依赖关系（起初完全是自然发生的），是最初的社会形态。在这种形态下，人的生产能力只是在狭窄的范围内和孤立的地点上发展着。以物的依赖性为基础的人的独立性，是第二大形态，在这种形态下，才形成普遍的社会物质变换，全面的关系，多方面的需要以及全面的能力的体系。建立在个人全面发展和他们共同的社会生产能力成为他们的社会财富这一基础上的自由个性，是第三个阶段。[②]

马克思提供的这个依据与中国历史上的“三世说”比较接近。按照《春秋公羊传》提供的思路，社会总体上呈现为三个状态：一是据乱世(可简称乱世或不发达社会)；二是升平世(可称为小康社会)；三是太平世(可称为发达社会或大同社会)。[③]三种社会状态虽然总体显示为时间上的先后递进或螺旋循环，但更多地呈现为空间上不同地域的分布。在同一时期，有些国家、地区、家族或家庭已经进入太平世；有些国家、地区、家族或家庭尚处于乱世；另外一些国家、地区、家族或家庭则处于升平世。

---

① 叶澜. 教育概论［M］. 北京：人民教育出版社，1991：96—98.

② 马克思，恩格斯. 马克思恩格斯全集：第46卷上［M］. 中共中央马恩列斯著作编译局，译，北京：人民出版社，1980：104. 叶澜. 教育概论［M］. 北京：人民教育出版社，1991：36—37.

③ 孙中山设计的军政、训政和宪政或许受儒家三世说的启发。

乱世往往推行“奖励耕战”的刚性教育政策，重视防身的体育(含军事教育)、谋生的劳动教育与安身的法治教育。

太平世往往推行“休养生息”的柔性教育政策，由尚武(体育)转向崇文(智育)，由劳工神圣(劳动教育)转向娱乐至上(美育)，由存天理(法治教育)转向存人欲(情感教育)。也就是说，太平世更重视智育、美育和情感教育等柔性教育。这与重视体育、劳动教育与法治教育等刚性教育的乱世是相反的。

升平世介于乱世和太平世之间，因此不得不既重视体育、劳动教育与法制教育等刚性教育，又强调智育、美育和情感教育等柔性教育。

在讨论了“教育与社会相互关系的历史演变”之后，叶澜重点关注了“教育与社会各子系统的相互关系”尤其是教育与社会人口系统、物质生产系统、政治系统及文化系统的相互关系，构成此书的第三章。这三章与第四章（教育与个体发展相互关系的一般理论概述）是此书的重点。叶澜后来逐步聚焦到“社会转型”与教育变革的关系。这个思想方法或方法论在叶澜后续的“新基础教育”研究和“生命·实践”教育学研究中得到持续的关注。

1994年，叶澜发表《时代精神与新教育理想的构建》。[①]这篇文章的标题特别具有叶澜教育研究方法论的意义。叶澜重视从社会转型及其时代精神出发，去寻找教育变革的灵感和方向。后来她发表的有关基础教育变革的系列论著，比如1996年发表的《世纪之交中国学校教育的文化使命》[②]、1998年发表的《新世纪教师专业素养初探》和《更新教育观念，创建面向21 世纪的新基础教育》[③]、2003年发表的《教育创新呼唤“具体个人”意识》[④]

---

① 叶澜.时代精神与新教育理想的构建：关于我国基础教育改革的跨世纪思考［J］.教育研究，1994(10)：3—8.

② 叶澜.“新基础教育”探索性研究报告集［R］.上海：上海三联书店，1999：202.

③ 叶澜.更新教育观念，创建面向21 世纪的新基础教育［J］.中国教育学刊，1998(2)：6—11.

④ 叶澜.教育创新呼唤“具体个人”意识［J］.素质教育大参考，2003(4)：6—7.

等，几乎都可以统称为“时代精神与新教育理想的构建”。从某种意义上说，1997年叶澜发表的《让课堂焕发出生命活力》①、1999年发表的《把个体精神生命发展的主动权还给学生》②等论文也与叶澜所关注的“社会转型”和“时代精神”有关。

2006年叶澜出版《“新基础教育”论——关于当代中国学校变革的探究与认识》，该书第一编的主题就是“当代中国教育变革的社会基础论”。

2016年叶澜发表《终身教育视界：当代中国社会教育力的聚通与提升》，再次关注教育与社会的关系，用“终身教育”的价值、原则和路径等尺度来衡量和推进社会与教育变革，重构教育与社会关系的理论与实践。③

2017年发表的《“生命·实践”教育的信条》，以12个教育信条集中概括“生命·实践”教育学派的精神内核。④其中信条三再次讨论教育与社会的关系：教育通过提升人的生命质量，为社会提供各种人才，实现其社会功能。教育是人类和社会“更新性再生产”活动。社会发展要求实现终身教育，要求“社会教育力”的集聚与提升。⑤

继《终身教育视界：当代中国社会教育力的聚通与提升》（2016年）之后，叶澜在2018年及其后发表《溯源开来：寻找现代教育丢失的自然之维》

---

① 叶澜．让课堂焕发出生命活力：论中小学教学改革的深化［J］．教育研究，1997（9）：3—8.

② 叶澜．把个体精神生命发展的主动权还给学生［M］//郝克明．面向21世纪我的教育观：综合卷．广州：广东教育出版社，1999.

③ 叶澜．终身教育视界：当代中国社会教育力的聚通与提升［J］．中国教育科学，2016（3）：41—67，40，199.

④ 叶澜．“生命·实践”教育的信条［N］．光明日报，2017-02-21（13）.

⑤ 叶澜在2016年12月21日在华东师范大学思群堂以《“生命·实践”教育学派的信条》为题作了终身教授报告。在《光明日报》发表时，主题变为《“生命·实践”教育的信条》。后来在《“生命·实践”教育学研究》（第一辑）发表时，主题恢复为《“生命·实践”教育学派的教育信条》。详见：叶澜．“生命·实践”教育学派的信条［M］//华东师范大学“生命·实践”教育学研究院．“生命·实践”教育学研究（第一辑）．上海：上海教育出版社，2017：1—9.

系列四篇论文，讨论自然与教育的关系。[①]叶澜将2016年发表的《终身教育视界：当代中国社会教育力的聚通与提升》视为“《回归突破：“生命·实践”教育学论纲》续研究之一”，将2018年发表的《溯源开来：寻找现代教育丢失的自然之维》系列四篇论文作为“《回归突破：“生命·实践”教育学论纲》续研究之二”，分上、中、下三篇，其中上编又分两篇文章发表。

所谓“社会教育力”和“寻找现代教育丢失的自然之维”，也属于叶澜长期关注的“教育与社会”研究主题和研究领域。

（二）教育与人

针对当时流行的影响人的发展的“三因素说”，叶澜在《论影响人发展的诸因素及其与发展主体的动态关系》这篇论文的基础上，进一步深化了有关影响个体发展的两个层次和三个因素。其实，叶澜在该论文中已经明确提出了“两个层次”的概念：

> 可把影响人发展的因素分为两个层次。第一个层次是为人的发展提供可能的因素，称为可能性因素或条件因素，包括发展主体自身为发展提供的条件和外部环境为发展提供的条件。第二个层次是使人的发展可能转变为现实的因素，可称为现实性因素，具体是指发展主体从事的各

---

① 叶澜．溯源开来：寻找现代教育丢失的自然之维：《回归突破：“生命·实践”教育学论纲》续研究之二（上编·其一）[J]．教育发展研究，2018(2)：1—13．叶澜．溯源开来：寻找现代教育丢失的自然之维：《回归突破：“生命·实践”教育学论纲》续研究之二（上编·其二）[J]．教育发展研究，2018(3)：26—37．叶澜．溯源开来：寻找现代教育丢失的自然之维：《回归突破：“生命·实践”教育学论纲》续研究之二（中编）[J]．中国教育科学，2020(1)：3—17．叶澜．溯源开来：寻找现代教育丢失的自然之维：《回归突破：“生命·实践”教育学论纲》续研究之二（下编）[J]．中国教育科学，2020(2)：3—29.

种性质和各种水平的活动。①

在讨论两个层次的影响因素时，该论文显然也提出了与两个层次相关的三个因素。但是，该论文并没有明确提出“两层次三因素”。有其实，而无其名。1991年出版的《教育概论》则明确提出了“两层次三因素论”。②更重要的是，叶澜在讨论第二个层次即影响个体发展的“现实性因素”时，对论文中提出的相关概念做了较大的转换。

1991年出版的《教育概论》将论文中讨论的“环境”进一步扩展为人与社会的关系，并分上、下两个部分，分两章讨论。此书先讨论“教育与社会相互关系的历史演变”，涉及古代社会与教育、近代社会与教育、现代社会与教育三个主题，并提供了有关“社会发展与教育发展的规律性联系”，作为小结。然后，继续讨论“当代教育与社会各子系统的相互关系”，涉及教育与人类自然生态的关系、教育与社会物质生产的关系、教育与社会政治的关系、教育与社会文化的关系。最后以“教育与社会其他子系统关系的综合分析”作为小结。

这个部分的写作和思考呈现了叶澜教育研究方法论的一个重要维度：将教育研究的对象作为一个系统，教育只是系统中的一个相对独立的子系统。要研究教育，就必须重新回到教育的元点，对教育所存在的整个大系统进行整体结构分析，并寻找教育与社会其他各子系统之间的关系与相互作用。

（三）关注“生命活动”与“生命实践”

1991年出版的《教育概论》将《论影响人发展的诸因素及其与发展主

① 叶澜．论影响人发展的诸因素及其与发展主体的动态关系［J］．中国社会科学，1986（3）：83—98．

② 叶澜．教育概论［M］．北京：人民教育出版社，1991：205—207．

体的动态关系》这篇论文中讨论的“个体活动”（或个体的活动）这个概念转换为“生命活动”（或“个体的生命活动”，有时也称“个体生命活动”）。叶澜的说法是：“个体潜在的多种可能状态向现实发展的转化，个体与环境两种不同性质的因素真实发生相互作用，人对外界存在的摄取吸收（无论是精神性的，还是物质性的），都要通过发展个体的不同性质、不同水平的生命活动来实现。这些不同性质、水平的生命活动就是我们所称的使个体发展得以实现的‘现实性因素’。”[①]

从“个体活动”到“个体生命活动”的转换，这在叶澜学术发展过程中是一个重要标记。叶澜有意或无意地将自己的学术话语系统以及关键概念逐步聚焦到生命和实践（活动已经接近“实践”）这两个概念上。

尽管叶澜当时已经提到了生命、生命活动、个体活动等概念并借助这些概念突破了传统对教育以及教育与人的关系的理解，但在《教育概论》中讨论教育与人的发展关系问题时，她更多采用“主体”和“个体”等概念，“生命”只是作为一个可与“个体”互换使用的词语被突出，强调生命活动的主动创造性对作为个体的人的发展的重要意义。叶澜说，意识到“生命”概念不同于“个体”，并将教育中的“生命”所指从学生扩展到教师，是在1997年发表的《让课堂焕发出生命活力》这篇文章的酝酿和写作过程中逐渐变得清晰。[②]也因此，在2006年第二版的《教育概论》中，叶澜将这个部分进一步做了修改。

1991年第一版中的“都要通过发展个体的不同性质、不同水平的生命活动来实现”这个说法在第二版中被修改为：“都要通过发展个体的不同性质、不同水平的生命实践意义上的活动（简称‘生命实践活动’）来实现”。与之相应，1991年《教育概论》第一版的“这些不同性质、水平的生命活动就是我们所称的使个体发展得以实现的‘现实性因素’”，在2006年《教

① 叶澜. 教育概论［M］. 北京：人民教育出版社，1991：226.

② 叶澜. 方圆内论道：叶澜教育论文选［G］. 北京：中国人民大学出版社，2019：20.

育概论》第二版中被改写为“这些不同性质、水平的生命实践活动就是我们所称的使个体发展得以实现的‘现实性因素’”。不仅如此，2006年《教育概论》第二版特别增加了一段话，对“生命实践”这个概念做了补充说明：“所谓‘生命实践’是由生命个体所亲历的或指向外部世界的，具有目的性的活动……生命实践是内涵生命活动的、个体亲历实践性活动，是个人全部生命活动中有意识的和具有实践意义的部分。”[1]

与之相关，1991年出版的《教育概论》将《论影响人发展的诸因素及其与发展主体的动态关系》所讨论的“社会实践活动”作了更深入的补充解释。论文提出个体活动的三个层次：一是作为生物体所具有的生命活动（可见当时叶澜已经在论文里提出了“生命活动”这个概念，但彼时的“生命活动”之生命主要指生物意义上的生命）；二是人作为人类所特有的心理活动；三是人作为社会成员所从事的各种社会实践活动。不过，论文对“社会实践活动”只是一带而过，并未深入讨论。

而在1991年出版的《教育概论》中，叶澜对人的“社会实践活动”及其对人的影响作了专门讨论。（1）叶澜论述了社会实践活动在成就社会和个人两个方面的基本价值。“社会实践活动是人之生命活动的最高，也最富有综合性的活动。每个个体都不可避免地要投入到社会实践活动中去。社会实践活动是人类为满足社会或群体的发展需要保持、扩大自己的利益的活动，也是个体为体现自己价值、满足发展和创造的需要而进行的活动。”（2）叶澜关注到了社会实践活动中的能动性与主动选择性。“社会实践活动是人与环境之间最富有能动性的交换，富有鲜明的目的性、指向性和程序性，体现了人的主动选择。”（3）叶澜强调了社会实践活动在教育上的价值。“在活动过程中，人与环境不仅实现着物质与信息的交换，而且实现着能量的交换；活动不仅使人的智慧和力量得以外化和对象化，实现对外部世界的改造、对

① 叶澜．教育概论［M］．北京：人民教育出版社，2006：211.

物质财富和精神财富的创造，而且使人的才干、意志、智慧在实践中得到发展，实现内部世界的丰富与发展。”①

在讨论个体活动的影响因素时，《论影响人发展的诸因素及其与发展主体的动态关系》这篇论文仅仅引用了与该主题相关的皮亚杰的《发生认识论原理》等三份文献（另有一份有关苏联心理学家加里培林的文献，只有引用没有注明文献出处）。而在撰写1991年出版的《教育概论》时，叶澜阅读并引述了三份新的文献：一是苏联教育家赞科夫的《教学与发展》，二是苏联心理学家维果茨基的《教学与发展关系》（转引自高文的《维果茨基论教学与发展问题》），三是苏联教育家苏霍姆林斯基的《帕夫雷什中学》。

其实，《论影响人发展的诸因素及其与发展主体的动态关系》已经提及活动要求与主体现有发展水平之间的差异及其难度问题，但对这个问题只是一带而过，尚未深入讨论。在1991年出版的《教育概论》中，经由对维果茨基的《教学与发展关系》这份文献的阅读与思考，叶澜根据维果茨基的“最近发展区”理论，对“社会实践活动”提出了一个新的研究视角：“提高社会实践活动对个体的‘发展效应’”。

叶澜对维果茨基文献的引用以及对其“最近发展区”理论的阅读与思考，代表了当时中国教育界对维果茨基与皮亚杰有关认识论的差异与争议的关注。皮亚杰的理论提示，儿童的认识发展是有阶段性的，教学只能循序渐进，不可超出学生的现有发展水平。而维果茨基的“最近发展区”带来了新的“发展观”：虽然教育的内容不能过于超出学生现有发展水平，但好的教育恰恰应该适度超过学生的现有发展水平，而且应该控制在学生的“最近发展区”之内。维果茨基的理论对皮亚杰的理论是一个重要的补充。

此外，叶澜在1991年出版的《教育概论》中提出，“活动对个体发展的影响程度，还取决于主体对活动的自主程度”，并将主体对活动的态度分为

① 叶澜. 教育概论［M］. 北京：人民教育出版社，1991：228.

三个等级。最低等级是被动应答，中间等级是自觉适应，而最高等级是自动创造。叶澜认为，自动创造与前面两个等级的最大差别在于：

> 活动的目的、任务是由活动主体为满足自己的需求提出的，活动过程是主体自主的，对主体来说是带有一定的探索性和创造性的。在这种情况下，主体的态度不仅是自觉的，而且是积极主动的。为了实现自己提出的目标与任务，他主动寻求解决问题的方法，设计自己的行动步骤，研究手段，方法的合目的性，关注行为的结果，并根据结果调整进一步的活动。在活动的过程中，主体处于积极的追求中，体验着成功的欣喜与失败的焦灼。①

立足于新的方法论对有关教育、人与社会的重新解释，尤其是关于人的生命活动及其自我意识、主动发展的解释，使这本书在结构和观点上都不同于当时国内流行的教育学著作。《教育概论》的每一章和每一节都显示出她的理论思维品质和独特的话语方式。叶澜在学术积累和思维方式上已呈现出比较成型的风格。

叶澜在1991年出版的《教育概论》中有关教育与社会、教育与人的关系以及教育是两个功能等方面的论述，在叶澜和丁证霖合作编写的1991年底出版的《新编教育学教程》中得到延续。前者讨论的“教育与社会”在后者中转换为“现代学校教育的社会功能”（第二章）。前者讨论的“教育与人”在后者中转换为“现代学校教育的个体发展功能”（第三章）。前者讨论的“教育实践活动”在后者中转换为“学校教育活动概述”（该书第七章）和“学校课外活动与班级活动”（该书第十一章）。②

《教育概论》这本书既是叶澜开创的“生命·实践”教育学派的孕育期

① 叶澜．教育概论［M］．北京：人民教育出版社，1991：233.

② 叶澜，丁证霖．新编教育学教程［M］．上海：华东师范大学出版社，1991.

（1983—1991年）的压轴之作，也是叶澜教育研究方法论的孕育期或准备期的“收官”之作。这本书在以下几个方面具有“首发”意义。

第一，这本书的写作是叶澜的学术人生中第一次大规模集中阅读、思考和教学的过程。第二次大规模集中阅读、思考和教学的主题是“教育研究方法论”。后者促成了《教育研究方法论初探》的出版。

第二，借助这本书的写作，叶澜第一次比较系统地提出了她所追求的教育基本理论。她重新定义了“教育”，分析了“影响人的发展的诸因素及其相互关系”，明确提出了影响人的发展的“二层次三因素说”；将人的发展问题的研究提高到“人学”水平。从人的发展与其他生命体发展的区别出发，叶澜找出了人的发展的特殊性。在此基础上，叶澜揭示了教育与人的自我意识的关系：“当人的发展水平达到具有较清晰的自我意识和达到自我控制的水平时，人能有目的地、自觉地影响自己的发展”，也正是在这个意义上，人在一定条件下可以“主宰自己命运”，“人不仅是先天因素与环境相互作用的产物，也是自我选择的产物”。①

第三，更重要的是，在这本书的写作中，叶澜第一次正式地有意识地运用了她的“方法论”，也宣示了她在方法论上的更新与转换。

方法论的转换主要体现在两个方面。一是以系统论的思想方法认识教育，将社会作为教育系统外的环境，将教育作为社会系统中的一个子系统来认识教育与社会的相互关系。同时，将教育分为宏观、中观和微观三个层面，形成有层次的、有不同分析单位的、立体式的内部结构，从而改变了以往把社会政治作为决定性的、影响教育的唯一因素的简单决定论观点，改变了将复杂的教育内系统简单平面化，或仅按学前、学校、大学等学制角度的层级描述。该书不仅讨论了教育与社会的关系、教育与人的关系，而且还研究了各种“关系之关系”。二是以综合、动态、过程的思想方法，研究教育

① 叶澜．教育概论［M］．北京：人民教育出版社，1991：117—128.

与社会、教育与个人的关系。这是她“第一次尝试用综合整体、动态过程、互动发展的眼光，去认识人类历史及个体人生与教育的丰富、复杂关系”，从而使人类社会实践的大视野和个体人生的全程视野，成为她的教育学研究视野。[①]叶澜自己的说法是：“1991年出版的《教育概论》，是将教育作为一个复杂的开放系统，用系统、动态变化的方法论，对教育基本理论体系作重新阐述的尝试。”[②]

总之，叶澜在这个阶段发表的《论影响人发展的诸因素及其与发展主体的动态关系》和《教育概论》这两份关键文本既呈现了她在这个时期有关教育基本理论的研究思路，也展示了她的教育研究方法论“孕育期”的重要成果。叶澜说，“对于本人而言，其最重要的价值是孕育出新的理论核心胚芽与中心问题的同时，也为自己今后的学术自我突破和发展，搭建了一个新的具有系统形态的平台。”[③]

---

① 叶澜．方圆内论道：叶澜教育论文选［G］．北京：中国人民大学出版社，2019：10—12.
② 叶澜．回归突破：“生命·实践”教育学论纲［M］．上海：华东师范大学出版社，2014：7.
③ 叶澜．回归突破：“生命·实践”教育学论纲［M］．上海：华东师范大学出版社，2014：8.

第六章 “教育研究方法”与方法论

> 当时我对教育学水平提升的指向和路径的设想，是强调科学化。即以自然科学发展水平为范本的科学化。它反映了自己认识水平的局限，但这种指向使我下决心要从自己做起：努力在此后的研究中，使有关教育基本理论的研究“上天”，使关涉实践的应用研究“着地”。
>
> ——叶澜

叶澜教育研究方法论“孕育期”中期（1985年前后到1990年前后）除了进行教育理论（以其《教育概论》为中心）的思考与研究之外，叶澜同时还进行了以“教育研究方法”为主题的研究。

一、教育研究的方法与方法论

叶澜不仅以“教育研究方法”为主题出版和发表了系列专著和论文，同时还尝试进行了相关的教育调查研究和教育实验研究。

（一）选编《教育研究方法》

1988年，叶澜与施良方合作选编的《教育研究方法》出版。[①]虽然这本书只是选编，并非作者本人撰写的专著，但是，选编这本书让她接触、阅读并思考了当时国内外比较前沿的有关“教育研究方法”和“教育研究方法论”的专著和相关论文。

该书的“选编说明”特别提出：教育研究方法的研究是综合性很强的研究，涉及极其广泛的学科领域。从方法论的角度看，它与哲学、科学哲学、系统科学以及自然科学和社会科学的一般方法论相关；从具体的研究方法看，又与教育科学中的各学科、与教育科学相关学科的研究方法相关。也因此，该书的选文分为五类，分别构成该书的五个部分。第一类反映教育研究的历史与现状。第二类是有关教育研究方法论的探讨。第三类阐明不同类型的教育研究方法的一般特征和原理。第四类介绍几种常见的教育研究方法的操作原则和规则。第五类涉及教育研究成果的评定与推广。

可见，在选编《教育研究方法》这本书时，叶澜特别考虑了教育研究方法论的视角。这部分共选取了11篇文章，主要讨论自然科学与社会科学研究方法的异同，尤其关注唯物辩证法与一般系统论的关系、系统论对于教育科学的意义。

不仅如此，第一类有关教育研究方法自身的发展历史和研究历史，第三类所讨论的是不同类型的教育研究方法的一般特征和原理，这两类都关涉教育研究的方法论。甚至最后一类有关教育研究成果的评定与推广，因其涉及教育理论与实践的关系，也有方法论的考虑。这样看来，该书只有第四部分讨论具体的教育研究方法及其操作的方法、技术与技巧。其他四部分都与方法论相关而超越了具体的教育研究方法。

---

① 叶澜，施良方. 教育研究方法［M］. 北京：人民教育出版社，1988.

（二）《教育研究及其方法》

1990年，叶澜出版《教育研究及其方法》。她开创性地将教育的研究对象界定为“教育存在”（包括时间形态的教育存在和理论形态的教育存在），以此区别于两个流行的说法：一是教育研究的对象是人；二是教育研究的对象是教育现象及其规律。

而讨论“教育研究对象”以及“教育研究对象的基本特征”时，叶澜认为教育实践活动是一个复杂系统：“如果我们把教育实践活动看作庞大的人类社会系统中一个相对独立的子系统，就会看到这个复杂系统具有一系列的特征”①。

（三）教育研究的“科学化”

1989年，叶澜和瞿葆奎、陈桂生合作发表《向着科学化的目标前进——试述近十年我国教育研究方法的演进》。该文不长，其核心观点正如标题所示：“向着科学化的目标前进”。作者问：“什么是近十年来教育研究方法发展的‘主旋律’？如果要用一个词来回答的话，我们做出的选择是：‘科学化’。”而这里所讨论的教育研究的科学化，主要是指教育研究的实证化。“十年来我国教育研究方法的发展，开始‘补上’西方从20世纪初就出现的实证化这门‘课程’。但我们的研究人员对方法还没有充分认识和熟练掌握。”实证化的第一个教育研究方法就是实验研究。作者对当时的实验研究寄予厚望，但也指出了当时国内所进行的教育实验研究的不足。“有相当数量的实验研究，在方法上未达到实验的水准。这主要表现为：实验设计较粗糙；实验的假设过于一般、抽象，缺乏可检验性；实验控制较差，实验因子中因变量和自变量的关系未能明确呈现；实验材料、测量手段、具体操作过程不够规范或标准；对实验过程中，实验设计人员与操作人员之间，实验

① 叶澜．教育研究及其方法［M］．北京：中国科学技术出版社，1990：9—10.

者与实验对象之间及实验对象之间可能发生的相互心理影响缺乏防范；对实验结果的解释掺杂进主观因素；对实验结果的验证与评定的方法研究不足等。”①

尽管作者对教育实证研究尤其是教育实验研究抱有热烈的期待，但作者对教育研究的科学化和实证化有一个比较冷静的判断：“当代教育研究方法发展的潮流是‘多元化’，不是‘实证化’。因此，我们要清晰地看到，我们现在所做的，也许仅仅是‘补课’，而且补的只是‘基础课’”②。

有关教育实验研究的这个判断，在1992年叶澜发表的《关于我国教育实验科学性问题的思考》中得到延续。在这篇文章中，叶澜强调，实验研究的科学性的基本要素就是假设、控制和验证，以此查明事物之间的因果关系。即便采用“准实验”，它与真实验在研究方式的规范上也属于同类，在假设、控制和验证这三个要素上，两者没有不同。

叶澜发表的《向着科学化的目标前进——试述近十年我国教育研究方法的演进》和《关于我国教育实验科学性问题的思考》这两篇文章都显示了叶澜当时对教育研究的科学化、实证化有比较高的期望。叶澜后来反思说：“当时我对教育学水平提升的指向和路径的设想，是强调科学化，即以自然科学发展水平为范本的科学化。它反映了自己认识水平的局限。”③但是，叶澜在《关于我国教育实验科学性问题的思考》这篇文章中为教育实验研究的科学性辩护的同时，也发出了几个重要的堪称“方法论”的提醒。

第一，存在一种认识上的偏差，认为实验研究是最科学的，甚至主张用实验研究方式来取代哲学研究方式，否定哲学研究具有科学性。这是一种实验至上主义，是人类思维走入误区的典型表现。它不仅是错误的，而且是有害的。实验至上主义的错误在思想方法上混淆了特殊与一般两种不同水平的

①② 叶澜，陈桂生，瞿葆奎．向着科学化的目标前进：试述近十年我国教育研究方法的演进［J］．华东师范大学学报（教育科学版），1989（3）：2—6.

③ 叶澜．回归突破：“生命·实践”教育学论纲［M］．上海：华东师范大学出版社，2014：8.

科学性，把实验研究方式体现的特殊层次上的科学性提高到一般层次，把它作为一般标准，否定了另一种特殊层次上即哲学研究方式的科学性。其实，国外也有学者持这样的认识。按照德国“实验教育学”创始人拉伊（W. Lay）的说法：“实验教育学”中的“实验”这个词语显得多余，因为所有的教育学就是实验教育学。“实验教育学将成为唯一的教育学——普通教育学。”①

第二，叶澜认为，实验至上主义还有一个错误，它把两种特殊研究之间的区别当作绝对对立，从而割断了它们之间的联系与转化。它把属于多种研究方式“之一”地位的实验研究奉为“唯一”。事实上，任何一种研究要想取得成功，都不能没有理性思维。忽视理性思维的实验研究必然会走入技术至上的死胡同。

第三，叶澜从研究对象与研究方法的适切性或适宜性（该文使用的概念是“合适性”，后来在《教育研究方法论》中正式使用“适切性”“适宜性”这个概念②）出发，叶澜认为教育研究虽然可以采用实验法，但是，鉴于教育研究对象的复杂性，几乎不可能采用自然科学意义上的实验法来研究教育。这就需要根据教育研究对象对实验法进行艰苦而富有创造性的调整。“从方法论的角度看，把始于并适合自然科学研究对象的实验法，改造成合适教育科学研究对象的实验法，主要是引进了‘相对’的思维方法：在相对的意义上求纯化、求平衡、求稳定。”叶澜认为，它用“相对”补充了“绝对”，扩展了实验法的适用对象，这是实验法在普遍意义上的扩展与完善，并不是降格。因此，“教育实验研究者完全不必为不如自然科学实验的严格

① 拉伊．实验教育学［M］．沈剑平，瞿葆奎，译．北京：人民教育出版社，1996：17—18．引用时将译文中的“普遍教育学”改为“普通教育学”。德国教育学研究领域有追求普遍规律、普遍适用性的“普通教育学”的传统。赫尔巴特如此，拉伊如此，后来的本纳（D. Benner）亦如此。详见：本纳．普通教育学［M］．彭正梅，等，译．上海：华东师范大学出版社，2006.

② 叶澜．教育研究方法论初探［M］．上海：上海教育出版社，1999：19，325.

与精密而抱怨，完全有资格为实验法在教育研究中改造的成功而惊喜、自豪。”①

叶澜有关教育实验不同于一般自然科学实验的思路，在西方国家也同样存在争议。美国教育界也曾贬低教育实验的不科学性，一度出现桑代克与杜威之争。当时桑代克在哥伦比亚大学师范学院建立了不同的教育研究方法，其影响远远超过了杜威。桑代克比杜威年轻15岁。在哥伦比亚大学，杜威“遭遇”桑代克。桑代克曾说“我实在不能理解杜威”。他们两人隔阂很深。杜威常常批评桑代克所作的那些研究；而桑代克则一直认为杜威的教育文章充其量不过是粗糙原始的。桑代克强调把教育研究建立在进行控制性实验和精确的测量的基础之上。在美国，一度流行“桑代克胜，杜威败”的说法。②但是，杜威强调的教师参与研究及其质的研究方法逐渐在美国教育界以及世界范围内获得承认。现在看来，究竟“桑代克胜，杜威败”还是“杜威胜，桑代克败”，仍然是一个问题。

在这个问题上，叶澜的三个提醒几乎提供了一个比较完整的回应。第一，不能用实验研究方式来取代哲学研究方式，不能否定哲学研究具有科学性。第二，不能把两种特殊研究之间的区别当作绝对对立，从而割断了它们之间的联系与转化。实验研究不能没有哲学研究式的理性思维。第三，教育研究虽然可以采用实验法，但需要根据教育研究对象对实验法进行调整。调整之后的教育实验是实验法的扩展与完善，而并不是降格，应该为实验法在教育研究中改造的成功而自豪。

---

① 叶澜．关于我国教育实验科学性的问题的思考［J］．教育研究，1992(12)：41—47．

② 拉格曼．一门捉摸不定的科学：困扰不断的教育研究的历史［M］．花海燕，等，译．北京：教育科学出版社，2006：7(英文版序)．

二、教育研究方法的践行与体验

在叶澜思考和推进其“教育研究方法”期间，她获得一个机会，参与了“中朱学区”教育改革的调查，践行并体验了她所理解的教育调查研究方法。

（一）“中朱学区”的教育调查研究

从1988年到1990年底，叶澜参与了上海市普陀区中朱学区十多所学校教育质量全面提升的调查研究。这项研究以调查、座谈、实地考察、个别访谈和相关原始资料的阅读、分析等方法为主，由叶澜与陈桂生带着几位本科生和双学位班的学生一起进行，后来出版了《走出低谷：上海市普陀区中朱学区大面积提高教育质量系列研究报告集》。①

在与学区的一些主要领导多次长谈中，在与一些校长、教师的直接交流和接触中，叶澜受到的最大触动是他们在行动中思考和决策的“实践智慧”，从而使她体悟到理论智慧与实践智慧这两种智慧的区别。

在由她执笔撰写的《学区系统终态变化的整体反思——上海普陀区中朱学区近十年教育实践与经验的研究总报告》中，叶澜总结了中朱学区教育质量“正向转化”的三大关系：（1）系统终态变化与结构变化的关系；（2）系统终态变化与人的要素变化的关系，尤其强调该学期在“调动人的内在力量”上的教育改革特色；（3）系统终态变化与活动过程变化的关系，具体包括大环境与小环境的关系、把握整体与选择突破口的关系、规范与创新的关系。②

这份报告的撰写展现了年轻学者少有的清晰的思维品质与成熟的写作技

① 联合调查组．走出低谷：上海市普陀区中朱学区大面积提高教育质量系列研究报告集［M］．北京：教育科学出版社，1992.

② 叶澜．学区系统终态变化的整体反思：上海普陀区中朱学区近十年教育实践与经验的研究总报告［J］．华东师范大学学报（教育科学版），1990（2）：1—10.

巧。同时，对中朱学区的调查以及与此有关教育科研中的“方法论”问题与“教育概论”的思考，为叶澜后来展开的“自我教育”和“新基础教育”提供了精神底色和基本经验。

此外，在参与这次调查研究的过程中，叶澜发挥了她的“基本理论”与“方法论”两个优势，执笔撰写出了一份至今仍然算得上高质量的调查研究报告。

（二）“学生自我教育能力发展”的教育实验研究

叶澜说，基于对马克思主义强调的理论的实践力量，以及理论需要有实践来检验与丰富这一基本立场之认同，她希望她在《教育概论》中提出的基本理论假设能够得到实践检验并以此丰富和完善她所追求的教育理论。《教育概论》中明确提出影响个体发展的“二层次三因素论”，她特别看重生命活动的“主动创造”。因此，学校应精心设计有利于主体发展的各种活动，应把培养受教育者的自我教育和自我控制能力以及识别、利用环境的能力作为根本任务，并贯彻到教育的一切阶段和一切活动中去。

1990年，叶澜以“基础教育与学生自我教育能力发展”为课题，以上海市普陀区洵阳路小学为实验学校，开始了为期三年的研究。在三年的研究过程中，叶澜形成了教育实地研究的基本经验。

第一，在自愿基础上组成理论研究人员的合作队伍。这个经验在后来的“新基础教育”研究的过程中得到延续和强化。

第二，必须有研究方案的总体设计。她对教师在课堂教学中的讲课时间进行统计并推动教师“把课堂还给学生”，教师在一节课里的讲课时间由原来的30分钟减少到10分钟。另外，她设计了一个让学生自主组织中队活动的实验，该实验直接推动了班级活动的改革。

叶澜在她的学术人生中从一开始就抓到了“自我教育”这个核心问题。后来她在“新基础教育”研究中逐步提出“把课堂还给学生”“把班级还给学生"等四个"还给"，强调一切学习与成长皆来自人的主动与自觉。每个人都必须靠自己活，不能由任何他人代活。再后来，她创建的"生命·实践"教育学明确将"教天地人事，育生命自觉"作为教育的首要原则。在这点上，叶澜有意无意地延续了"自求自得"与"自强不息"的中国古典教育传统。中国古典文化反复强调类似"礼闻来学，不闻往教"①和"不愤不启，不悱不发"②以及"匪我求童蒙，童蒙求我"③的自我教育精神。《周易·象卦》的说法是："天行健，君子以自强不息。"

第三，课题组与学校主要领导形成共识，建立合作研究的关系。这是叶澜一直重视的实践智慧。这条经验在后来的"新基础教育"研究中得到进一步扩展。她不仅重视与学校主要领导形成共识，建立合作关系，而且用改革的方式，推动学校领导与管理层的变革。叶澜把"学校领导与管理变革"作为与"课堂教学改革"和"班级建设改革"并列的"学校日常教育实践重建"的三大主题之一。

第四，形成研究活动的常规制度，比如在无特殊情况下每星期四研究人员要到实验班听课、看班会、讨论、评课，并有针对性地提出下一周的研究工作。每学期假期进行总结并提出下学期的工作计划。

第五，进行理论概括与提升。这一条经验与第一条和第二条经验相呼应。理论概括和提升需要有比较稳定的理论研究人员的合作。理论研究人员的任务有两个：一是研究之前的总体方案的设计；二是研究过程中以及研究结束之后的理论概括与提升。这是叶澜持续关注的思路：重视教育理论与实践关系，强化理论研究和理论适度先行。

在上述五条经验中，几乎每一条经验都涉及叶澜的教育研究方法论。这五条经验已构成后来"新基础教育"在理论与实践关系的处理上所持的基本

① 《礼记·曲礼》。
② 《论语·述而》。
③ 《周易·蒙卦》。

立场。“基础教育与学生自我教育能力发展”研究为接下来的“新基础教育”探索性研究提供了理论的基础和实践的底气。叶澜把这项研究看作“新基础教育”研究的“前期经验”。

叶澜说，这是她第一次用“实地研究”的方式，去检验自己提出的一种理论的合理性和可行性，去研究一种理论如何实现向实践形态的转化，以及去认识、体验转换过程研究的问题和复杂性。这也是她第一次有一种原创式研究的体验，获得了由理论假设走向实践研究的经验和信心。而且，在研究的过程中，叶澜需要与学校的校长和教师、学生保持“经常性接触”，这让她对学校生活实际、师生的生存状态、学校实践的可改变性以及转型时期学校的动荡与变化等方面，有了书斋里阅读无论如何都不可能获得的深切感受和思索。因此，叶澜说，这项研究直接催生了“新基础教育”课题的诞生。[①]叶澜也将这项研究称为“前‘新基础教育’研究”。[②]

叶澜特别提到研究中发生的一个事件：洵阳路小学发生的教师辞职去宾馆工作。这个事件使叶澜深受震撼。经过对当时社会状况以及政府文件的研究，她意识到中国社会到了一个很重要的转型时期，其主要特征就是开始关注主体。她觉得有新的东西要建构起来，需要有新人，需要有新的教育。

叶澜所想象的“新的东西”，正是她的教育研究方法论所看重的作为“一个复杂、开放的社会系统”的教育所包含的几个关键要素及其关系（尤其是教育与社会的关系、教育与个体发展的关系）与转换。只有让教育重新返回这个“复杂、开放的社会系统”并从中寻找变革的顶层设计与实践路径，学校教育变革才会找到出发的元点。悟出这个道理以后，叶澜开始了她波澜壮阔的“新基础教育”研究。

---

① 叶澜．方圆内论道：叶澜教育论文选［G］．北京：中国人民大学出版社，2019：35—36.

② 叶澜．回归突破：“生命·实践”教育学论纲［M］．上海：华东师范大学出版社，2014：11.

三、“实地研究”的方法论准备

对中朱学区的教育调查研究为叶澜带来了走进基础教育改革现场的经验和信心，而在洵阳路小学进行的“基础教育与学生自我教育能力发展”实验研究直接催生了“新基础教育”课题的诞生。1994年，上海外高桥保税区实验小学校长联系华东师范大学教育系，希望开展合作研究。经过讨论，叶澜决定将这项合作研究称为“新基础教育”探索性研究。当年9月，“新基础教育”研究正式启动。

在叶澜发表《教育研究方法论初探》之前，她主持的“新基础教育”经历了5年的探索性研究（1994—1999年）并启动了新一轮的发展性研究（1999—2004年）。“新基础教育”研究直接或间接地践行了叶澜所追求的教育研究的思想方法或方法论。最初，叶澜将“新基础教育”研究的实地研究称为“实地介入式研究”。2001年，叶澜正式将这种“实地介入式研究”称为“研究性变革实践”。[①]叶澜说，这是她人生经历中最丰富和充实的十年。[②]在“新基础教育”研究的过程中，她策划和亲历了一个以前研究生涯中从未有过的全过程，锻炼了意志、丰富了智慧和情感，体验了它的全部丰富性和复杂性。

（一）“时代精神”与教育变革关系的思维方法

1994年开始的“新基础教育”经历了那么多不确定性的探索以及在不确定性中寻求确定性的发展。在“新基础教育”研究的最初的十年探索和发展期间，她发表了《时代精神与新教育理想的构建》《让课堂焕发出生命活力》《更新教育观念，创建面向21世纪的新基础教育》以及“重建课堂”的

---

① 叶澜.“新基础教育”发展研究报告集［R］. 北京：中国轻工业出版社，2004：29—32.

② 叶澜. 我与“新基础教育”：思想笔记式的十年研究回望［M］// 丁钢. 中国教育：研究与评论：7. 北京：教育科学出版社，2004.

系列论文。这些论文既为“新基础教育”研究提供了理论指导，也为后来创建“生命·实践”教育学派提供了重要的理论铺垫。不仅如此，她的这些研究成果将当时中国教育学界的理论研究推向一个难得的小高峰和小高潮。

1994年，叶澜发表《时代精神与新教育理想的构建》。[①]该文突出“时代精神”中“重视未来、强调发展、立足变革”的特征，以及因开放、变革所带来的“注重选择”“呼唤人的主体精神”的内在需要；要求把“增进人的生命的主体意识”看作时代对教育功能的重要规定。这篇文章标题中的“时代精神”这个关键词以及论文的论证思路，显示了叶澜一再关注的教育与社会的关系尤其是社会转型与教育发展的关系这个“方法论”主题。此后，叶澜发表一系列立足于“时代精神”“世纪初”“世纪之初”“世纪之交”“市场化大潮”等社会转型与教育变革的文章。[②]

叶澜在1996年发表的《世纪之交中国学校教育文化使命之思考》再次延续了《时代精神与新教育理想的构建》的方法论和思维方式。[③]虽然背景从“时代精神”转换为“世纪之交”，但两者共同关注了“社会转型”时期对教育带来的机遇与挑战。叶澜特别强调，中国社会转型期的现实和发展使学校处在一个十分特殊复杂的社会文化环境中，又向学校提出了新的重要的文化任务。社会发展要求提高全民的文化素养，社会转型时期的另一个艰巨而重要的任务是重建新的主流价值观体系。社会转型时期人的功利意识与欲望被经济大潮唤醒。学校首先遇到的文化任务是如何解决好市场经济发展与

① 叶澜．时代精神与新教育理想的构建：关于我国基础教育改革的跨世纪思考［J］．教育研究，1994(10)：3—8.

② 叶澜．市场化大潮中的中国教育走向：中国的发展呼唤新教育理想［J］．探索与争鸣，1994(9)：3—8. 叶澜．世纪初中国教育理论发展的断想［J］．华东师范大学学报（教育科学版），2001(1)：1—6. 叶澜．实现转型：世纪之初中国学校变革的走向［J］．探索与争鸣，2002(7)：10—14. 叶澜．21世纪社会发展与中国基础教育改革［J］．中国教育学刊，2005(1)：6—11，15.

③ 叶澜．世纪之交中国学校教育文化使命之思考［J］．教育改革，1996(5)：1—7.

人的道德、社会精神文明发展的关系，以及如何解决因为开放带来的西方文化对中国传统文化的冲击及两者之间的紧张关系。

叶澜从其追求的思维方法或方法论出发，推荐了学校文化“整合”的原则与思路。“在思维方法上，整合要求突破原有的单一凝固的主流性文化的格局，转向对多维变化文化的关注，通过辩证的、批判性的取舍，结果结构化的处理，从原先统一失去后出现的纷乱中走出来，形成与核心的丰富的统一，也就是说要摆脱我们常用的处理简单问题的方法和按二值逻辑作非此即彼选择的习惯，学会处理复杂问题的综合方法。”[①]2006年，叶澜对这篇文章进行了改写与扩展，以《试论当代中国学校文化建设》为题，再次讨论“学校在当代中国社会文化发展中的历史使命”以及转型时期中国社会向学校提出的文化超越性任务，以及当代中国学校所处的前所未有的复杂文化环境。[②]

1997年，叶澜发表《让课堂焕发出生命活力——论中小学教学改革的深化》。[③]该文在上一篇所强调的“人的主体精神”的基础上，重点讨论“人的生命活力”。[④]这篇文章发表后，也有人将叶澜的理论称为“生命教育学”。叶澜未置可否，也一度有此想法。后来两个原因导致叶澜放弃了“生命教育学”这个概念。一是在叶澜发表这篇文章后，随后有不少学者发表了类似主题的文章或著作，也有学者直接以“生命教育学”为主题出版了专著。二是她后来感到“生命教育学”这个概念不足以概括她的教育学理想。

---

① 叶澜. 世纪之交中国学校教育文化使命之思考［J］. 教育改革，1996(5)：1—7.

② 叶澜. 试论当代中国学校文化建设［J］. 教育发展研究，2006(8A)：1—10.

③ 叶澜. 让课堂焕发出生命活力：论中小学教学改革的深化［J］. 教育研究，1997(9)：3—8.

④ 这篇文章成为叶澜的一张名片。此后叶澜在全国各地做报告时，常有不少人围上来说：“叶老师，我们是你的学生，我们读过您的《让课堂焕发出生命活力》。”详见：东方卫视视频《叶澜：追逐太阳》。

在1998年前后，叶澜时常比较兴奋地与学生讨论两个概念："回到原点"和"生命教育学"，计划写出相关的文章和专著。她认为，"教育学研究如果确实到了一个要发生转型性变革的时期，那么必须要回到原点去思考"。她拟定了一个题目"回到原点的思考"。她当时找到的原点就是"生命"。为此，她特意为"回到原点的思考"拟定了"生命、人、文化与教育"这个副标题。①但是，当她发现这两个概念后来在中国教育界逐步被泛化，而且在此后不到两年的时间里已有其他学者发表了同类主题的论文或专著时，她不愿意再撰写同类主题的文章或专著。②叶澜当时不只是关注生命，她还关注了教育实践，在"基础教育与学生自我教育能力发展"和"新基础教育"研究的过程中逐渐培养了对"实践"的感情。在2001年发表的《思维在断裂处穿行：教育理论与教育实践关系的再寻找》一文中，叶澜明确表达了她对教育实践的新理解和对教育实践的情感："在我的教育学研究生涯中，最能打动我的两个字是'生命'，最让我感到力量的词是'实践'。教育学说到底是研究造就人生命自觉的理论与实践的学问，是一个充满希望、为了希望、创生希望的学问"③。并由此酝酿并提出"生命·实践"这个概念。

1998年，叶澜发表《新世纪教师专业素养初探》。同年，叶澜发表《更新教育观念，创建面向21世纪的新基础教育》，将前面两篇文章所强调的教学观念具体落实为"三观十性"。在价值观上强调未来性、生命性、社会性；在学生观上强调主动性、潜在性、差异性；在学校教育活动观上强调双边共时性、灵活结构性、动态生成性、综合渗透性。④以上这些论文的核心

① 叶澜．反思　学习　重建：十五年学术探索的回顾［J］．天津市教科院学报，2000(4)：4—13.

② 据叶澜的博士生刘良华、侯怀银等人口述。

③ 叶澜．方圆内论道：叶澜教育论文选［G］．北京：中国人民大学出版社，2019：31.

④ 叶澜．更新教育观念，创建面向21世纪的新基础教育［J］．中国教育学刊．1998(2)：6—11.

概念是人的主体性、主动性、自我教育、自我意识等。后来，叶澜将这些概念进一步称为“具体个人”。[①]1999年，叶澜发表《把个体精神生命发展的主动权还给学生》，直接提出“发展的主动权”的问题。[②]

总之，叶澜在1999年前后发表的与“新基础教育”研究相关的系列论文既为“新基础教育”研究提供了理论适度先行的理论支持，也蕴含了叶澜教育研究的“方法论”追求。

（二）社会转型与教育变革的关系

在“新基础教育”探索性研究的这个阶段，叶澜特别关注了“社会转型”的时代精神与教育变革之间的关系。叶澜在出版《教育研究方法论初探》之后，2001年初发表《世纪初中国教育理论发展的断想》。在该文中，叶澜第一次提出教育理论属于“时代学”。她提出，中国教育理论需要与时代同步发展，完成由近代向现代的转型。由此，教育研究人员需要去感受时代的新精神、感受时代的新需要、学习时代的新工具、发现时代的新问题……中国的教育理论需要又一次重建式的再生。叶澜提议，教育研究者要改变思维方式，不要用简单分析的眼光去观看复杂的教育世界，要学会用复杂思维的方式去认识复杂的教育。从教育的时代学和复杂思维的方法论出发，叶澜呼吁增强中国教育研究的原创性。[③]

社会转型以及时代精神与教育变革的关系既是叶澜在1994年发表的《时代精神与新教育理想的构建》讨论的主题，也是她在2006年出版的《“新基础教育”论》中关注的话题。如何通过时代精神来理解教育变革的关

① 叶澜. 教育创新呼唤“具体个人”意识［J］. 中国社会科学，2003（1）：91—93.

② 叶澜. 把个体精神生命发展的主动权还给学生［M］//郝克明. 面向21世纪我的教育观：综合卷. 广州：广东教育出版社，1999.

③ 叶澜. 世纪初中国教育理论发展的断想［J］. 华东师范大学学报（教育科学版），2001（1）：1—6.

系，这是叶澜的教育研究方法论的一个重要思维方式。

在她看来，以市场经济标志的社会转型要求人不得不“注重选择”，“人类将通过选择来寻求适合自己发展的空间和途径，划一的、同步的、简单服从计划安排的发展模式不再被认为是天经地义的了。”在这样一个时代，人可以暂时逃避自由或暂时拒绝选择，但他迟早需要承担责任，市场经济让自由选择成为无法逃避的责任。“市场经济体制的建立，明确要求企业实现自主经营、自负盈亏、自我发展、自我约束，成为独立的法人实体和市场竞争的主体。”由此，呼唤人的“主体精神”就成为时代精神中最核心的内容。“主体精神的问题将从哲学界的沙龙中、思想家的头脑中走出来，走向真实进行着的改革的社会经济主战场，走向社会的各个领域，走进想在改革中求生存、求发展的每一个人的头脑里，并通过他们的实践行为实实在在地表现出来。这是多么重要和富有实质性的变化啊！”[①]

紧跟在市场经济后面的是“全球化”浪潮。“全球化”实际上是“市场经济”的一种游戏规则。真实的市场经济必然冲破地域的限定而在更大范围内实现各种产品的自由交换。所谓“全球化”，不过是“地域更大化”的市场经济。“全球化”在中国流行的标志性事件是中国谨慎地加入世界贸易组织。全球化及其相关的贸易规则使中国人的生活不得不直接“面向世界”而“更加开放”。虽然经济全球化以及相关的文化、教育的全球化会给中国带来一些负面的影响，虽然我们需要警惕“大国、霸权国以全球、人类的名义来推销仅有利于本国资本集团利益的全球化”，但是，“无论如何，人类发展的历史已经真实地进入了‘全球历史’的阶段，并已成为不可逆转之势。”在全球化的浪潮中，中国人需要“自强自尊，积极参与全球化过程，使本国

① 叶澜．时代精神与新教育理想的构建［J］．教育参考，1994(4、5)；叶澜．时代精神与新教育理想的构建：关于我国基础教育改革的跨世纪思考［J］．教育研究，1994(10)：3—8.

成为多元、合作的全球中的一元，成为新全球关系形成中的积极力量。”①

同时，叶澜注意到工业化的无限增长已经导致气候发生变化，最坏的变化是“全球变暖”。与气候变化相关的可怕的后果是：飓风、海啸、地震将更多更强烈。“气候变化对人类的另一个直接危害是：传染性疾病对人的生命的杀伤力再次提升，与高温热浪天气有关的疾病和死亡率增加。自人类用药物扼制了天花、霍乱等大肆蔓延的传染病后，近年来，传染性疾病对人类生命的威胁再次升到前位。”除此之外，自然资源被过度开采将导致更多更深重的自然灾害。还有工业污染，农药以及各种为增产而使用的催生激素的滥用，动物流行病（如疯牛病、禽流感等）以及食品加工过程中的污染。这些食品使人类健康的全球系数下降，被称为垃圾食品的品种在不断增加。②

（三）从对立思维到转化思维

立足于系统论的思维方法以及中国传统文化（含作为新传统的马克思主义文化）的对立统一观念，叶澜特别看重以关系思维和历史思维作为自己的教育研究方法论。关系思维意味着既看到对立和矛盾，又追求对立的统一与矛盾的转化。关系思维也可称为转化思维、整合思维。它反对一切非此即彼、势不两立的矛盾思维或对立思维。

立足于关系思维或转化思维，叶澜在知识论和学习论上既不走经验论的路线，也不采用先验论的思路。她主张理论适度先行的“研究性变革实践”。

立足于关系思维和历史思维，叶澜强调以“复杂”思维和“度”的智慧去化解教育中的难题。叶澜认为，当代中国教育改革特别要注意“度”的问题，“过犹不及”，这是我们老祖宗的经验，不可忘。

---

① 叶澜．“新基础教育”论：关于当代中国学校变革的探究与认识［M］．北京：教育科学出版社，2006：37.

② 叶澜．“新基础教育”论：关于当代中国学校变革的探究与认识［M］．北京：教育科学出版社，2006：23.

叶澜重视西方教育学经典的研究，但同时也强调不要过度依赖西方概念，要摆脱中国教育学对西方教育学的依赖性。比如，叶澜认为“新基础教育”研究提倡的“研究性变革实践”不同于西方的行动研究，更不必以行动研究作标准并由此断言“新基础教育”已达到或未达到“行动研究”的水平。她期待发出自己的声音，期望别人能听到这样的声音，能进行交流，也期望她的努力能给学界增加一些清新空气，期待国内有更多的学者、研究人员和实践工作者，都努力用自己的实践、思考、研究，发出自己的声音。①

叶澜重视教育学的学科立场，既要从文学、历史和哲学以及自然科学中汲取学术研究的资源，又要有教育学的独特视角。不要把一切失败归结为制度上的原因。制度是重要的，但不要有制度依赖症。在一定程度上，人的命运由自己掌控，要有主动性，要有生命自觉。要做有修养的批判者。如果不具备商榷的环境，最好不要写商榷的文章。要是真有本事，就把自己的观点说清楚。在她看来，出现各种意见是很正常的现象。但她一向不太介意别人怎么说和为何说，也不去对每一个批评意见作回应，不管它是来自“权威”还是“小鬼”，是“明说”还是“暗指”。只要自己看明白了就继续往前走。她觉得更重要的是自己想清楚了没有，更看重理论或批判本身是否真有道理、真有新意、真有力量，是否具备了讨论和对话的基础。②叶澜说，她真正开始阅读马克思的著作和鲁迅的著作，是在“文革”期间。《论语》《孟子》《墨子》也是那个时候开始阅读的。前者是被允许阅读的两类书，后者是为了批判，为了做一个有修养的批判者。③

叶澜强调，不要以牙还牙，不要整人。叶澜自己也受过打压和打击，但她知道自己想要什么。一旦挺过来，也绝不以牙还牙，不整人。④要知道感恩，要感谢那些帮助过你的人。叶澜总是记得那些帮助过她的人。在回顾

①② 叶澜. 我与“新基础教育”：思想笔记式的十年研究回望［M］// 丁钢. 中国教育：研究与评论：7. 北京：教育科学出版社，2004：1—58.

③④ 这是2012年5月6日叶澜在丛书研讨会上的发言。

“新基础教育”研究和“生命·实践”教育学派的创建过程时，她念念不忘那些参与者和帮助者。她在一篇论文中深情回忆刘佛年、雷尧珠[①]、左焕琪、张民生和陈儒俊等人给予她的理解和帮助。[②]

从关系思维和转化思维出发，叶澜强调，说话不要偏激，不要以为偏激就能解决问题；如果不能重建，就不要把墙推倒。要重视实践智慧，实践智慧是真正的大智慧。这正是孟子、亚里士多德、康德等人关注的大智慧。叶澜所说的实践智慧与康德所讨论的实践智慧差别较大，而与孟子的“经权智慧”和亚里士多德的“明智”（phronesis）比较接近。不要指望两极思维就能解决问题，真正能够解决问题的思维是关系思维和转化思维。

叶澜后来将她的这个思路与中国传统文化关联起来。她尤其重视中国传统文化的“整体综合思维”和“关系思维”或“时机”意识。她将之视为重要的与不同人交往的处世之道。“事业受挫时不气馁，成功时不张狂，有理、有利、有节地处理复杂问题，无论在什么情况下都保持泰然、自重的君子之态，它为每一个活在世间的人提供安身立命的精神力量与武器。”[③]

---

① 叶澜．方圆内论道：叶澜教育论文选［G］．北京：中国人民大学出版社，2019：9.

② 叶澜．我与“新基础教育”：思想笔记式的十年研究回望［M］//丁钢．中国教育：研究与评论：7．北京：教育科学出版社，2004：1—58.

③ 叶澜．中国哲学传统中的教育精神与智慧［J］．教育研究，2018（6）：4—7.

第七章 “教育研究方法论”的诞生

> 长期以来，一方面出于自己意识到方法论对于个人认识世界与自我，认识教育与教育学发展，形成新的研究立场与视野、思路与策略的重要性，另一方面是因承担了建设研究生课程“教育研究方法”教学的需要。为此，在研究框架大致形成后，我用了近七年的时间，重新阅读有关西方教育思想和教育学经典著作，对构成我国教育学学科认识最早底色的教育学西方传统，作了一次回归与方法论反思。
>
> ——叶澜

在1999年前后，叶澜的教育研究方法论进入成熟期。在这期间，叶澜做了三件比较重要的事情：一是承担了一门课程，在给研究生开设“教育研究方法论”专题讲座的教学过程中，逐步形成这门课程的基本框架，并借助课程的教与学，使这门课程或与之相应的学科被广泛传播；二是出版了一部专著，通过长时间的思考和研究，形成专门的著作；三是开展了一个行动。教育研究方法论不只是研究者头脑中的观念体系和观念转变，还需要研究者将自己所追求的方法论辅助行动，在相关的教育写作和教育实践变革中践行自己的方法论。三者之中，最明显的标志是叶澜在1999年出版了

《教育研究方法论初探》。与此同时，叶澜主持了国家哲学社会科学“八五”规划重点课题“教育学科体系的建设与发展”，主编了“‘教育学科元研究’丛书”。《教育研究方法论初探》是其中的一本著作。

一、教育学研究的自我意识与学科史反思

从《教育研究方法论初探》这本书的结构及其论证方式来看，该书重点关注了三个问题。一是教育学的学科史反思，重点关注教育学以及教育学科体系的形成与教育学作为一门学科的独立性问题。这是该书上篇（第二章和第三章）讨论的主题；二是教育研究方法论的外源性理论体系，涉及教育学与其他学科的关系问题。这是该书下篇第四章至第六章讨论的主题。三是教育学研究对象的特殊性问题以及与之相关的教育研究方法与教育研究对象的适宜性问题。这是该书开篇第一章和最后一章（第七章）讨论的主题。

（一）教育科学的“自我意识”

叶澜在《教育研究方法论初探》序言中说，她萌发研究教育学科自身发展问题的愿望，始于1987年。该年，叶澜发表《关于加强教育科学“自我意识”的思考》，正式提出她所发现的教育研究中的方法论问题以及她所期待的教育科学的元研究。[①]从“如何加速教育科学的发展”出发，叶澜指出中国教育理论工作者“痛感教育科学的落后”的四个事实：（1）落后于当前我国教育事业发展的需要；（2）落后于当前世界教育科学发展的水平；（3）落后于现代科学发展的总体水平；（4）落后于相邻科学的发展水平。针对这些问题，她综述并归纳了“近年来有关这一问题的讨论”的五大“计”“策”与路径：一是提高对教育科学重要性的认识；二是为教育科学的

① 叶澜. 关于加强教育科学“自我意识”的思考［J］. 华东师范大学学报（教育科学版），1987（3）：23—30.

发展创造良好的社会条件，诸如制定正确的科研政策、创造活跃的学术空气、增设必要的研究机构、提供良好的物质条件等；三是加强教育科研队伍的建设，包括形成有合理的年龄结构和知识结构的研究人员群体，更新研究人员的思想观念和思维方式；四是革新教育研究的方法、技术；五是使教育研究与解决中国现实问题紧密结合起来。接下来，叶澜提出了她的“研究假设”。这个从问题到文献综述再到提出自己的研究假设的过程，几乎是后来叶澜学术研究、发表文章、撰写专著或教育讲座的基本模式。叶澜的基本思路是：先对已有研究进行文献分析，指出已有研究的某个或某些重要不足，并由此提出自己的解题新思路。

在文献分析与评判这个环节，叶澜采用了一个“语步”（一段话）和三个“次语步”（三个环节）。

次语步1。叶澜说：“毫无疑问，上列五大方面的问题对于教育科学的发展来说都是至关重要的。”这句话是对他人相关研究的肯定，彰显了叶澜不简单地全部否定他人的一贯风格。一般而言，有这样一句话的肯定，算是完成了对文献的评价。但是，叶澜用另外几句话，呈现了她对以往相关研究的“分析”。第一句话是“同时也是必须进一步研究的”。第二句话是“就现状来看，对这些方面的认识和讨论还远未深入”。第三句话是“与此有关的一些具体问题也远未解决”。后面几句话的分析显示作者所说的“上列五大方面的问题对于教育科学的发展来说都是至关重要的”这个评价并非只是礼貌性、礼节性地表达对他人研究成果的尊重，而是对相关研究的学术价值表达真实而比较充分的认可与尊重。

次语步2。叶澜说：“但是我以为，从总体上看，现在人们的注意主要集中在提高从事教育研究活动的主体——研究人员的认识水平和研究水平，以及创造教育研究必需的、良好的社会条件方面。”这是对已有相关研究或思考的侧重点作出评判，并为接下来提出有待关注的问题留出了空间。

次语步3。叶澜提出有待关注的问题：“对另一个重要的方面，即对需要加速发展的对象——教育科学本身状态的研究，在发展教育科学中的重要性缺乏足够的重视。借用一个心理学的词汇，我把教育科学对自身的研究和认识称为教育科学的自我意识。”

针对上述问题与不足，叶澜提出两个解决问题的路径。第一，从教育科学发展历史的反思中加强教育科学的“自我意识”。叶澜认为，即便与心理学相比，教育学也对自己的历史认识不足。中国当时已有多个心理学史的译本，但尚没有一本新中国成立后出版的教育学史的译本，更没有本国学者撰写的教育学史专著。第二，从对现存教育科学的状态分析中，加强教育科学的“自我意识”。

叶澜的这篇论文是她所憧憬的“元研究”的一个研究主题和研究成果。叶澜后来将这篇文章视为中国教育学科“元研究”的一个标志性的起点。[①]后来她主编由六本专题性著作构成的“‘教育学科元研究’丛书”，她撰写了其中的《教育研究方法论初探》，实现了她所策划的“以教育科学本身为研究对象”的教育学科元研究的总体思路。同时，叶澜提出，中国教育研究领域尚未形成一个习惯和制度：“在新的一年开始之时，对过去一年教育科学的研究成果做翔实的数量的统计、质量的评定、内容的分类和趋势的推测。”[②]为了弥补这个遗憾，从2001年开始，叶澜“以身立学”，策划并主持了“中国教育学科年度发展报告”项目。

（二）西方教育学科体系的演变

第二章比较详细地讨论了“前学科时期”和“学科形成时期”以及“学科体系形成时期”的西方教育研究的历史演变。

在“学科形成时期”，叶澜特别注意夸美纽斯在《大教学论》中和卢梭

① 叶澜．中国教育学科年度发展报告：2005［R］．上海：上海教育出版社，2007：1—15.

② 叶澜．关于加强教育科学“自我意识”的思考［J］．华东师范大学学报（教育科学版），1987（3）：23—30.

在《爱弥儿》中所提供的“新研究视角”及其思想方式、论证方式上的独特贡献。尽管夸美纽斯披着神学的外衣，但他以其“自然主义”的视角，建立了自己论证方法的理论根据：打通人与自然的关系，通过研究自然来研究人的成长规律，也因此，人的教育行为必须遵循自然所展示的规律。而在卢梭那里，自然被视为“至高无上、十全十美、与当时社会对立的”。叶澜认为，卢梭的自然哲学貌似浪漫，实则极端。“正是这种极端，对当时社会的传统教育产生了巨大震撼”，也因此，“对于教育研究的历史来说，卢梭的贡献远远大于和重于他的局限，远远超越他的时代和同时代人”。[①]叶澜特别注意到，卢梭的教育思想并非来自他的教育改革实践，而正是在这点上，夸美纽斯比卢梭多走了一步。夸美纽斯有自己的教育改革实践，编写教科书和指南类读物，亲自主持学校，但卢梭没有。“卢梭比夸美纽斯带来更大的思想震动，是一面旗帜。而夸美纽斯比卢梭带来更大的实践效应，是改革者、先行的榜样。”叶澜的结论是：“他们在整体上都没有完成教育研究的学科化的转变”。而教育研究的学科化的转变，要等到赫尔巴特来完成。

在讨论“学科形成时期”的“作为独立学科教育学之形成”时，叶澜对赫尔巴特表达了敬意。她认为赫尔巴特至少有四个贡献：第一，赫尔巴特有清晰的形成教育学科的自觉意识，并提出了教育研究独立化问题；第二，赫尔巴特明确了教育学研究的核心问题，扩大了教育学理论的基础学科；第三，赫尔巴特强调教育学研究的理论性，撰写了第一部以理论形态存在的教育学著作，赫尔巴特的《普通教育学》呈现了一个有内在逻辑关系的“严整的体系”；第四，赫尔巴特在方法领域作了有意识突破思辨式研究的努力，他是第一个有意识地提出教育研究方法的探究问题的学者。他的《普通教育学》虽然呈现了他的哲学思辨的论证风格，但他本人对教育学过度依赖哲学表达了明确的批评。他强调观察和实验的方法对教育研究的重要意义。不同

① 叶澜. 教育研究方法论初探［M］. 上海：上海教育出版社，1999：51—54.

的问题需要不同的研究方法：价值研究要用哲学方法，事实研究要用科学方法。[①]

在讨论“学科体系形成时期”时，叶澜重点关注了20世纪初教育研究领域的两股强劲的研究之风：一是杜威以实用主义为哲学基础的教育理论上的哥白尼式的革命；二是以实证主义为哲学基础、以自然科学研究方法为范式的研究方法实证化运动。叶澜尤其看重杜威在教育研究方法上的努力与贡献。杜威较早地从教育研究理论的角度上谈论“经验”和“作业”，从中我们可以看到杜威为寻找两者之间转换的中介。关于教育研究中能够运用自然科学研究方法的问题，杜威批判了两种极端的认识：一种是否认其可能性甚至必要性，另一种是仅仅依赖自然科学研究方法。叶澜尤其感兴趣的是，杜威从多方面论述了教育理论与实践的关系，特别看重教育实践对于教育理论的重要意义。教育实践是一切研究结论的价值的最终检查。在杜威那里，“实践是第一位的，也是最终的。实践是开始，也是终局”。由此，杜威提出，教师不仅是一个实践者，而且是一个研究者。另外，杜威认为教育科学的资源包括两个方面，一是教育实践，二是与教育密切相关的其他学科。基于这样的认识，杜威认为教育科学的性质不是独立的，必须要将其他科学作为自己的资源。后来叶澜明确表示，她并不认同杜威的这个观点。[②]

（三）中国教育学科体系的演变

在讨论“20世纪中国教育研究的历史演变”时，叶澜关注了中国教育学“学科形成时期”对西方教育学科的引进问题。叶澜认为，这种引进式的教育学科在中国走的是一条捷径。这种引进的捷径尽管有其积极作用，但也带来了一系列消极影响。“引进”的教育学使我们看到差距，感到自卑，把

① 叶澜．教育研究方法论初探［M］．上海：上海教育出版社，1999：55—60.

② 叶澜．回归突破：“生命·实践”教育学论纲［M］．上海：华东师范大学出版社，2014：101—103.

“教育理论”或“教育科学”的希望寄托在尽快不思原创的“引进”上，文字的翻译代替了思维的创造。叶澜认为，这种情境在国外是没有的，在国内其他社会学科领域也不是普遍的，唯独教育学界，缺乏立足于本土、本国文化的家园。

中国教育学研究的“引进”现象在“学科体系的形成时期”有所改进，但道路比较曲折。最初显示为“学苏联，批判西方和解放前的教育思想与实践”，尔后“以毛泽东思想为指导，为建立中国化的社会主义教育学科而努力”，“文化大革命”期间“全盘否定前17年的教育实践”，直到1976年“文革”结束，才开始重建教育学科体系。随着思想解放，从1978年底开始，我国教育界再次打开了面向世界的“窗口”，而且“东窗”与“西窗”一起打开，从“东窗”首先引进的是苏联赞科夫的教学理论和教学实验，从“西窗”引进的是美国布鲁纳和他的课程理论。

另一个重要变化是教育研究方法和方法论意识的觉醒。在1983年之后，中国教育界开始对实证研究尤其是实验研究寄予厚望，追求教育研究的科学化。叶澜将中国20世纪教育研究的发展历程及其沉淀的教育研究方法论的“中国式”问题，归结为三个方面：一是如何处理异国文化的问题；二是如何处理民族文化传统、教育遗传与当代教育思想的关系；三是如何在教育研究中正确运用马克思主义。①

二、教育研究方法论体系构建

在讨论了“西方教育研究的历史演变”和“20世纪中国教育研究的历史演变”之后，叶澜在该书下篇讨论了“教育研究方法论体系构建”的问题。

① 叶澜．教育研究方法论初探［M］．上海：上海教育出版社，1999：124—125.

（一）哲学与教育研究方法论体系

该书下篇首先关注的是“教育研究方法论体系中的哲学层”，这是第四章的主题。首先讨论哲学在教育研究方法论体系中的地位与作用。叶澜的总体思路：哲学在整个教育研究方法论体系中处于最高层。哲学在整个教育研究方法论体系中处于最高层首先意味着哲学为教育研究提供认识论和价值导向，其次还意味着哲学为教育研究提供思想方法的指导。也就是说，哲学在理论和思维两个方面对教育研究具有方法论意义。除了提供理论基础和思维方法之外，新的哲学观可以成为批判、反思已有教育理论和研究方式，寻找新的研究生长点、新的视角的思想武器，具有开拓、更新教育科学和教育研究的方法论价值。

接下来讨论如何运用哲学方法来研究教育的方法论问题。具体包括两个关键问题：一是如何对待教育研究中的马克思主义方法论；二是如何对待当代西方哲学的教育研究方法论。

针对以往的“唯一论”，叶澜讨论了一种新思路：把马克思主义哲学作为教育研究方法论哲学层的构成中心，即把它的地位由“唯一”转向“中心”。把马克思主义哲学在教育研究方法论中的地位由“唯一”转向“中心”，并不意味着对其重要性的忽视和对其任务的减轻或简化。相反，一方面，“中心”意味着不能用无视的态度来对待其他哲学，另一方面，要求马克思主义哲学在教育研究中真正显示出博大精深、充满智慧的强大生命力，显示出自身的丰富与魅力。由此，叶澜从三个方面讨论了“提高教育研究中运用马克思主义成熟度”的问题。一是正确处理一般与特殊关系。二是正确运用对立统一观或矛盾理论（含矛盾主次和矛盾转化）研究教育内外关系的性质。三是正确运用理论与实践统一的原理。

与马克思主义哲学在教育研究方法论中的“中心”地位相应，叶澜提出了正确对待当代西方哲学在教育研究方法论中的地位问题。她的总体思路是：积极关注，认真研究，批判地吸收，有中心地综合，以实现教育研究方法论哲学层的“一与多”（“一”指马克思主义，“多”指各种不同的哲学流派）的统一。叶澜重视当代西方哲学的三个值得关注的地方：一是对“人的问题”的关注，哲学回到人间，庶民化了；二是回到“原点”（比如西方哲学的“语言学转向”）、重新出发的反思方式；三是力图摆脱二元分割、两极对立的哲学方法论。

叶澜认为，中国教育研究者应像马克思主义创始人那样，用勇气和智慧直面挑战，为建立当代马克思主义哲学而努力，开创马克思主义哲学的新纪元，教育研究要以当代的马克思主义哲学为自己的哲学方法论基础。①

其实，如何走出教育领域中的教条主义的思维方式，一直是叶澜关注的问题。早在南斯拉夫访学期间，叶澜就注意到当时南斯拉夫教育研究领域已经开始讨论“运用马克思主义的辩证唯物主义思想方法的不成熟”的问题。②后来，她在《试论当代中国教育价值取向之偏差》的思考与写作中，再次讨论了形而上学与教条主义思维方式的问题。③

（二）横断科学与教育研究方法论体系

该书下篇讨论了“教育研究方法论体系中的横断科学层”，这是第五章的主题，包括“横断科学在教育研究方法论体系中的定位与构成”和“系统科学在教育研究中的方法论价值”以及“数学在教育研究中的方法论价值”。

当时，叶澜还只是重点关注横断科学中的“新三论”（系统论、控制论和信息论）和“老三论”（协同论、拓扑论和混沌论）。叶澜在南斯拉夫访学期间就已经开始关注系统论，系统论给她带来了有关要素、关系、结构、功能、多层次分析等思想方法。而就在《教育研究方法论初探》出版的那一年，叶澜开始注意到与系统论相关的“复杂科学”或“复杂理论”。

---

① 叶澜. 教育研究方法论初探［M］. 上海：上海教育出版社，1999：147—185.

② 冰火. 南斯拉夫教育科研中的方法论问题［J］. 外国教育资料，1986（1）：9—13.

③ 叶澜. 试论当代中国教育价值取向之偏差［J］. 教育研究，1989（8）：28—32.

叶澜在《教育概论》的教学和写作中已经开始从系统论的视角来分析教育问题，正是从系统论的视角出发，她意识到教育是一个“复杂的、开放的社会系统”。她反复强调，要注意教育研究对象的复杂性以及教育的复杂性。但是，当时她并未意识到“复杂思维”或“复杂性思维”本身已经成为一个新兴的思维方式或方法论。正是在围绕“教育研究方法论”的阅读、思考、教学和写作中，她发现了“复杂科学”或“复杂思维”。

在1999年前后，叶澜在“教育研究方法论”这门课程的教学中以及她主持的每月学生例会中，她屡次建议她当时指导的几位博士生关注“复杂理论”。她曾组织学生专门阅读并讨论沃尔德普罗的《复杂：诞生于秩序与混沌边缘的科学》这本书[①]，叶澜自己撰写了密密麻麻的近两万字的读书笔记，并在1999年11月7日晚上举行的每月学生例会（主要是叶澜指导的硕士生和博士生，也有少量其他教师指导的硕士生和博士生参加）上，呈现了她阅读这本书的阅读心得，作了关于《复杂：诞生于秩序与混沌边缘的科学》这本书的读书报告。旋即，华东师范大学教育学专业的硕士和博士研究生群体中出现争相购买与“复杂”相关的书籍的热潮。

叶澜认为，沃尔德普罗的《复杂：诞生于秩序与混沌边缘的科学》这本书对她的教育研究方法论带来的启发和引起思维的活跃，可称为“震动”级。她在每月学生例会上所做的专题发言，大概是中国教育学界最早在学术群体内部作的有关“复杂思维”的主题报告。

此后，叶澜持续关注了提倡复杂科学的法国学者莫兰的《复杂性理论与教育问题》和《迷失的范式》等专著。[②]叶澜说：“接下来的阅读围绕着法国作者莫兰的著作进行，几乎见一本、买一本、读一本、写一篇读书笔记，

① 沃尔德普罗.复杂：诞生于秩序与混沌边缘的科学［M］.陈玲，译.上海：上海三联书店，1997.

② 莫兰.迷失的范式：人性研究［M］.陈一壮，译.北京：北京大学出版社，1999.莫兰.复杂性理论与教育问题［M］.陈一壮，译.北京：北京大学出版社，2004.

一直延续到2004年。自感许久没有这样为一个主题的著作投入、兴奋但又冷静地着迷过了。”①

叶澜不仅在“教育研究方法论”的课程与教学中讨论复杂科学，而且将复杂理论作为她主持的“新基础教育”发展性研究的方法论，逐渐形成自己的有关复杂理论的新经验与新认识，这使叶澜的教育研究方法论思考逐渐“升级”。②

后来，叶澜在2001年发表的《世纪初中国教育理论发展的断想》中专门讨论了她对复杂科学、复杂理论的兴趣和期待。她认为：在当时的学术领域里，关于复杂事物和复杂性的研究已异军突起，引起了不同学科领域内，尤其是面对复杂对象的研究人员越来越多的关注。整个20世纪不断出现的自然科学在对宇宙观和微观世界物质运动领域内的一系列重大新发现，打破了牛顿力学一统“科学观”天下的局面，从而使科学哲学家重新认识科学的含义。她认为，当代科学哲学的发展也关注复杂理论的探讨，从“老三论”到“新三论”，现在已进入多学科参与研究的复杂学和由此做出跨学科研究方法论转换后形成的研究成果的突显时期。

叶澜认为，现代科学哲学已经展现了一个新的科学家园的前景，复杂科学将至少是这个家园中的崭新一族。教育理论的研究完全可以列入这一族，在某种意义上，它还可能是人世间复杂问题研究之最。教育不仅是人类每一个文明社会和个体人生旅程所不可或缺的东西，而且是联结人和社会的重要纽带。教育是一种人类社会所特有的更新性再生系统。从这个角度看，人类世界还有什么会比这还要复杂呢？③

---

① 叶澜．方圆内论道：叶澜教育论文选［G］．北京：中国人民大学出版社，2019：79.

② 叶澜．回归突破：“生命·实践”教育学论纲［M］．上海：华东师范大学出版社，2014：22.

③ 叶澜．世纪初中国教育理论发展的断想［J］．华东师范大学学报（教育科学版），2001（1）：1—6.

（三）专门科学与教育研究方法论体系

最后讨论“教育研究方法论体系中的专门科学层”，这是第六章的主题，包括“专门科学分类与发展研究对认识教育研究性质的方法论意义”和“自然科学研究范式在教育研究中的方法论价值”以及“社会科学研究范式探讨的方法论启示”。

叶澜在详细地分析了自然科学研究范式之后指出，即便在自然科学研究领域，科学主义本身已经受到挑战。以17世纪牛顿力学为范本的经典自然科学研究范式，在20世纪受到两方面的挑战：一是自然科学研究实践；二是新的科学哲学认识。相对论、量子力学、热力学发展到对非平衡态的研究，最终导致耗散结构理论的诞生。在这个背景下，社会科学研究领域还像孔德那样盲从自然科学研究范式，就显得幼稚。①

接下来叶澜分析了20世纪西方社会科学研究领域的三大范式：一是现象学研究范式，二是符号学研究范式，三是解释学研究范式。这些不同的研究范式共同指向同一个结论：批判和否认自然科学方法论是唯一的科学方法论。社会科学研究与自然科学研究的不同源于两者研究对象的差异。研究对象与研究方法的适切性这一方法论问题，已在社会科学和人文研究领域中被哲学家们自觉地意识到并积极探索。叶澜说：

> 如果要用一句简单的话来概括20世纪人文社会科学方法论探索的水平及其对人文社会科学发展的重要意义，我认为，可以说：人文科学发展的“培根时代”出现了。②

由此出发，叶澜在本书的最后一章以“走向终点”为标题，展开了对教育研究方法论的特殊性分析。

---

① 叶澜.教育研究方法论初探［M］.上海：上海教育出版社，1999：301—302.

② 叶澜.教育研究方法论初探［M］.上海：上海教育出版社，1999：303.

三、教育研究方法论的特殊性问题

有关教育研究方法论的特殊性问题是该书第七章讨论的主题。但是，第七章实际上涉及有关“教育研究方法论”自身的思考问题。从这个意义上说，该书第七章“走向终点——教育研究方法论的特殊性分析”与第一章“关于‘教育研究方法’自身的思考”有某种呼应关系。

（一）重新定义“方法论”

第一章讨论关于“教育研究方法论”自身的思考，叶澜将它视为本书思考的前提，重点对方法论作出新释，并由此讨论“教育研究方法论的构成、任务与研究价值”。

在综述有关方法论的各种解释之后，叶澜对方法论提供了几个新的解释。

第一，方法论以人类认识活动中不同层次的对象与方法的关系为研究对象，着重揭示已有方法体系的理论基础、核心构成与研究对象性质的矛盾，以构建解决这一矛盾的新理论基础与核心为直接任务，发挥推动相应方法体系整体发展，继而推动人类认识水平质的飞跃和社会实践发展的方法论功能。

第二，具有独立研究对象的方法论知识体系，以多层次、多类型的立体、多面、有机联系的形式存在。第一层次是哲学方法论。第二层次是系统科学方法论和数学方法论。第三层次是自然科学方法论、社会科学方法论和科学学方法论。第四层次是各门具体学科方法论。

第三，方法论研究具有鲜明的反思性与批判性，是人类群体自我意识在科学研究领域的突出表现。从研究性质看，属元研究。

第四，人们对方法论及其意义的认识过程是一个历史过程。方法论概念的内涵是随历史及人的认识能力和认识范围的发展而发展的，具有一定的历史性。

由此，叶澜将教育研究方法论的主要构成及其具体任务界定为："从总体上讨论教育研究对象与方法的关系及适宜性问题，旨在为教育研究方法整体的发展、完善提供理论基础，揭示适合于教育研究的方法核心的构成及其基本特征，最终服务于教育研究，提高其质量与水平，为教育学科与教育事业的发展提供方法论依据。"①

（二）教育研究对象的特殊性

首先，叶澜从教育研究对象的范围、结构和教育活动性存在的特殊性，讨论"教育研究对象的特殊性"。在这里，叶澜重申了她在《教育概论》中讨论的有关教育研究对象的两个偏差：一是将教育研究对象视为教育现象及其规律，二是认为教育研究对象是人。叶澜提出的新思路是：教育研究对象是教育存在。这是她在1991年出版的《教育研究及其方法》中提出的一个判断。她在《教育研究方法论初探》中虽然保留了"教育存在"这个概念，但她对"教育存在"的形态分析有了新的进展。前者提出的"教育存在"包括理论形态的教育存在和实践形态的教育存在，而后者所理解的"教育存在"包含三大类型。

一是教育活动型存在，包括一切以影响人身心健康发展为直接目标的人类实践活动。这是叶澜特别关注的教育存在，她概括了教育活动性存在的四个特殊性，比如，教育活动具有双边、共时、交互作用性和要素关系的复合性；教育活动具有预策性②和动态生成性。

二是教育观念型存在，指各种在教育的认识活动中形成的有关教育的意见、观点、思想、理论、学科等。

① 叶澜．教育研究方法论初探［M］．上海：上海教育出版社，1999：19.

② 叶澜这里使用的词语是预策性。预策性与预测性大体同义，但预策性更侧重策划、决策的主动性，而预测性更接近科学规律的预料与预估。

三是教育研究反思型存在，是对教育研究活动和教育学科本身发展性问题的研究。

与“教育存在”三大类型相对应，教育研究对象的结构呈现为三个层级结构：教育活动型存在的内结构分为宏观、中观和微观三个层面。教育观念型存在的内结构涉及教育学科体系的结构问题，教育学科可分为一般水平上反映教育活动整体和部分的两大类。比如，其中“整体一般”又可按照抽象程度分为教育概论、教育原理和教育哲学。处于最高层次的教育研究反思型存在的内结构主要由教育研究学（含教育研究方法与教育研究方法论）、教育学科学以及教育学科发展史学等构成。

在叶澜看来，教育的复杂性、综合性与多质性使得未来教育学可能成为哲学、科学和艺术三大人类精神活动的主要领域的交会点。教育研究也应当为三大研究领域的沟通作出自己独特的贡献。也因此，应当加强教育研究与哲学、教育研究与艺术的关系研究。以此改变教育研究在整个科学体系中的落后地位。随着我国教育研究自身的强大，它必将完成从“输入国”到“输出国”的转化。

叶澜认为，作为事理研究的教育研究既不同于自然科学研究，也不同于精神科学研究。它是以综合研究、动态研究为特征的一种研究。就此而言，教育研究可以看作事理研究中最高层次的一种研究。叶澜所以作此判断，她针对的是教育研究所面对的事情、活动的性质即研究对象的复杂性，而不是以研究结果的学科成熟性来判断层次的高低。①而就“教育研究的方法体系特征”而言，教育研究是哲学、科学与艺术方法的具体综合。教育研究方法体系的综合性需要哲学方法、科学方法和艺术方法的综合运用。在一定意义上，教育研究需集人类研究方法之大成。

① 叶澜. 教育研究方法论初探［M］. 上海：上海教育出版社，1999：324.

（三）教育研究的性质与研究范式

接下来，叶澜讨论了“教育研究的性质与方法体系特征”。在叶澜看来，教育研究的性质属“事理”研究。它是探究人所做事情的行事依据和有效性、合理性的研究。它是为成事，即办好此事而展开的研究，具体包含两大类研究：一是作为依据的研究，可称作基本理论研究；二是作为有效性和合理性改进的研究，可称为应用研究。

叶澜认为，之所以会出现“理论脱离实际”或“理论不能指导实际”的问题，并非因为教育理论太深奥，而是因为现有的教育理论尚未深入地研究教育实践，缺乏对教育活动规律的深刻揭示。以往的教育理论一部分来自对哲学原理的推理，缺少中间环节。另一部分来自对心理学原理的直接搬用，缺少教育学的加工与改建。还有一部分是对具体经验的中介，缺少必要的概括深度。叶澜的疑问是：“靠这样组成的理论，怎么能有效地发挥对实践的指导作用？”①

因此，教育科学研究要区分基础学科研究和应用学科研究。作为基础学科的教育研究要“上天”，作为应用学科的教育研究要“着地”。后来叶澜称之为“上天入地”工程，她开创和持续引领的“新基础教育”研究和“生命·实践”教育学研究，分别对应了她所追求的教育研究的“上天工程”以及教育研究的“入地工程”。②

叶澜在该书最后特别讨论了“教育科学的研究范式与特征”。她从“教育研究主体的特殊性”和“教育研究中主体与对象关系的特殊性”出发，讨论了“教育研究的逻辑特征”。她认为教育研究所形成的理论在形式上具有事理判断和实践设计的特征。对教育事实作出价值合理性判断和科学合理性判断，从而使理论在不同层次和不同程度上直接对实践产生影响。与之相

---

① 叶澜．关于加强教育科学“自我意识”的思考［J］．华东师范大学学报（教育科学版），1987（3）：23—30.

② 叶澜．方圆内论道：叶澜教育论文选［G］．北京：中国人民大学出版社，2019：63.

应，教育理论的真理性判断包含了价值合理性判断和事理的科学真理性判断。在两者之间，价值合理性判断优先于事理的科学合理性判断。[①]

多年后，叶澜在回忆自己写作《教育研究方法论初探》最后一章时激动地说：

> 正是对“事理”研究这一教育研究特性的确认，使我产生要直面教育实践、进入教育实践这一本源性的对象，去认识教育本身的强烈愿望和真实行动；正是要直面和进入教育实践，使我认识到教育研究需要综合地以研究复杂、动态的事理为方法论，导致我在世纪转换之际十分关注复杂性思维的研究。[②]

也正是在这个意义上，叶澜认为《教育研究方法论初探》与“新基础教育”研究脉络相通、血肉相连。

1999年出版的《教育研究方法论初探》是叶澜教育研究方法论“诞生”的标志，但是，方法论“诞生”之后，还有一个逐步走向成熟的过程。虽然叶澜后来没有出版《教育研究方法论初探》的修订版[③]，也没有直接以“教育研究方法论”为主题发表论文，但在后续的“新基础教育”发展性、成型性研究的过程中，在“生命·实践”教育学研究以及学派创建的过程中，叶澜持续地强化并发展了她的“教育研究方法论”意识。叶澜认为：“学习方法论不是用来讲或写文章的，而是用来改变自己脑子的。方法论研究只有最

---

① 叶澜. 教育研究方法论初探［M］. 上海：上海教育出版社，1999：343—344.

② 叶澜. 方圆内论道：叶澜教育论文选［G］. 北京：中国人民大学出版社，2019：17—18.

③ 从出版《教育研究方法论初探》至今的20余年间，叶澜在“前言”中所提及的“方法论幽灵”并未因为书的出版而消散。事实上，在叶澜这里，方法论并不仅仅是一个教育学议题，而是指导其整个教育学术人生的价值观与思维方式；叶澜不仅写了教育研究方法论的著作，更重要的是，她始终在教育研究中保持清醒的方法论自觉。年近80岁时，叶澜曾说，写作出版《教育研究方法论再探》，将会成为她未来学术人生的新使命。

终表现为自己认识世界的思维方式变了，才算是学得有成效了。空谈方法论是无意义的。”[①]

① 叶澜.方圆内论道：叶澜教育论文选［G］.北京：中国人民大学出版社，2019：78.

下篇

学校变革的方法论

研究叶澜的方法论思想，必须同时面对两个层次不同但又紧密关联的问题：一是叶澜的方法论研究；二是叶澜教育研究中的方法论思想与方法论意识。方法论之所以被叶澜称为“幽灵”，是因为方法论成了叶澜只有通过清晰的表述才有可能“摆脱”其“纠缠”的“心事”。在长期的教育研究中，叶澜清晰地感受到、意识到方法论对教育研究的重要意义。写一部方法论著作，曾一度是她放不下的牵挂。于是，她的“方法论初探”，成为中国教育研究方法论领域的开创性研究。方法论作为“幽灵”，还因为它无所在又无处不在的“虚灵性”。它不像某种具体的研究方法，只要我们掌握其利，便能够在主体之间跨界迁移而不失真；它也不像某种类似课程这样的教育元素或类似量表这样的研究工具，它们作为有形的实体，因其空间意义上的“在”而容易把握。方法论无疑深刻影响着研究主体的价值取向、思维方式和选择某种具体研究方法、工具等的偏好，但其作为一个形上范畴却往往在空间意义上隐匿不彰。未得赋形的东西往往具有不可忽视的强大力量。只是人们有时因为它的暂时不可见而忽视它的深刻影响。叶澜是一个有着强烈方法论自觉的教育学家，她不仅撰写教育研究方法论专著，还把方法论渗透进自己的教育学元研究中，她倡导的诸多教育学话语，如教育学的学科立场、“生命·实践”等，其背后均有方法论的支撑。不唯如此，叶澜在领衔开展“新基础教育”研究的过程中，还将方法论思想化入她的学校变革研究中。而且，由于“新基础教育”始终坚持理论与实践的双向建构、交互生成，因此，叶澜关于学校变革的方法论思想，不仅体现在她的学校变革理论中，也体现在“新基础教育”的研究性变革实践中。

第八章 理解学校变革

我们提出的“学校重建论”，不只是思维的，而且是研究者在研究实践中亲历的产物。我们参与了当代中国学校的重建过程，在一定的意义上，我们和试验学校的校长、老师们一起在创建新型学校，行走在学校新生之路上。

——叶澜

在一个充满不确定性的时代，学校变革不仅是回应社会变革中不断更新的教育需求的一种因应性策略，也是学校在急剧变迁的社会生态中“学会生存”的问题，是学校通过组织内部及内外关系变革实现自身时代再生的问题。学校变革的复杂性和不确定性，既是学校因为组织因素繁多且彼此关联而形成的自然特性，又是变革推进过程中各种问题、利益、矛盾相互纠缠、碰撞、交融乃至“增生”所产生的效应。叶澜对学校变革的理解，既建立在对变革所处生境的深刻洞见的基础上，也建立在对学校变革内逻辑的透析和阐释基础上。学校变革研究，是叶澜教育学术研究的重要构成，也是叶澜体现其教育研究方法论，并且在一定程度上推进其方法论生成和发展的重要维度。

一、变革生境的研判

黑格尔曾说："没有人能够真正地超出他的时代，正如没有人能够超出他的皮肤。"①身处特定社会环境和历史阶段的学校变革主体，不能不受到时代精神的熏陶和"感染"。因此，学校变革在很多时候，是变革主体对时代精神和脉搏的主动回应。叶澜的学校变革研究和学校变革思想，是她在对时代精神的透析和对时代脉搏的主动感知基础上逐渐创生和丰富的。早在1994年，叶澜在《时代精神与新教育理想的构建——关于我国基础教育改革的跨世纪思考》一文中，对中国世纪转型期的时代精神作出了深刻的阐释："一个呼唤人的主体精神的时代已经真实地到来了。这个时代需要能在多样、变幻的社会风浪中把握自己命运、保持自己追求的人，需要靠这样的新人来创造未来。"②作为一个教育学者，对时代精神的体悟和把握，不仅可能影响自己对未来教育走向的判断，而且可能对教育应当追求的理想新人形象产生新的愿景。叶澜非常细致地描绘了自己心目中21世纪"爱弥儿"的形象。③这可以视为叶澜关于学校变革生境最早的系统化论述。但是，"生境"之所以为生境，在于其动态性、生成性和交互性。因此，对学校变革生境的研判，几乎贯穿在叶澜学校变革研究的全部历程。

（一）变革生境与生境中的学校变革

"生境"（habitat）最初是一个生物学概念，意指生物（包括个体、种群或群落）得以生存的地域环境。生态学家丹尼斯（Dennis）认为生境

---

① 黑格尔. 哲学讲演录：第1卷［M］. 贺麟，王太庆，译. 北京：商务印书馆，1957：57.

② 叶澜. 时代精神与新教育理想的构建：关于我国基础教育改革的跨世纪思考［J］，教育研究，1994（10）：3—8.

③ 叶澜所勾画的理想新人形象，体现了时代精神和新教育对象观的综合。她从人的认知能力、道德面貌和精神力量三个不同维度描绘了21世纪的理想新人形象。

（habitat）乃为动植物提供生长条件的常规自然空间，“是生命种群的家……在种群和物种的管理和保育工作中，生境是最重要的概念，因为生境是种群和物种生存的必要条件”，是“一个物种能够生存和繁殖的环境条件范围”。但是，生境之为生境，很重要的一点是，它并不纯然是一种外在于生物而独立存在的地理空间或某些环境要素的呈现，而是呈现为与有机体之间的复杂的共生关系。丹尼斯认为，生境是生物因为其存在敞开本身而相互作用创造的，“为了形成、生存和演化，地球上的生命需要足够的环境条件、时间和空间。在任何一个地点，生命和空间不断地相互影响、并随时间推移建立起了愈加特殊的相互依存的关系：它们创造了生境”，并且这种创造的根源是生命存在的内在结构要求和生命敞开的功能需要[①]，“地球上的生命已经在众多体现生命过程的结构和功能之间建立起了精巧的相互关系。除非得到控制，生境的丧失可能会摧毁这个平衡。它可能对生命以及人类产生灾难性的后果”。[②]因此，生境这一概念，既突出了生命体与其环境的相互依赖关系，更强调了二者之间的相互适应、互动生成关系。

就学校作为一个具有相对独立性的组织而言，学校变革在语义学上可以成为一个自足性的概念，即当我们讨论学校变革时，我们可以在思维上割舍掉对外部环境因素的考量，更多聚焦组织的内生性变革。但是这一思维层面的暂时“悬置”并不能改变具体生活实践中学校变革与其置身其中的生境的复杂关系。而且，以关系性思维来思考学校变革时，还必须保持某种谨慎的平衡和持中意识。事实上，我们在论述学校变革的重要性时，常常游移在两种立场中间。一种立场更多地强调学校变革对外部生境的依赖，因而更多地把学校变革单纯视为某种社会变革的因应性策略。例如，美国著名教育学家杜威在论及教育与社会关系时曾指出：“我们的社会生活正在经历着一个彻

---

① 唐代兴．生境主义：生态文明建设的必由正道［J］．晋阳学刊，2015（5）：65—73.

② HANSKI I．萎缩的世界：生境丧失的生态学后果［M］．张大勇，陈小勇，等，译．北京：高等教育出版社，2006：4，14.

底和根本的变化，如果我们的教育对于生活必须具有任何意义的话，那么，它就必须经历一个相应的完全的变革。”①挪威教育学者波·达林（Per Dalin）提出：“全世界的学校基本上都是保守性的组织。当我们处于稳定社会，我们的经验也适于解决未来的挑战之时，学校可以保持其稳定的、保守的组织形态。然而，世界已不再稳定。”②在这里，尽管两位生活在不同时代、不同地域的教育学者讨论问题的角度不同，但却都暗含了对教育、学校变革作为一种因应性机制的论证。另一种立场，则试图努力凸显学校变革自身的独特性，强调变革的设计与规划应该从每一所具体学校的独特性入手。例如，英国学者路易斯·斯托尔（L. Stoll）指出：“变革者在确定学校目的和描述学校的成果时，如果不能考虑到学校的独特性，不能找到适合学校改进的独特路径，那么这种教育变革对学校改进也是没有意义的。”③很显然，与前面更多强调学校外部变革对学校的影响不同，斯托尔把论述的重心，放在了关注具体学校之独特性上面。

如果我们把学校变革置于具体的变革生境中，或者有意识地以“生境”的思维来思考学校变革，我们其实不必纠结于两种立场究竟何者占优的问题。且不说两种立场的论证可能诞生于不同的时代、不同的语境、不同的主体思维，仅就实践层面的学校变革而言，在不同的生境中，它所采取的策略自然也是不尽相同的。在一个权力上收的教育管理架构中，或者在人们关于社会与教育关系的认识还停留于“决定-反作用”思维模式时，学校变革往往处于一种被需要、被驱动的状态中，这个时候，教育理论会更多地强调学校变革的因应性特征，学校的变革实践也会更多地呈现一种对外部变革或上

① 杜威教育论著选［M］. 赵祥麟，王承绪，编译. 上海：华东师范大学出版社，1981：28.

② 达林. 理论与战略：国际视野中的学校发展［M］. 范国睿，译. 北京：教育科学出版社，2002：序言.

③ 路易斯·斯托尔，迪安·芬克. 未来的学校：变革的目标与路径［M］. 柳国辉，译. 北京：北京大学出版社，2015：序言2.

层变革的跟从效应。当从“管理”到“治理”的转型开始慢慢成为一种政策共识时，在“重心下降”治理理念的影响之下，加诸学校之上的诸多规约会得到一定程度的放松，无论是外围的社会变革，还是处于上位或上层的行政权力，都希望学校主动承担更多的规划、反思和自主发展责任，从而也对学校变革自觉意识的觉醒提出了需求，创造了条件。

（二）双重复合聚焦与变革生境再研判

叶澜对时代精神的变迁有着敏锐的觉知。她的学校变革理论，是建立在对学校变革复杂生境的深刻洞察基础上的。但是，这样一种从生境中透析变革脉动的思维方式，首先面对的难题是：如何更好地界定流动中的、渐变的、很多时候还夹杂突破性的变革生境？叶澜采用了双重复合聚焦的方式，从外到内，从宏观到微观，逐渐逼近复杂生境中学校变革的内核。在其关于学校变革的集大成著作《“新基础教育”论——关于当代中国学校变革的探究与认识》中，叶澜提出，对学校变革的研究，“要从变革的世界中悟出时代精神和变革之道，认清当今中国教育变革的深层原因和发展方向”。她称为学校变革研究的“起始状态和始终未弃”的方法论原则是把研究的对象置于对象生存的环境中，将中国的教育变革放在当代社会变革的大背景中认识。[①]

1. 从社会基础透析中国当代教育变革

当今世界正处在百年未有之大变局，中国也进入了加快实现中华民族伟大复兴的中国梦的关键时期。国际形势深刻变革，科技变革方兴未艾，经济社会加速转型，人类文明激荡、全球治理失衡、伦理价值重塑等重大挑战，既对理论创新提出了强烈需求，也对实践改进产生了深刻影响。要很好地阐

① 叶澜.“新基础教育”论：关于当代中国学校变革的探究与认识［M］.北京：教育科学出版社，2006：10.

明复杂、纷繁、过程中不断发生迭代创新的社会转型，并悟出它与教育变革的根本性关联，并非易事。叶澜在反复斟酌之后，选择从生存基础、世界变局、中国主题三个维度层层递进地展开对中国当代教育变革之社会基础的透析：从最基础的人与自然相关的生存状态——人口、资源和生态的变化及问题开始，继而论述人类世界变化的当代格局——全球化、信息化与后现代浪潮对中国的影响，再进入上述两者综合所形成的，也是近代以来一直困扰着我国的迫切需要解决的主题：生存与发展。[①]

（1）生存基础

在一个普遍联系的世界里，要全面、全息性地解析中国社会变革的生存基础是不可能的。叶澜以抓主要矛盾的思路，从中提取出三个最为基础的因素："与人类自身再生产直接相关的人口；支撑人类生存和生产活动的自然资源；在一定价值观指导下，以一定的社会制度与机制作保障，在人类生产和生活过程中与资源的相互作用而形成的生态模式。"[②]

关于人口问题，叶澜从自然结构状态和社会结构状态两方面作了分析；对后者又主要抓住人口的贫富结构、就业结构、教育结构、健康结构四个维度展开了进一步研究。基础数据的呈现、比较劣势和发展走向的辨析，都提醒我们：中国的人口总体素质还不高，庞大的人口基础和提高人口质量的迫切要求相结合，是当前中国教育面临的"最为基础性的任务"。在这些常态结构之外，中国近40年来人口流动规模的扩张和速度的加快，对教育资源配置和教育质量提升，都带来了直接的挑战。

关于资源问题，叶澜不局限于从人类生存的角度来认识资源的意义，更深刻指出，资源对于人类的意义是随着人类社会的发展、生产技术的进步、

---

① 叶澜."新基础教育"论：关于当代中国学校变革的探究与认识［M］.北京：教育科学出版社，2006：11.

② 叶澜."新基础教育"论：关于当代中国学校变革的探究与认识［M］.北京：教育科学出版社，2006：12.

生活方式的变化和财富追求的无限膨胀而不断发生变化的。当今时代，资源已经不再仅仅是作为人类的生存之源、生产之源，而且也慢慢演变成为人类的资本之源、财富之源。这样一种悄然发生的改变，意味着至少在地球上的很多地方，人们对资源的需求，已经不再满足于为解决生存问题而探源、开发和利用，而是开始出现为追求享受，甚至满足某种奢侈的欲望而进行的竭源式开发、野蛮掠夺和无度消费。在一个“消费社会”里，以“制造消费”的方式来刺激生产已经越来越成为一种维系“发展”指数的有效方式，而它对资源的消耗，则可能会加剧全球的资源危机。叶澜分别从土地资源、矿藏资源、水资源、海洋资源四个维度，阐述了她对当前资源问题的关切。可以说，资源问题，不仅是构成中国发展和教育改革的宏观社会基础之一，而且也对未来人的核心素养、从而对当前和未来教育的价值取向、理想人格形象等，产生深刻的影响。

关于生态问题，叶澜引用了中国科学家所创生出的新概念“人类纪”和“人类世”。前者重在强调“人类活动正成为影响和改变地球的主导力量”[①]；后者则致力于提高“人们对环境演化及其机制的一个重要方面——人的驱动的现实意义的认识”[②]。二者都有助于唤醒人们对生态危机的意识和对人类应当肩负的生态责任的觉醒和担当。更重要的是，人类应该在理性自觉的基础上真诚地改变与自然环境的相处方式，既努力减少对自然环境的进一步破坏，也致力于通过有效的行动逐渐修补业已造成的伤害。叶澜充分认识到了这一双向工程的艰辛，也对教育应该和可能承担的责任做了非常清晰的论证：“历史的惯性、人类的习性、技术的发展等复杂因素，决定了生态平衡的再建决不是一日之功。何况生态的变化有相当部分是不可逆转的。真正的‘新文明’之建成必将是一个漫长的历史过程，需要几代人的努力……要

① 江世亮、杨顺、陆萍.“人类纪”孕育新文明：访著名环境学家江家驷教授［N］.文汇报，2004-08-29.

② 刘东生.人与自然和谐发展［N］.光明日报，2004-11-12.

真正做到这些并产生真实的效应，没有教育的介入是不可思议的。这里的教育不只是指对新生代的教育，也包括所有的人，为了当代人类生存方式的转型，人类必须接受学会生存的教育。可以说，这是直接的、保全自然生命意义上的教育，是学会生存教育之最基础意义上的构成。”[①]可见，叶澜所关切的生存基础，是教育变革、学校变革置身其中的环境，又是教育和学校变革能够通过有为的努力施加独特性影响，从而促进其改变的环境。我们将其作为重要的“生境”要素，就是要突出二者之间相互依存、相互影响、互动生成的复杂关系。

（2）世界变局

当今世界正处于大发展大变革大调整时期，世界多极化、经济全球化、社会信息化、文化多样化进程不断加快；新一轮科技革命和产业革命正在孕育兴起，重大科技创新正在引领社会生产新变革；前沿性、颠覆性创新不断催生新产品、新需求、新业态，经济社会发展面临许多新矛盾、新问题、新挑战，互联网、人工智能等新技术的发展正在不断重塑社会生活形态；科技革命的伦理关怀、人内在的尊严和价值、人类命运共同体的建构、维系和创新等议题日益凸显；国内社会思想观念和价值取向日趋活跃和多元，国际社会意识形态和话语权竞争日趋激烈。这一系列关乎人类社会发展的重大问题，在非常短暂的时间里集中涌现，汇聚成了复杂的世界变局。这样一幅变局的景象，怎一个“乱”字了得！我们如何在思维层面上把握这一世界变局的核心，如何在纷繁的不确定性中捕捉到其内在相对稳定的精神实质？叶澜从变“局”和变“势”两个维度入手，以全球化风云、信息化浪潮、后现代精神三种趋势或力量来诠释这个充满变化的世界格局。

第一，全球化风云。毫无疑问，全球化的首要驱动力量是经济。我国学者裘援平指出：“全球化从以开疆拓土为主的‘殖民扩张的全球化’，到以

---

① 叶澜．“新基础教育”论：关于当代中国学校变革的探究与认识［M］．北京：教育科学出版社，2006：24—25.

争夺市场为主的‘贸易投资的全球化’，再向以资源有效配置为主的全球化发展，改变了建立在‘中心’与‘外围’等级制国际分工体系上的全球化发展格局，按比较优势和市场规律形成全球产业链和供应链，从存量经济的零和博弈到增量经济的合作共赢，各国相互依存、利益交融的‘地球村’逐步生成。新一轮科技革命和产业变革引发经济、社会和军事力量革命性增长，改变着国力增强方式、国际竞争内涵和传统战争形态，全面拉动全球化延展。这是导致世界大变局的根本驱动力量。”①这意味着，肇始于经济领域的全球化，在其发展过程中已经慢慢溢出了经济边界，开始影响到政治、文化、教育等诸多领域。从文化空间的意义上说，全球化促成了“世界的压缩”。贸易自由化、生产国际化和金融全球化，三种力量的叠加，使包括国家在内的各种实体、组织变得越来越相互依存。但是，若依此断言人类将就此走向所谓的“永久和平”，则未免言之过早，且忽略了全球化趋势中反全球化力量的阻抗与增生。近年来，以各种形式萌生或崛起的激进民粹主义思潮和行为，从一个维度反映了全球化的复杂和艰难。正是因为洞察了全球化中蕴含的或潜藏的各种力量、利益的复杂博弈，叶澜以“全球化风云”来表达这一世界发展趋势，指出：“今日的中国，不仅不可能脱离这个人类社会的生境，而且要带着自己全部的历史与现状，在这样的生境中走出自己的、新时代的中国发展道路，这确实是一个异常艰难和复杂的过程。”叶澜不仅自觉地把中国嵌入全球化的框架中来思考如何应对全球化的挑战，而且强调在以人为本的全球化中要“使本国本民族成为多元、合作的全球中的一元，成为新全球关系形成中的积极力量”，“在为实现本民族和本国人民利益奋斗和取得成效的同时，为人类发展和增强世界和平力量作出努力”。②

全球化强大的辐射力必然会覆盖教育。例如，2004年第47届国际教育

① 裘援平.世界变局中的时与势［N］.参考消息，2019-03-21.

② 叶澜.“新基础教育”论：关于当代中国学校变革的探究与认识［M］.北京：教育科学出版社，2006：37.

大会上就列出了当时被认为具有全球性的教育问题：如何保障教育的公正与公平、落实作为人权的每个青少年的“受教育权”；教育如何面对迅速传播的世界文化；如何提高高等和中等教育的质量；如何增强青少年的社会责任与融入社会的能力；如何提高教师质量等。[①]然而，教育之于全球化，或者全球化之于教育的意义不仅于此。在全球-本土的框架中，如何培养学习者的全球素养和家国情怀，如何从文化安全的角度重新思考本土文化传统的传承、转化和创新，如何在全球教育交流合作中合理地平衡普遍性与特殊性的关系等，这些都是全球化风云中教育改革不得不面对的现实问题。

第二，信息化浪潮。把信息化称之为浪潮，是强调其渗透力强且来势凶猛，如同浪潮一样迅速席卷人类生活的方方面面。叶澜认为，当人们谈论信息化时，更多地是在技术操作和硬件设施的层面上来认识、体验信息化。这样一种认识的维度、广度和深度，尚不足以真正认识信息化时代对于当代中国社会发展和教育改革的重要意义，也不可能认识这一场改革的全面性、复杂性、深刻性和艰巨性。为此，叶澜对信息化的实质进行了多维度的综合分析，强调信息化包含基础性的技术存在、结构性的社会存在和生命性的个体存在。信息化从技术层面开始萌生并首先表现为一种技术革新；技术的改进和功能的扩展使其逐步渗透到社会各个领域，带来社会结构性变革；与此同时，它又直接且越来越广泛地影响生活在信息社会中的生命个体：一方面使个体的生命实践呈现信息时代特征，另一方面使信息成为一种影响人的生命发展的重要力量，呈现出生命特征。[②]正是因为信息化浪潮这种广泛的渗透力和强大的辐射力，它已经成为影响社会每一个方面和几乎每一个个体具体生存方式的一种力量，从而也成为中国教育改革置身其中，且与其不断发生

---

① 周满生.世界基础教育：面临的挑战、趋势和优先事项：解读联合国教科文组织第47届国际教育大会“主文件”及“公报与建议”[J].教育研究，2004(11)：3—8.

② 叶澜.“新基础教育”论：关于当代中国学校变革的探究与认识[M].北京：教育科学出版社，2006：38.

互动生成关系的影响力量。

第三，后现代精神。叶澜认为“后现代精神”是一个“表达当代人类社会精神状态中新质的词”。由于后现代精神是在批判现代性中呈现出来的。因此，很难用和“现代性”剥离的方式来讨论、阐明后现代性。只有与现代性比较，才会分析出后现代性共有的取向与时代特性。叶澜通过分析“后现代”和“现代”在主体观、真理观、结构论与秩序论几个维度上的对峙，系统分析了后现代思想的主要观点，将后现代的“精神气质”扼要地表达为“为追求彻底的自由而对现代性的强烈反抗”。[①]那么，后现代精神是如何批判现代性的？叶澜对后现代的批判策略做了进一步的分析：首先，其批判主题，指向现代性中最为基础与核心的部分，以产生震撼性的、动摇根基的效应；其次，故意模糊或否定二元对立界线的存在，倒置或改变原先结构中的位置、权重及关系，以冲破现代性基本观念束缚的主要路径；再次，以语言学、符号学等学科所用的一些基本概念、理论或思路作为武器，开展对现代性的微观批判。[②]在对后现代精神的内涵和批判策略做了深刻分析和阐释的基础上，叶澜提出，后现代精神有其珍贵的思想价值，它至少让我们意识到过去被忽视的方面，意识到可以怀疑未曾怀疑过的东西，是一种对自己精神世界的冲击和开启。但是，叶澜也同时指出，作为一种以批判现代性而崛起的理论思潮，后现代精神的致命伤是其本身缺乏内在建构的逻辑。[③]

（3）中国主题

叶澜的学校变革研究，始终坚持把学校置于鲜活的时空背景下来明辨其变革主题与变革路径。她认为，今日中国之教育改革与社会变革之间存在着

---

① 叶澜.“新基础教育”论：关于当代中国学校变革的探究与认识［M］.北京：教育科学出版社，2006：60.

② 叶澜.“新基础教育”论：关于当代中国学校变革的探究与认识［M］.北京：教育科学出版社，2006：60.

③ 叶澜.“新基础教育”论：关于当代中国学校变革的探究与认识［M］.北京：教育科学出版社，2006：61.

复杂的相互影响和交互建构关系：社会变革不仅作为教育变革的外部环境存在，更是推动教育变革的力量，而且还渗透、体现在学校内部，构成教育变革的内部因素，规定着教育变革和学校发展的走向。因此，对急剧变化着的当今中国之发展主题的把握，是学校变革研究保持其鲜活、独特的时代性和本土性的基本保证。[①]那么，如何在全球化背景下、在中国与世界的复杂关系中、在中国自主性的发展规划和实践中来提炼和概括当今中国的发展主题？叶澜以其一贯强调的“理论透析力”，将新时代的中国主题概括为社会转型与民族复兴。

何以断言今日中国之主题为“社会转型”？这一社会转型从何时开始？转型之力源于何处？如何理解社会转型与民族复兴之间的关系？叶澜通过细腻的历史梳理，对这些问题一一进行了剖解。她认为，能被称为一个新时期起点的历史抉择，其核心构成至少具备两个品质：一是关涉全局大政，二是与以往的路线有历史性的巨大差别，且又体现出社会发展的需要。基于这一前提预设，叶澜认为：1978年中国共产党召开的十一届三中全会，对中国社会的发展方向作出了历史的抉择，开始了新时期中国社会转型性变革的“新长征”。这是中国社会转型的新起点。这一转型所确立的发展道路，就是纠正历史上曾经出现过的问题，坚持走中国特色社会主义之路，向“社会主义现代化强国”转型。由这一重要会议所确立的重要发展方向，成为此后中国改革发展的根本遵循。十八大以后，习近平总书记曾多次指出：“在方向问题上，我们必须头脑清醒”，“不实行改革开放是死路一条，否定社会主义方向的‘改革开放’也是死路一条”，“我们的改革是在中国特色社会主义道路上不断前进的改革，既不走封闭僵化的老路，也不走改旗易帜的邪

① 叶澜.“新基础教育”论：关于当代中国学校变革的探究与认识［M］.北京：教育科学出版社，2006：64—65.

路”。[①]无疑，这是对十一届三中全会所确立的转型之路的坚持、巩固、发展和完善。

那么，十一届三中全会何以成为“转型”的新起点？转型之力源于何处？叶澜认为，转型之力来自中国共产党对自己执政历史的深刻反思；也来自这一抉择强烈而清晰的自主发展的意识：要走有中国特色的建设社会主义四个现代化的道路。正是这一转型方向的确立和连续40余年的坚持和努力，民族复兴的主题才开始逐渐变得清晰、可触。在2017年召开的中国共产党第十九次代表大会上，习近平总书记指出：“我们比历史上任何时期都更接近、更有信心和能力实现中华民族伟大复兴的目标。”但是，正如习近平总书记紧接着指出的“行百里者半九十”，民族复兴的过往历程充满艰辛和曲折，甚至不得不付出巨大的代价和牺牲；而民族复兴的未来之路也“绝不是轻轻松松、敲锣打鼓就能实现的”。

至此，叶澜完成了从生存基础、世界变局、中国主题三个维度透析中国当代教育变革的理论论证。这三个维度并非中国当代教育变革的全部，但却是影响中国教育变革、体现当今时代精神的社会基础中最具代表性的要素。这三个维度不仅深刻影响着中国基础教育改革的方向与路径的选择，也在很大程度上对中国教育改革的谋划和实践保持着某种需求和期待。换言之，中国教育改革，一方面深受其所处的复杂社会生境的影响和制约，另一方面也在很大程度上通过自我的积极参与影响着生境的改变。要想使这种影响和改变呈现为积极效应，则中国教育不仅需要自觉地体察生境的变化，更应该自觉谋求以建构性的立场参与社会基础的变革与发展。

2. 从教育宏观变革透析学校变革

社会变革对教育变革有着深刻而广泛的影响，这既符合二者关系的基本

---

① 习近平.习近平的十大改革论点：增强改革定力　勇担改革责任［EB/OL］.人民网.（2015-08-19）［2021-04-11］. http://cpc.people.com.cn/xuexi/n/2015/0819/c385475-27486123.html.

原理，也是从二者关系的历史演变中得出的结论。但是，二者之间的关系又往往是复杂的。社会变革虽然会通过资源配置、人才需求、制度约束等方面直接或间接地影响教育变革，但在大多数情况下，社会变革很难直接带来教育系统的自动应答式变化。因为，“教育系统如何认识和应对社会变革，由教育系统的内策划和内行为决定”，“由于实践领域、范围、性质的变化和认识、决策主体的变化，在现实中的教育改革与社会变革的关系会呈现多种状态，并非完全一致、同步”。这意味着，教育系统的变革，除了受到其他系统的影响，还有不同于其他社会系统的内逻辑。由此，对学校变革生境的研究，除了要洞察其社会生境，还需要进一步聚焦宏观教育系统变革的事理。这可以视为学校变革研究的第二重聚焦。

（1）变革历史

恩格斯在论及逻辑与历史的统一时曾指出：“历史从哪里开始，思想进程也应当从哪里开始，而思想进程的进一步发展不过是历史过程在抽象的、理论上前后一贯的形式上的反映。”[①]研判当今中国的教育变革，一定需要对中国教育变革的历史逻辑有非常清晰的认识，辨清其从哪里来，积累了哪些经验教训等。叶澜关于当今中国教育变革诸多问题的判断，首先是从教育变革史的考察入手的。她将改革开放以来到21世纪初的教育变革史划分为三个阶段。一是以教育体制改革为中心的宏观改革，其启动标志是1985年中共中央颁布的《关于教育体制改革的决定》，这也是改革开放以来由中共中央颁布的第一份以“改革”命名的教育文件。二是以面向21世纪、推动素质教育为中心的教育改革。三是以提高质量、均衡发展和制度系统创新为重点的教育改革。三个阶段的划分，主要依据的是不同变革推进阶段中变革主题的确定。三个不同的发展阶段之间，既有变革内容、思路上的一致性，也存在诸多非常明显的差别；这些差别中，有的是在生境变迁中新增加的议

① 马克思，恩格斯．马克思恩格斯选集：第2卷［M］．中共中央马恩列斯著作编译局，译．北京：人民出版社，2012：14.

题，有的是相对稳定的变革主题在不同阶段的差异化呈现，还有的则是根据教育变革内外逻辑的变化而主动做出的调整，等等。叶澜对新时期中国教育变革史的梳理，主要的智识资源，是各个阶段颁布的最重要的教育政策。每一个阶段的教育政策，既反映着教育决策者对教育问题的判断，也反映着时代背景和发展生境中对教育培养目标、水平、方法、效率、内容、机制等指标的要求。叶澜对教育政策变迁的理论透析，为分析新时期教育变革的发展变迁提供了非常厚实的资源。通过对变革史的梳理，叶澜就四对关系范畴做了进一步的分析和阐释。

首先，社会变革与教育变革的关系。德国当代著名教育学家底特利希·本纳在讨论教育与社会、个体发展之间的复杂关系时，对所谓“意向的教育理论”和“功能的教育理论”进行了深刻批判。他指出：意向论就是只关注教育实践对个体方面的影响，而不考虑社会实践对教育的影响，这种直线形的因果关系是不符合主动性要求原则的。而功能论则相对忽视教育实践对个体方面的影响，而只关注社会实践对教育行动的影响。这既忽视了主动性要求原则，又忽视了教育转化原则。本纳认为，意向论的教育理论和功能论的教育理论不但与教育行动的个体方面和社会方面相脱离，同时它们的抽象性对于搞清楚教育实践中的个体影响与社会影响之间的复杂的相互关系也少有贡献。[①]

在叶澜的教育变革、学校变革研究中，始终贯穿着一种关系思维，而且是交互建构、互动生成式的关系思维。在这种双向关系中，一种方向、一个维度的影响往往为人所熟知，即教育变革既是系统性社会变革的一部分，也在很大程度上受到社会变革需求和走向的影响。这是分析教育变革的前提性认知。叶澜指出，教育变革是踩着社会变革的脚印向前走的。从决策层的意向看，教育处于服务社会发展的地位，社会向教育提出需求，教育通过改革

① 底特利希·本纳.普通教育学：教育思想和行动基本结构的系统的和问题史的引论［M］.彭正梅，徐小青，张可创，译.上海：华东师范大学出版社，2006：102—105.

满足社会发展的需求。就当代的中国社会而言，经济发展的需要是首位的，因此教育改革要服务于国内经济发展与国际经济竞争对各式人才的需求。但是，这并非二者关系的全部，更不应该成为我们定位教育变革的唯一尺度和参照。教育系统的相对独立性、独特性，学校的自组织性等，都决定了教育变革不可能亦步亦趋地完全跟从社会变革的步伐。叶澜认为，用简单演绎的思路，从社会变革的主题、任务、思路等因素中直接推演形成教育变革的主题、任务与思路等，“实际上只是把教育看作是与社会整体同质、同构的一个组成部分，只见到了教育受社会制约和支配的一面，忽视了教育的特质与特构，忽视了教育对社会发展独特的反作用的一面；只是把教育看作服务于社会需要的工具，忽视了教育需要社会为它服务的一面，忽视了教育在服务社会方面的特殊方式与需求，忽视了教育本身的内在发展、自身转型所必须解决的特殊问题。正是对上述一系列与教育本身相关的特殊性的研究意识和认识的缺乏，导致对社会转型与教育转型关系的认识处于简单演绎式推理的水平，这不仅使教育在社会转型中不能深刻地认识和完成自身转型的性质与任务，而且还可能产生误区，使教育受到损失，当然也不可能真正为社会转型作出有效的服务。”①

其次，国际教育变革思潮与中国教育变革的关系。全球化的深入发展，促进了中西教育的交流互鉴。但是，由于中国无论从事实上还是从文化心态上都把自己定位为“后发外生型”现代化国家，因此，在交流互鉴中中国教育改革更多采取的是“守势”，或者“学习者心态”。这固然有助于中国教育改革以开放者的姿态吸纳有价值的经验和智识资源，但是过于急切的“追赶”心态，很容易造成在模仿、学习、追赶过程中丢失掉对自我独立性、独特性和自主性的坚守。叶澜特别指出，一味模仿和急切追赶，导致我们的教育改革“忽视了教育发展内涵变化的长期性和深刻性，忽视了当代中国教育

① 叶澜.“新基础教育”论：关于当代中国学校变革的探究与认识［M］.北京：教育科学出版社，2006：115.

发展如何从本国的历史和民族文化的精华中汲取营养，以中国教育文化底蕴的独特为本，使民族的优秀传统和精神在当代中国教育中得以再生和重建，使中国教育成为全球教育中不可忽视并具有强大生命力的一员，积极参与国际教育的对话与交流，为提升中国的软实力作出贡献……中国的教育变革与西方社会相比，不仅存在政治、经济、文化背景的差异，而且还存在着教育基础和传统的内在差异。在教育观念上，中国教育的社会层面，没有完全走出中国封建社会长期形成的价值观念系统的影响；在学校教育中，基本没有走出以德国赫尔巴特教育学为代表的西方传统教育观念的影响；在制度层面上，基本沿用的还是20世纪初期西方近代工业国家的体系”。①

再次，教育变革的数量与质量的关系。叶澜认为，综观几十年的教育变革，我们在教育发展的数量扩展或增生方面的要求是较为清晰的，很多时候也是可测的。甚至于很多时候，把数量的增长或提高，视为教育发展的最核心指向，却忽略了教育变革的质量、品质方面的夯实。许多关于质量的变革理念和设计，还停留在一般性的呼吁、倡导上，缺乏对质量内涵、指标、实现路径等的深入研究，甚至在许多非常重要的问题上，还存在比较大的误读、误解、误导。正是因为这些问题的存在，导致相当多的教育变革推进乏力，而学校和教师在应付变革的过程中并未真正成为变革的协同力量。

最后，教育变革中教育理论与教育实践的关系。叶澜认为，教育变革实践自身具有复杂性、生成性、不确定性，因此不可能奢望将所有的问题在理论上搞明白，才能推进变革。但是，变革实践中的探索与改进，却不能因此而轻视理论，甚至认为教育改革可以不需要理论的指导，仅凭经验就可以有效推进。叶澜指出，改变教育变革中教育理论与实践的隔离现象，必须改变教育理论热衷于国外教育理论的介绍、诠释和例证式的应用，热衷于从其他学科研究中寻找大前提的演绎式应用的水平；必须改变教育实践习惯于听上

① 叶澜.“新基础教育”论：关于当代中国学校变革的探究与认识［M］.北京：教育科学出版社，2006：118.

级行政指示和凭经验办事、跟潮流行走的传统。教育理论研究与教育实践发展之间建立起具有内源性的关联，是当代中国教育变革能否走向成熟、取得成功的不可缺少的保证。

（2）变革性质

对变革性质的判断，直接决定着变革的相关决策。叶澜极其重视对变革性质的研究和判别。她认为：变革往往并非“全然自发产生、自然而成之事，它是一种由变革主体审时度势，研究现状、发现问题，分析原因、研究可能，明确目标、选择策略与设计方法，再逐步推进的过程，是需要策划的、人为的、十分复杂和动态变化的社会实践过程。因此，变革主体综合决策的对错和调整能力，对于变革现实能否实现具有决定性的意义。认识变革性质类型的丰富性，提升变革主体作出变革性质判断的意识和能力的最大意义，就在于使变革主体在更为充分、恰当和成熟的水平上，有资格称为变革主体，承担起变革主体的重任，以保证变革的有效推进与成功，并在变革的过程中提升变革主体的智慧和能力。”[①]基于这一认识，叶澜从六个不同的维度、标准，对变革的性质类型进行了非常细致入微的分析。[②]在此基础上，叶澜指出，要想对中国当代教育变革的性质做出准确的判断，一方面要考虑当代中国社会发展对教育的影响和提出的变革要求；另一方面要考虑当代中国教育的实际状态与实质。将这两方面联系起来看，若其中的差异只需通过教育的改进与完善就能解决，变革性质就属改进完善型；若必须有有价值的，系统内的要素、结构、制度、体制等相关的整体性变革才能完成，变革的性质就属转型性变革。叶澜对这两个依据做了进一步的深入分析，非常明

① 叶澜．“新基础教育”论：关于当代中国学校变革的探究与认识［M］．北京：教育科学出版社，2006：126.

② 叶澜．“新基础教育”论：关于当代中国学校变革的探究与认识［M］．北京：教育科学出版社，2006：122.

确地给出判断：我国当前教育变革是一个整体、系统的转型性变革。[①]

（3）变革主体

尽管新时期的教育变革呈现非常活跃的态势，但是，无论是在教育政策中，还是在教育理论研究中，我们其实并没有真正关注到教育变革主体这样一个重要的议题，甚至教育变革实践也未对此议题提出明确的理论需求。但是，这一问题隐而不彰，容易造成主体意识模糊、责任不清、边界不明，进一步可能产生责任僭越或者责任真空等现实问题。因此，辨清教育变革的主体类型、层次和相互关系，对于明晰变革的主体而言是极为重要的。叶澜指出，教育变革要突破教育变革单一主体观、模糊主体观，认识到教育变革主体的构成具有复合性，包括利益主体、决策主体和行为主体三大部分。教育变革的利益主体指的是从教育实践中受益的主体，主要包括两类：一类是居于教育实践系统之外的，以享用“教育成果”的方式体现的社会利益主体，如政府、社会各领域的人才需求者和家长；另一类是处于教育实践场域内，在教育变革实践中获得个体发展和社会资本的方式体现的教育利益主体，如教师和学生。决策主体指的是对教育变革拥有决定权和策划权的主体，按照其权力范围的大小和在权力系统中所处的地位又可分为国家、地方和学校几个层次。行为主体主要由教育领域内的教育管理人员和教师构成，他们是变革的具体实施者，既拥有变革的参与权，也对职责范围内的工作具有决策权。[②]叶澜关于教育变革主体的划分和界定，不仅点出各类主体的身份和边界，而且还进一步辨析三类不同主体在变革中的复杂关系。“复杂性思维”一直以来都是叶澜教育研究方法论的内核。在这一思维品质的观照之下，叶澜就三类主体的关系作了进一步阐释：教育变革的主体是复杂的复合主体，

① 叶澜.“新基础教育”论：关于当代中国学校变革的探究与认识［M］.北京：教育科学出版社，2006：145.

② 叶澜.“新基础教育”论：关于当代中国学校变革的探究与认识［M］.北京：教育科学出版社，2006：156.

不同类型的主体在变革过程中起着动力、决策和实践的作用；教育变革的不同主体由于地位和作用、利益和权力、资源和能量的差别，相互之间会有矛盾与冲突；同一个主体或主体群，在教育变革的不同阶段、面对不同任务时，可能成为不同性质的主体；教育变革主体的状态和积极力量的激发、聚集、现实化，是教育变革能否取得成功的决定性因素，教育变革的实现，不仅需要道德的力量，也需要个人视野、智慧和实践的力量。[①]

二、变革愿景的审辨

思维方式问题是方法论的核心问题之一。变革的多元主体如何看待变革、如何实施变革，很大程度上受到其变革思维的影响。在相当长的时期内，由于缺乏方法论意识和战略性思维，我们对教育变革和学校变革的认识、研究、策划和实践，常常陷入头痛医头脚痛医脚的窠臼。因此，明晰变革的性质，描绘出变革的“可视化”愿景，这是变革有效推进的关键。叶澜从外部生境的研判入手，从对社会基础的研判透析教育变革生境，从对教育变革的研判透析学校变革生境，经由这种双重聚焦式的研判，叶澜的变革研究开始集中于作为变革实践具体单位的“学校”。那么，当学校的外部生境面临系统化重建和转型性变革时，学校自身如何在这样一种复杂的变革生境中生存？应当表现出怎样的变革姿态？可能经历怎样的转变？这些问题，是当我们把讨论的触角逐渐伸展到学校变革领域时首先会遭遇的问题。因此，当叶澜开始聚焦学校变革研究时，她首先要回答的问题是：当今中国学校变革之“变”，起点是什么？愿景是什么？判断起点的依据是什么？如何通过愿景的“可视化”设计，更好地规划变革路径，凝聚变革共识，提升变革的主动性与自觉性？

① 叶澜．“新基础教育”论：关于当代中国学校变革的探究与认识［M］.北京：教育科学出版社，2006：157.

（一）变革起点

叶澜认为，我们的学校之所以需要完成一场重要的“型变”，而不仅仅是小规模、小范围的“修补”和改良，是因为当今基础教育中小学所呈现的特质，依然属于“近代型学校”。这一判定，主要不是依据学校现在所处的时期。事实上，在我们提出现代化愿景并努力在社会生活的诸多领域自觉建构现代性的几十年之后，明确地将我们的学校描述为“近代型学校”，这不仅需要理论眼光，而且更需要理论勇气。那么，“近代型学校”的特征是什么？叶澜何以把今天中国的中小学依然称为“近代型学校”？

1. 历程

叶澜首先对近代以来中国学校的转型性变革历史进行了长时段的梳理。与一般意义上划分历史时段的主张不同，叶澜主要从学校性质、类型、特征等内在变迁的角度进行阶段的划分。她将中华人民共和国成立之前学校的近代化转型史划分为两个时段：其起点为19世纪60年代，其转型的关键点是1905年的“废科举，兴学堂”大潮，其核心任务是从封建教育束缚中冲出，创办新型学校。在这个过程中，新学堂的涌现、学制的变革，对于瓦解学校“旧型”，培育学校“新质”起到了关键性作用。1949—1985年，中国的学校变革，经历了除旧布新、停滞和恢复调整三个阶段。尽管这个时期的中国教育相对于1949年以前有了长足发展，也积累了相当多的变革经验，但整体而言，由于学校教育的相对独立性没能得到充分的尊重，学校对自身的变革使命也缺乏清醒的自觉，因此，学校发展在特殊时期经受了较大的冲击，这使得后期的恢复调整，在很大程度上着眼于修复，未能自觉主动地聚焦于学校新质建设。叶澜就此指出：“进入社会主义现代化建设的新历史时期的中国学校教育，面临着早该进行、却没有进行，现在则必须真实面对和开始的历史性变革——实现学校教育从近代向现代的转型性变革”。[1]

2. 形态

在什么意义上说，新时期所面对的学校变革，是针对“近代型学校”的转型性变革？做出“近代型学校”判断的依据是什么？叶澜采用“理想类型”的方式，对“近代型学校”的基本特征做了刻画：按工业化、批量性生产的模式来“塑造”学生；统一的目标，基本划一的课程与教科书，整齐排列的通用教室，严格规定的课时与教学周期，按规定执行的教育、教学过程；学校的基本任务是知识的传递和培养社会不同领域需要的规范化人才……那么，为什么说，我们还没有超越“近代型学校”的基本框架？叶澜指出，自新中国成立以来，各级教育行政部门虽曾多次指出要克服盲目追求升学率的现象、全面贯彻党的教育方针，学校却始终难以做到；课堂教学，大多数学校基本上保留着教师讲、学生听的模式；培养人才规格一刀切，学校缺乏鲜明个性，教育管理依然是集权为主等现象的长期存在，这些都可以视为当今学校尚未走出“近代型”的明证。[2]

（二）变革愿景

从“近代型学校”转型成为“现代型学校”，这是当前学校转型性变革的基本愿景。这一愿景之所以在当今中国的学校变革中得以浮现出来，一方面是因为中国的深度社会转型对教育系统（包括学校）变革产生了强烈的需求，这种需要既包括对教育所培养的理想新人形象的期待，也包括对教育作为社会系统构成部分参与协同转型的直接需求；另一方面，在经过一段时间

① 叶澜.“新基础教育”论：关于当代中国学校变革的探究与认识［M］.北京：教育科学出版社，2006：198.

② 叶澜.“新基础教育”论：关于当代中国学校变革的探究与认识［M］.北京：教育科学出版社，2006：200.

的恢复、调整之后，在域外风起云涌的学校教育变革的冲击或启发之下，中国学校的办学实践也内在地产生了变革需要。从一定意义上说，这种变革需要是经过一段时间变革探索之后，对变革经验、问题累积和反思重建的结果。那么，我们所期待实现的变革愿景是什么？与近代型学校相比，作为愿景的现代型学校具有怎样的规定性？叶澜对此做了非常精要的刻画。①

1. 价值提升，重心下移

所谓价值提升，指学校教育的价值从传递知识为本转向以培养人的健康、主动发展的意识与能力为本。叶澜认为，近代型学校的核心价值是传递、继承人类已有知识，实现文化的“代际遗传”和社会生产力、生产关系的复制式再生产；而现代型学校应转向追求为社会更新性发展、为个人终身发展服务的存在价值，使教育成为人类社会更新性的再生系统。

所谓重心下移，既指承认并尊重学校作为专业性教育机构、教师作为专业人员对学校教育实践的自主管理权，也指在学校内部管理中建设起能让广大师生参与学校发展的民主决策、民主监督的机制，改变学校教育行政中科层制与金字塔式的结构。基于“重心下移”的学校变革设计与实践，固然涉及学校与其他系统之间的相互关系，但最核心的聚焦点，仍是学校内生变革

① 叶澜对“现代型学校”内涵或特质的研究，呈现出丰富的开放性、生成性特征。在2002年发表的论文《实现转型：新世纪初中国学校变革的走向》及2006年出版的专著《“新基础教育”论——关于当代中国学校变革的探究与认识》中，叶澜关于“现代型学校”内涵与特质的论述包括五方面：价值提升、重心下降、结构开放、过程互动、动力内化。此后多年，叶澜始终坚持这一观点。2017年，叶澜进一步丰富了自己的观点，提出了8条32个字的“现代型学校”特质的思想：价值提升、重心下降、结构开放、过程互动、动力内化、综合融通、主动创造、自我超越。这一方面反映出叶澜教育研究、学校变革研究中的开放性、生成性及自我反思超越的勇气，另一方面也反映出，学校之“现代性”，的确是一种“流动的现代性”。随着学校变革的深入和人们对现代性认识的深化，关于“现代型学校”愿景的刻画也会越来越丰富。本部分主要参照叶澜《实现转型：新世纪初中国学校变革的走向》论文，《“新基础教育”论——关于当代中国学校变革的探究与认识》著作及叶澜在“新基础教育”共生体会议上的多次讲话形成。

力的培育。重心下移首先意味着教育的对象和目标的下移：教育不是专为专门化的、精英式的人物服务，而应致力于每一个学生的主动、健康发展，为学生的终身学习与发展奠定坚实的基础。其次，意味着教学内容方面的重心下移：将近代型学校中仅以为进入学术象牙塔做准备的学科知识为主的教学内容，改变为学科领域知识与生活领域、职业实践领域、科学技术领域、人生领域等方面沟通的课程体系。最后，还意味着管理重心的下移：一方面，各级教育行政部门真正把学校管理的权力还给学校，承认学校作为专业性教育机构、教师作为专业人员对学校教育实践的自主管理权；另一方面，让师生共同参与学校变革的协同创造中，让学校的课程开发和办学实践更符合校本实际等。

2. 结构开放，过程互动

所谓结构开放，是指现代型学校在学校与外部环境的关系、学校内部组织和成员在实践中的相互关系上打破了近代型学校相对封闭的格局，呈现出较为广泛和深入的开放、交流、互动状态。叶澜指出，结构开放包含两个基本向度：一个是向外的，包括对网络、媒体的开放，对社区、社会的开放，以及学校间、相关教育机构的相互交流开放；第二个向度是指学校的内部开放，包括学校管理向师生的开放；教育、教学活动向学生的开放等。

所谓过程互动，是指教师和学生作为教育活动的复合主体，在教育教学过程中呈现多元、多层、多向、多群的互动状态，以此提升教育的质量和产生渗透综合效应。过程互动同时也意味着学校内部各部门要素之间，在结构开放的背景下形成了良好的交流互动关系。

3. 动力内化，综合融通

所谓动力内化，是指学校形成了自己内在的发展需求、动机和动力机制。内在的发展需求，是学校在对自己学校的发展历史、现状，已经拥有的资源、经验与问题，学校所处的环境、文化背景以及现有的和可能的发展空间，社会提供的发展条件、要求乃至挑战，有全面、深刻、综合认识的基础上生发出的由学校本身和师生发展的内在逻辑产生的需求。内在的发展动机，是学校意识到教育内在的使命和力量，认识到教育是直面生命、通过生命、为了生命的人类伟大而特殊事业时，所产生的对自己育人初心的内在自觉和发展取向。内在动力机制意味着学校建立起了基于学校、依靠内在力量的发展机制，形成了主要借助调查研究、分析策划、实践行动、反思重建等几个连续、可循环的环节构成的、推动学校发展的内动力机制。

所谓综合融通，是指学校内部各要素、各部门、各层次、各环节克服了彼此割裂、阻滞生涩等问题，形成了圆融统一的格局和状态。为保证学校日常工作和变革实践的有向、有序、有效推进，学校内部必然有工作条块的分割、责任的分担机制，这是形成工作细化、分工负责的前提。但是，如果学校工作只是这种“分化”基础上的简单组合，则学校就很难有灵魂。综合融通强调的是现代型学校在分工基础上的综合融通。这种融通既是学校作为一个有机整体的内在要求，也是体现现代学校品质的重要指标。

4. 主动创造，自我超越

主动创造与自我超越，是指学校成为具有内在自觉和自主的可持续性发展能力的自组织，也内在地包含学校中的每一个主体都具有生命自觉的意识和能量，自主地规划自我和学校的发展，不断实现对学校中的每一个主体和学校现有水平的超越。

所谓主动创造，是指学校及办学主体能够主动寻求发展机会和资源，在充分利用生境因素的基础上，主动策划和创新办学实践。对于学校而言，准确定位自己在关系网络和管理链条中的位置固然重要，但若学校的办学实践只是盲目听从或等待行政命令，或者简单地按照经验、惯性来运行，则学校还不能称之为现代型学校。现代型学校一定是对自我的使命、自己的问题和愿景有清晰的把握，并且能够在日常的学校生活中寻求创新的学校。如同叶澜在《“生命·实践”教育的信条》中所言：“用创造学校新生活的理念开展日常教育活动，使师生成为学校生活的主动创造者。教育的意义不只是在未来，它就在当下创造生命成长的、丰富的各项学校活动中。”

所谓自我超越，是指学校及办学主体能够不断克服自我的局限性，从自我的过往和当下状态中汲取力量，追求新的发展水平和境界。在心理学领域，维克多·弗兰克(Viktor Emil Frankl)是“自我超越”的积极倡导者。他认为人真正追求的不是自我实现，而是超越自我的生活意义。这种追求包含了对自然界、人类社会和文化，以及人在其中所处位置的探索和理解，是为了更好地把握人生，更有意义地去生活。对人生意义的追求，不是满足于自我的平衡状态，而在于一种自我的超越，表现为勇于承担责任，敢冒风险，不断地创造。[①]个体如此，学校也如此。一所富有自我超越意识和能力的学校，是一所能够在变革生境中不断创新愿景，并通过持续的努力将“愿景”变为现实，从而创造新的发展愿景的学校。

三、变革单位的确认

在叶澜的学校变革研究中，“基本单位”是体现其方法论思维的重要概念。在《“新基础教育”论——关于当代中国学校变革的探究与认识》一书中，叶澜10次用到“基本单位”这一概念。而且，10次中，“基本单位”的内涵虽一致，但指称的对象并不相同。这意味着，叶澜思维中的“基本单位”是体现其思维方式、分析问题的具体话语工具。例如，在论及教育变革中的宏观与微观关系时，叶澜指出：宏观变革在此是指政府及教育行政部门决策的，涉及教育方针、政策、体制、机制、制度、法律等一系列关系到教

① 自我超越［DB/OL］.百度百科.（2021-03-10）［2021-04-01］. https://baike.baidu.com/item/%E8%87%AA%E6%88%91%E8%B6%85%E8%B6%8A/157266?fr=aladdin.

育系统整体性的变革，是以中央政府和地方行政区域为基本单位的教育变革；微观变革是相对于宏观变革而言，其基本单位是开展日常教育实践的教育机构，主要是具体的各级各类的学校，是以学校为基本单位的教育变革。在论及教学过程分析单位的重建问题时，叶澜指出，将“教学”视作一个基本分析单位，是认识教学的方法论，从“分析”走向“综合”、从“元素”走向“关系”的第一步，是走出传统的以“教”概“学”和反传统的以“学”概“教”的两种结论相反、思维方式相同的误区的关键性一步。在论及班级建设的独特性时，叶澜指出，在“班级建设”概念中，“班级”不是作为课堂教学的基本组织形式来理解，而是作为学校各项教育活动组织的基本单位来理解。不难看出，叶澜以“基本单位”来分析问题，非常注重整体性地把握这一问题的结构和边界。

（一）以学校为变革基本单位

将学校作为变革的基本单位，不仅是叶澜学校变革研究中的一种“思维操作”，而且也是叶澜在开展学校变革实践时的推进策略。这意味着，在叶澜的思想里，“学校”是一个具有独特性、完整性和有机性的组织单位。一旦我们在思维层面上将学校作为“基本单位”，就意味着我们的研究思维和变革行动，就“锁定”了学校作为一个有机构成。

在相当长的时期内，我们关于学校变革的认识和讨论，都倾向于遵循从外到内、从上到下的逻辑。前者注重从外部系统变革对学校的要求入手，谈论学校变革的必要性和相应的变革内容；后者则注重从宏观教育改革入手来讨论学校的变革策略，或者按照教育行政管理自上而下、层层落实的思路，讨论学校变革的相关问题。如果说，从外到内的逻辑，更多突出了学校在内外关系中的位置；那么，从上到下的逻辑，则更多强调了学校在管理链条中的存在价值和因应策略。它们为理解学校变革提供了丰富、多元化的视角。但是，对学校变革的理解，不能仅仅停留于此。学校作为一个具有相对独立性的组织，如何在外部环境的变迁中不断明晰自己的发展愿景，不断规划自己的发展路径？叶澜在“新基础教育”的学校变革研究中，明确提出把学校作为变革基本单位，推动学校在变革中实现整体转型的学校变革方法论。

受制于科层制的集权管理模式，我国中小学管理中普遍存在管理层级多、权力上收、学校办学自主性偏弱、变革内生力不足等问题。如果说，在依循常规运行阶段，学校管理的工作重心是依规范与秩序运行，那么在变革阶段，“价值领导”“决策规划”“秩序重建”等新课题则会日益成为学校领导与管理工作中的核心命题。学校变革最核心最持久的力量，一定是学校的内生力量。美国著名教育研究者古德莱德（J.I.Goodlad）指出：“教育改革最理想的单位是由学生、教师和校长——每天都生活在这里的人——作为主要参与者组成的单独学校。”[①]“把学校的概念抽象化”是自上而下的、外部驱动的学校变革的最大问题。一个被严重忽略的“教育常识”是，“学校和它的教育工作与国家体系中其他的机构很不相同，甚至学校之间也存在着差异。没有一个通用的指南可以用来指导所有学校的工作”。美国兰德公司的调查显示美国“各学区之间在成功地采用和推广革新程度上的差别，与其用（1）革新自身的性质，或（2）联邦政府提供资金的数量来加以说明，倒不如更多地用地方学区和学校本身的组织和管理特征来加以说明。”[②]我国台湾学者饶见维也指出：“当代许多国家都说他们的教育出了问题，教育改革也一直是各国的热门话题。经过了许多教育改革的实践经验及研究，我们现在几乎可以斩钉截铁地说：教育改革必须从学校以及学校里的教师出发。”[③]

因此，无论是教育决策还是教育学术研究，抑或是教育变革实践，重新

① GOODLAD J. The Dynamics of Educational Change：Toward Responsive Schools［M］.New York：McGraw-Hill，1975：175.

② 欧文斯.教育组织行为学［M］.窦卫霖，温建平，王越，译.上海：华东师范大学出版社，2001：259.

③ 饶见维.教师专业发展：理论与实务［M］.台北：五南图书出版公司，1996：289.

确立“以学校为教育变革基本单位”的理念，这应当是学校变革研究与实践的前提性认识。近年来，家长、社会对高品质教育的需求与学校所能够提供的教育服务之间的矛盾日益尖锐。学校日常教育教学实践尽管受到诸多外部力量的制约，但学校变革的领导、管理与日常教育教学实践，应当主要由校长和教师共同承担，这依然是一个基本事实。由此出发，造成目前大部分学校变革内生力不足的原因虽不是唯一的，但主要应该归因于学校内部的主体状态。

学校自主权的不断扩大为学校自主变革提供了一定的外在的制度保障和政策空间，使得学校发展作为变革基本单位具备了现实上的可能性；而学校变革的复杂性和学校发展的独特性则意味着必须正视过去自上而下式的变革方式存在的缺陷，深化变革就必须激活学校内部的变革力量，让学校真正成为能够自主管理、自主变革的主体。

学校成为变革的基本单位，就意味着即便是自上而下式的变革，也必须考虑到不同学校发展的独特性和差异性，不能以“一刀切”方式来对待学校变革。同时，对学校而言，不能满足于充当外来变革的执行者的角色，在外来指令的命令下被动变革，而更应该主动承担起自主管理和变革的任务，学校必须拥有强烈的自我发展和变革的意识，并具备相应的引领和实施变革的能力。学校必须对内有着清晰的发展规划和不间断的自我评估，对外保持对资源的高度敏感性，能够利用多方资源适时地根据学校的发展需要发起和实施变革，并在过程中不断地反思变革，时刻掌控变革的走向，成为变革的自主反思和调适的责任主体。

从学校变革的动力来看，学校成为变革的基本单位意味着学校变革并不是在各种外部压力之下的无奈之举，而应该是学校发展中审时度势的自觉选择。变什么、如何变都应该基于学校的现实需要和实际能力的考量，内生性的变革应该成为学校变革的主要途径。学校应始终用自己的眼光明确判断状况，主动而灵活地去适应变化，并在反复适应的过程中，提高解决新问题的能力，不断获得认准目标和方向的力量。[①]

（二）学校变革研究中的关注点

以中国知网、维普、万方等数据库为检索源，提取叶澜近30年公开发表的关于学校变革、课堂改革等方面的期刊论文，共计24篇。利用CiteSpace 5.6R3软件生成关键词共现网络知识图谱，研究发现，"新基础教育"、课堂教学过程、评价准则、"必修课"、"教学价值观"等关键词节点相对较大，说明这些主题成为叶澜较为关注的学校变革与课堂改革方面的重点内容。

将24篇文献全文导入NVivo11软件进行词频分析，可以看出叶澜关于学校变革研究的核心关切主要聚焦在学校、教育、教学、研究、教师等主题词上。叶澜对这些重点问题的关切，从来不是孤立的，而是把它们置于关系框架中，在互动、交互、生成的复杂关系中来透析学校变革中的因素、过程、关联与成效。由于预先设定了基本单位，叶澜的透析与阐释，很好地融合了综合思维和聚焦意识。

四、主体复合关系的透析

几乎所有的学校变革项目，都需要教师的广泛参与。在一定意义上，教师参与变革的心态与姿态，是决定变革成败的关键因素。这似乎是一个常识。但是，教师并不天然地欢迎变革，实践中也很难实现每个教师都主动参与变革。因此，培植一种积极的"变革文化"，便成为学校变革过程中领导和管理工作的核心课题。在这里，一个极为重要的起始性问题是重构学校变革过程中的关系态，使教师意识或体验到变革是一种"属己"的事业。叶澜

① 崔相录.今日发达国家教育改革导论［M］.北京：教育科学出版社，1992：108.

是教育研究领域率先就变革主体类型、层次、关系等展开深入研究的学者。她把教育变革的主体分为利益主体、决策主体和行为主体三种类型。对每一种类型的主体构成做了进一步的剖析，并就三类主体的关系及关系可能发生的变迁等，都做了精要的论证。那么，在每一所具体的学校中，变革的主体呈现什么样的关系态？叶澜在以学校为基本单位的变革研究中，勾画出了“责任人–合作者”的关系图景。

（一）“责任人–合作者”

构建学校变革主体的“责任人–合作者”关系，这是叶澜关于学校变革主体角色和关系问题的一个重要的理论创新。它不仅是学校变革过程中复杂人际关系的性质表达，同时也是每一个变革主体的工作角色双重定位的表达。学校领导与管理者应该从改变自身角色定位入手，撬动教师实现由单一角色向双重角色的转换，促进多重交叠的关系结构的形成和巩固。

学校领导层中的“责任人–合作者”关系意味着，校长作为领导层的第一责任人，应当自觉承担学校变革的全局责任。相应地，学校领导集体内的其他成员，则应当作为合作者，与第一责任人协同承担学校领导与管理职责。需要申明，校长的全局责任，并非事无巨细，事必躬亲。过度执着于“细节决定成败”[①]可能造成对学校领导格局的矮化。校长作为学校领导层的第一责任人，主要应聚焦于学校整体发展方向、目标、路径、组织、制度、文化等一系列关涉全局问题的布局。对责任和使命的准确判断和自觉承担，并不等同于对权力的垄断和决策规划过程中的独断。事实上，将领导与管理工作进行重心下降并作合理分布，恰恰是体现新型学校特质的、校长作为第

① 近年来，“细节决定成败”几乎成为管理实践领域中的口头禅。由于它暗合了“千里之堤，毁于蚁穴”的传统思想，因此得到许多人的认同和推崇。但是，细节决定成败是有条件的，在整体性问题没有得到策划并形成完整的结构时，刻意突出细节决定成败，容易让人们陷入碎片化的细节管理中，忽略了系统性思考和战略谋划。

一责任人的题中应有之义。因此，叶澜将“重心下移”，组织的扁平化改革和网络化沟通作为学校变革中的重要议题。

在学校各中层组织中，“责任人-合作者”关系意味着，各中层组织负责人作为分管领域的第一责任人，必须自觉主动承担起策划、领导、组织、管理职责，在创造性地推进部门工作的同时，为每个成员的发展提供良好的生态、氛围和空间。这意味着，中层组织的负责人，并不是一个简单的执行者，也不单纯是学校决策传达链条中的一个简单环节，而是一个有领导力、创造力和责任感的负责人。与此同时，中层组织中的其他成员，则应当自觉成为第一责任人的合作者。需要进一步明确的是，合作者“并不是简单的操作者和执行者，而是明确自己责任范围和明晰组织价值与目标的人，是善于把整体的策划和方向，化为自己的创造性思考和行动的人，是在决策过程中积极贡献信息、智慧、问题和经验的人”。[①]

除了学校领导层和中层组织之外，教研组、年级组、备课组等组织类型，也应自觉建构变革中的“责任人-合作者”关系形态。

（二）角色的交叠与转化

学校日常教育教学实践，既存在部门分立、条块分割的现象，又表现为领域交叉、职能交融的现状。“责任人-合作者”关系，不是一种绝对的角色固化、功能固着，而是存在角色交叠与转化的可能，更重要的是，随着工作性质、领域、推进阶段等的变化，这种角色交叠转化是学校变革中有意促成的。无论是校长，还是学校内部各组织、部门的分管领导或负责人，都是自己所负责领域的第一责任人，但同时，又应该成为其他领域第一责任人的合作者。例如，校长作为学校领导层的第一责任人，同时也应该是其他工作领域的合作者。这一方面意味着，校长不应不恰当地干预甚至替代各分管副

① 叶澜.“新基础教育”论：关于当代中国学校变革的探究与认识［M］. 北京：教育科学出版社，2006：341.

校长、各组织部门负责人基于内部分工原则而行使的分领域领导与管理工作；另一方面也意味着，校长不应将自身僵化地固着在领导层第一责任人的角色，从而游离于学校具体工作之外，而是应该自觉地以合作者的角色，参与到各分管领导和部门第一责任人所负责的领域工作中。这种角色的交叠互换，反映的是学校变革过程中不同主体之间的关系常态，也因此应当成为每一个变革主体自身在变革过程中的角色定位的参照。

强调双重角色的交叠和转化，其内在的依据，一是源于学校教育教学实践中，主体角色的流动变迁性；二是源于学校教育所承担的“育人”使命的综合融通性。就前者而言，主体角色的流动，无论是横向的还是纵向的，都会伴随责任的变化。一个不能及时调整角色，主动承担新责任的变革主体，难以在复杂的变革历程中实现人与事的协同发展。就后者而言，育人工作的复杂性和综合融通性，决定了学校领导与管理架构中的每一个责任主体，都不可能将自己完全固着在一个僵化的角色上。例如，年级组长是年级组的第一责任人，同时又因承担某一学科教学任务成为教研组、备课组中的合作者。第一责任人只有更自觉地承担起自己的使命，才能赢得合作者的尊重与信任；而合作者只有改变旁观心态，主动贡献个人的智慧、能力与经验，才能将自我发展融入学校变革的历程中。这种关系形态与动态，是变革中的学校领导与管理获得持久内生力的重要资源，也是学校变革中关于变革主体关系结构的创造性表达。

（三）主体变革内生力的生发

学校教育自身的复杂性与变革的生成性、不确定性相叠加，无疑会增加学校变革的风险，所谓学校变革的价值领导，首要问题就是如何在风险中，在多重利益纠缠中作出合理的价值选择。而这需要变革的领导主体对自我、对学校发展所处的现实生境有深切的把握，同时又具有突破现实的勇气和引领变革的智慧。正是基于对学校变革复杂性和变革主体自我反思性的深刻认识，叶澜始终将“生命自觉”视为学校变革主体的一种内在精神力量。生命自觉作为人的精神能量所能达到的一种高级水平，其最直接的表现形态是个体的主动性意识和能力。它具体表现在个体与周围世界的关系和实践性活动中，以及个体与自我的关系和反思、重建性活动中所具有的主动性。“个体实践的主动性，对处于今日变化急剧、生存环境中不确定因素大增时代中的每个人来说尤其重要……具有主动性意识与能力，是个人把握自身命运、实现生命价值、获取幸福人生的内在保证。”[①]实现了生命自觉的学校变革主体不仅能够认识自己，还能够认识自己所处的特殊生境。因此，一个生命自觉的学校领导不仅懂得自我、他人；懂得团体、社会；也懂得在对昨天、今天、明天的综合把握中，在对自我与外部环境之间关系的深刻理解中着意策划、自觉实践，从而为学校发展和自我提升创造更好的发展空间。在这个意义上，学校变革主体的生命自觉并不等同于对自我和学校发展的既有现实的当下影响，而是更多表现为自觉创造新意象，从而为变革实践提供精神动力和价值引导。

① 叶澜.“新基础教育”论：关于当代中国学校变革的探究与认识［M］. 北京：教育科学出版社，2006：232—233.

第九章　在学校变革研究中创生新的变革理论

没有不同主体在研究中努力实现不同意义上的“理论”与“实践”的自我转换与统一，就难有不同主体间的理论与实践的转换与统一；没有不同主体间的理论与实践的转换与统一，就无法实现研究任务和研究中理论与实践的交互作用，相互生成。

——叶澜

在一个变革叠加的时代，处于变革浪潮中的学校往往面临内外双重压力。从外部看，社会变革的深度推进、宏观教育系统的整体转型，不断地向学校提出新的要求。当“土壤”发生质的变化时，“物种”如不及时做出适当调整，就很难在新环境中生存下去。因此，学校变革，已不单纯是学校的自我优化问题，而是在复杂多变的现代社会中实现转型性“再生”的问题。从内部讲，学校自身发展中一系列问题的累积，如学校制度建设的薄弱、组织庞杂与工作低效之间的不对称、教师职业倦怠的蔓延等，也需要通过一系列的变革来逐渐消释缓解。在内外双重压力的驱动下，学校不仅普遍地启动了变革，而且往往为变革设定了很高的期望值。但是，学校变革的经验告诉我们，变革不仅不是解决固有问题的万能钥匙，甚至还有可能成为激发新问题的导火索。因此，理性的变革设计与实施，不仅需要研究过往的变革史，而且也需要把研究楔入变革的全过程，在变革中研究变革，在研究中变革研究，实现变革与研究的关系重构。叶澜领衔的“新基础教育”研究，不仅是一场深刻的学校变革试验，更是教育研究的范式转型和方法论变革。

一、基于复杂性思维的学校变革再认识

以复杂性思维来认识学校变革，这是叶澜领衔的“新基础教育”的重要方法论基础。这一基础的确立，一方面是因为学校变革本身是一项面临巨大复杂性和不确定性的事业，若不能克服简单化的，甚至非此即彼二元对立方法论的桎梏，就很难真正研究清楚变革内部的深层逻辑；另一方面是因为复杂性科学的兴起对科学研究提供了重要的方法论启示。

（一）方法论突破

对变革的研究，而且是以参与式建构的方式对变革历程的研究，不同于自然科学的客观主义、实证主义认识论对自然现象的旁观式研究，它既需要“我”的出场，“我”的投入，又必须时时提醒自己在“局内人”与“局外人”之间穿行的特殊身份。因此，研究者在参与学校变革的历程中从事学校变革研究，所秉持的基本立场是“作为局内人的局外人”，同时也是“作为局外人的局内人”。前者是基础和前提，侧重强调研究者的“局外人”身份，即研究者参与建构学校新生活的历程，虽然是深入局内，但其本质依然是“局外人”，其本体责任是研究学校变革之理，从特殊性中抽象出一般性和普遍性，完成变革理论的创新与发展。后者侧重强调的是“新基础教育”研究的独特性，即所采用的变革研究路径，是一种介入局内的研究。因为介入，研究者尽管依然保有局外人的身份和立场，但是必须承担必要的实践变

革的责任。共享共建学校新生活，不是“我”指挥“你”建设“我认为”的好生活，而是大家共同设计的“好生活愿景”，在学校变革实践中实现出来的过程。这样一种研究理路，“突破了传统研究方法论中主体与客体、主观性与客观性、目标与手段、价值与事实、人文性与科学性等多对范畴内部的割裂和对立的基本逻辑，舍弃了非此即彼的思维方式，努力探索使两极沟通，积极、有效交互作用的复杂思维方式的运用和行动策略，在一定程度上实现了教育研究在方法论上的突破”①。

思维方式是主体在思考问题时的思路和方法论设计。学校变革不仅复杂，而且充满不确定性。因而，只有不断以复杂性思维来警醒和提示自己，研究者和变革者才能更好地克服简单化逻辑对变革过程的粗糙理解甚至粗暴的思维加工。吉纳·霍尔（Gene E. Hall)等人通过对一系列变革项目的研究发现，尽管变革总是建立在颇为详尽的设计基础上，但是，行动中的变革却可能发生严重的变异。甚至于“理论中所认为的变革与教室中实际实施的变革几乎没有什么相同之处”。②加拿大著名教育改革家迈克·富兰（Michael Fullan）也曾指出，“变革是非直线的，充满着不确定性，有时还违反常理”。它“好比一次有计划的旅程，和一伙叛变的水手在一只漏水的船上，驶进了没有海图的水域”③。置身于这样一个充满不确定性的变革过程中，如果不具备一种系统性、复杂性思维方式，轻则容易在认识中以偏概全，在实践中失去重心，重则可能导致在实践变革中全盘崩溃，理论认识上一叶障目。丹尼尔·达克（Jeanie Daniel Duck）在批判割裂式思维时曾比喻说，这就好像一个组织同时接受四项治疗，一个人负责消化道；另一个人矫正骨折

① 叶澜.“新基础教育”论：关于当代中国学校变革的探究与认识［M］.北京：教育科学出版社，2006：170.

② 吉纳·霍尔，雪莱·霍德.实施变革：模式、原则与困境［M］.吴晓玲，译.杭州：浙江教育出版社，2004：48.

③ 迈克·富兰.变革的力量：透视教育改革［M］.中央教育科学研究所，加拿大多伦多国际学院，译.北京：教育科学出版社，2000：35.

的脚；第三个人处理错位的肩膀；第四个人清除胆结石。每项操作都是成功的，但是病人却因休克而死亡。[①]对于学校领导者而言，系统性、复杂性思维方式，部分地体现为变革预案时的综合设计，更重要的则在于变革过程中直面各种突变和逆转，正视诸多偶然、意外和危机的智慧和综合运筹策略。变革过程既是一个尝试消解矛盾的过程，也是一个新矛盾不断增生的过程；既是一个利用资源、消耗资源的过程，也是一个集聚资源、重组资源的过程。如此复杂的发展态势，是对变革主体思维品质的挑战，同时也是打磨和锤炼系统性思维方式、品质的最佳机遇。对于教育研究主体而言，如果没有复杂性思维，就很难真正从日常发生着的教育中透析出“实践逻辑”，也即很难真正理解教育存在的真实状态及其内蕴事理。学校变革的启动，意味着学校日常生活的运行逻辑，从常态进入“非常态”。这意味着，变革是对主体“舒适地带”的打破，是对主体日常惯习的挑战；这也意味着，变革中的学校生活与个体生存状态，必然会增加不确定性。

（二）变革研究的双重使命

学校日常实践是一个流动着的事实。即便在很多情况下它是相对稳定的，但它一定不是凝固的。不过，在相当多的情况下，学校日常实践是依循某些规则或逻辑稳定运行的。因此，对学校日常实践的研究相对容易。但是，当学校处于变革中，尤其处于深度变革或整体转型性变革中时，对它的研究就会增加非常多的变数，研究的难度和复杂性会大大增加。因为变革不仅创造了一个活跃甚至剧烈的失序和不稳定状态，而且研究的介入会极大地影响甚至改变学校变革的取向、方向等。因此，对学校变革的研究，往往肩负双重使命。

首先，在复杂的、情境化的不确定中，研究、提炼、建构出相对稳定、

---

① 珍妮·丹尼尔·达克．管理变革：平衡的艺术［M］//哈佛商业评论精粹译丛·变革．李原，孙健敏，译．北京：中国人民大学出版社，2004：59.

确定的“一般性”“普遍性”特征。问题的复杂性在于，变革的复杂性不仅是因为对原有秩序的打破或偏离，而且还可能是因为变革过程本身也充满变数。变革的启动是对系统原有平衡态的打破。由此造成的暂时“失序”状态，是学校系统活力重新得到激发，并寻求新的平衡态的必经阶段，当然也可能蕴含着在失序中走向衰退的危险。学校系统的运作，不能永远处于“失序”状态。教师也不能在新旧抗争的焦虑中徘徊过久。因为，失序不仅会增加工作风险，而且也容易加剧主体的焦虑感、无着感，甚至引发职业倦怠的提前和加剧。因此，学校“变革文化”培育的一个重要议题，就是引导变革，引导教师从冲突、碰撞、激荡的状态逐渐走向新的平衡。只有当变革渗透进学校机体的血脉，转化成学校日常教育实践的常态，体现于教师的思维方式和行为方式时，学校变革才有可能获得稳定的发展。从这个角度讲，一次成功的变革，应当是由平静走向激荡，再引领激荡走向新的平衡态的过程。这种新的平衡态，不是变革失去活力，不是变革被耗费殆尽，而是变革所倡导的新质在学校日常教育实践中实现了扎根。因此，那种立意“速战速决”，以搞“运动”的方式实施的变革，往往只是触动了机体的表层，由此形成的“新质”，会随着变革“运动”的停止而逐渐萎缩，直至消失殆尽；而那种一味“点火”，始终沉浸在“轰轰烈烈”氛围中的变革，则往往容易忽视对变革新质的悉心培育和及时巩固。面对如此复杂的变革过程，研究主体既需要敏锐的体察力，很多时候也需要强烈的同情心和同理心，即在对变革所带来的不确定性有深刻体悟的基础上，抽象出学校变革的内在机制和实践逻辑。教育研究作为一种事理研究，其要义就是要在流动着、生发着的“事”中悟到并揭示出内蕴之“理”。

其次，研究主体不仅要有在“变”中抽象出相对“不变”的意识和素养，还需要具备在“变”中把握“变”，并作出合理应对的意识和能力。承担这种使命的研究主体，往往指的是出现在学校变革现场，尤其是在变革中研究变革的主体。在叶澜领衔的“新基础教育”研究过程中，一些内外部要素（有时是非常关键、核心的要素）的变化，对变革的展开与推进，往往会产生严峻挑战和深刻影响。例如，一所合作学校刚刚经历从失序到立序的转型，这意味着旧有的秩序被打破后，经过一段时间的艰难调适，学校内部的系统要素重新组合，达到了新的平衡态。此时，上位教育政策的改变，学校领导及其团队的重大调整，诸多行政性教育改革项目的“分拨”与干扰等均有可能或深或浅、或剧烈或温和地影响学校变革的持续推进。受中国当今教育和学校领导与管理体制的影响，无论是上位教育政策的调整，还是学校领导的更迭或机构的较大规模的重组等，这些要素对变革的坚守、持续推进，影响不可谓不大。一个区域的教育发展、一所学校的变革走向，固然有其传统根基和相对稳定的实践逻辑，但同时又极大地受到它们第一责任人的影响。既受到第一责任人的教育理念、领导与管理理念的影响，也受到他们领导风格的影响，甚至还可能被他们各自的性格爱好所左右。

（三）突破“加法逻辑”

今天的学校变革，正在被恐怖的“加法逻辑”所劫持。只要人们认识到重要的事情，就往学校教育内容中塞。不少教育行政人员在管理教育的过程中，能够动用的政策工具非常有限，“××进中考”“××进高考”几乎成了解决教育难题的万能药。这种简单粗暴的“加法逻辑”，一方面造成师生负担不断累加，另一方面造成学校办学自主权被日益蚕食，所谓的“放管服”改革也不可避免地流于空谈。

为什么学生所面对的学习内容越来越多？人们日益感受到，人类所面对的未来，将是一个更光怪陆离的世界。为了让今天的人们为未来的不确定性做好准备，我们总是希望在教育中把所有未来可能用到的知识和技能都准备好。近20年来，在全球化、信息化的影响之下，中国教育改革的话语正在克服“迟发展效应”，呈现出与西方教育话语同步的态势。但是，某些在西方学术界刚刚兴起的话语，在西方国家还停留在学术讨论或理念倡导阶段，尚未转化为教育政策与实践，但中国教育学界急于引进，很快就转化成为某些政策倡导或实践风潮。一方面是话语数量的急剧增多，另一方面是话语更迭的加速，使不少学校陷入“变革加法”的泥沼，难以自拔。变革加法不仅造成很多交叉重复的变革项目被硬性塞到学校中，变成师生的工作和学业负担，而且在一些地方逐渐形成机械主义的懒政作风，即不对变革做深入辨析，不对变革的合理性、必要性做精细化论证，只要有新的要求，新的风向，就一股脑照单全收，然后再照单全部布置推广到学校中去。这种层层传导甚至层层加码的学校变革举措，正在将学校推入平庸主义的窠臼。

复杂性思维是对碎片化思维的超越。这种超越，首先需要破除的是简单相加式的改革方法论。例如，提升学生的身体健康水平，未必需要增加学生的体育课。很多时候，对课程做统整，为学生让渡出足够的自由运动时间，至少减少学生局限在室内伏案刷题的时间，对于学生身心健康的改进或许更值得期待。提升学生的审美情趣，仅靠增设课程或者推进美术进中考也未必奏效。审美情趣需要涵养陶冶，它不仅需要学校创设更多的鉴赏、体验课程，提供必要的指导，而且也需要为学生成长创设更综合的线上线下文化生态，让学生有更多机会明辨真善美与假丑恶。学生近视的防控，靠增加防近视讲座，开设专门的用眼卫生课程，也未必是最佳良方。减少学生的课程，显著增加学生室外活动时间，或许比开设一门专门的用眼卫生课程，对近视防护的价值更大。把中医书籍塞进小学生书包，加重学生负担，不仅不符合中医理念，而且未必能够像成人设想的那样，在学生内心种下认同中医的种子。反而有可能因为加重学生负担，或过早地灌输太多专业、复杂的知识而让学生产生逆反或厌弃心理……当越来越多的碎片不断充塞进学生的生活中时，学生的学业负担将急剧增加，自由活动时间将急剧萎缩，由此造成的身心健康隐患，审美情趣残损等，或许会远超改革之前。基于复杂性思维的方法论重建，要求我们从这些碎片中抽身出来，以放空的心态追问教育初心和学校元价值。推进改革的深化，必须尝试从方法论上走出以中考、高考倒逼学校变革的误区，必须在元思维层面反思自己的思维误区。变革引发的失序状态，会增加实践风险，从而增加变革实践主体的焦虑感。尽管在一定意义上说，暂时“失序”状态是学校系统活力重新得到激发，并寻求新的平衡态的必经阶段，但学校系统的运作，不能长期处于“失序”状态中。教师也不能在新旧抗争的焦虑中徘徊过久。因此，学校变革研究，应该致力于引导变革，引导教师从冲突、碰撞、激荡的状态逐渐走向新的平衡。只有当变革渗透进学校机体的血脉，转化成学校日常教育实践的常态，体现于教师的思维方式和行为方式时，学校变革才有可能获得稳定的发展。从这个角度讲，一次成功的变革，应当是由平静走向激荡，再引领激荡走向新的平衡态的过程。

生命中不仅有勠力前行，奋力争取，还可以有善于退步，勇于放弃。如果学校变革不懂得取舍之道，它一定会淹没在不断袭来的变革话语和蜂拥而至的变革政策中。美国学者杰西·古德曼（Jesse Goodman）在对美国学校变革运动的历史梳理之后发现，尽管在“信息技术革命”大旗下的各种学校变革话语极为新鲜刺激，但是其背后的逻辑却与之前的变革浪潮并无实质上的不同。古德曼认为，持学校重建主义的学者依据社会发展趋势，提出所谓“学校重构的第三次浪潮”。这些重建主义者指出学校改革的第一次浪潮是基于乡村-农场社会；第二次学校系统重建的浪潮是因为工业时代的到来；而学校变革的第三次浪潮是为了迎接信息时代的到来。然而，在这种指导思想之下启动的许多学校改革方案和项目尽管作出了技术上的某些改变，但实际上却是加强了传统的教育方式中的内在价值、权力关系和学习经验。在这种情况下，我们所呼吁和启迪的学校变革只是停留在表面。古德曼指出，我们参与学校变革的话语讨论，就必须超越浅层次的变革和结构布置。参与学校变革的核心工作要求我们破除根植于学校中的传统价值观念。只有这样，才能判断是否在学生学习和教师教学上做出的是实质性变革而不仅仅是流于表面形式的改良。古德曼尖锐地指出：以“学校重构的第三次浪潮”为名提出的许多所谓新话语，其背后实际上蕴藏着四种值得反思的核心原则：社会功能主义，效率和生产力，个人主义，专家主义。这些原则会加强现存的学校实践和价值而不是从实质上改变学校的教学生活。[①]因此，识别出纷繁复杂的变革话语背后隐藏的逻辑，有助于引导学校在“泛变革”的时代里辨析变革的必要性和合理性，拒绝那些被古德曼称之为“将过去冠以未来之名”的学校变革。

二、变革理论与实践创新的交互生成

教育理论与实践的关系，几乎是教育学科建设中一个长盛不衰的研究话题。这个问题的持续性，很大程度上源于现实生活中人们感受到的理论与实践之间的疏离。今天的中国，无论是社会的深度转型还是学校变革进入“深水区”，都迫切需要理论的支撑。这种支撑，从人们内心期望的角度讲，一方面应该表现为理论引领、指导实践，即面对复杂多变的不确定性问题，理论理应给出更为清晰明确的方案、规则甚至路线图。这种对社会变革、教育变革实践的理论需求，多少会受到自然科学理论-实践关系的影响。在自然科学范式中，理论所呈现出的过程-结果模式，基本上是可控、可重复、可实现的。换言之，自然科学的理论是稳定的，在条件适切的情况下是可实现的。但由于社会问题、教育问题的复杂性、人为性、生成性等特征，人们往往很难在理论与实践的关系中找到线性关系。这意味着，我们很难按照理论及政策设计直接导出预期的实践效果，也很难把实践中呈现的复杂景象凝练为自然科学中的公式、定理。这无疑会引发人们对理论价值的怀疑。另一方面，理论对实践的支撑，应该表现为理论对实践过程、经验的准确表达和透彻阐释。问题是引发理论创新的重要诱因。如果从这个意义上说，中国当代

① GOODMAN J. Change without Difference：School Restructuring in Historical Perspective［J］. Harvard Educational Review，1995（1）：1—29.

丰富的社会变革试验和教育改革案例，应该是中国教育学最丰富的理论来源。但是，直到今天，在中国的教育学术话语中，占据主导地位的，依然是西方的教育学话语。因此，以原生的理论表达和阐释中国的探索性和创新性实践经验，或者在问题的解决过程中总结提炼中国本土的教育学理论，就成为当代中国教育学科建设中思考理论与实践关系的新维度。这个问题涉及教育学科的独立性与存在合理性。尽管在任何学科中，尤其是在人文社会科学的学科中，理论与实践之间都存在一定的距离，但是像教育学科这样需要不断为理论与实践的关系做论证的学科并不多。这一现象的存在，除了教育学科自身的特殊性之外，很大程度上与人们对教育研究和教育理论之实践指导价值的期待有关。在教育学科中，不乏研究主体认为教育理论与实践之间的疏离、脱离、隔离状态是合理的，甚至为此提供了非常多的论证。但是，教育实践的理论期待，并不仅仅是一个单纯的学术研究课题。退一步讲，即便我们能够在学理上证明教育理论与实践原本就应当脱离，但也很难堵上教育实践者质疑理论价值甚至其存在合理性的“悠悠之口”。

（一）教育理论与实践关系问题的不同解答

在国内教育学界，教育理论与实践的关系问题曾经一度汇聚成为教育研究中的焦点问题。1991年，《教育研究》杂志曾开辟专栏，在6期杂志上刊登了21篇专论文章。参与者既有专职的教育研究者，也有教育行政工作者，还有一批知名教师。在这次大讨论中，形成的主要观点是：（1）教育理论与实践之间存在着脱离的现象；（2）“脱离现象”的存在，部分因为理论陈旧、抽象、缺乏操作性，理论研究者缺乏深入实践的兴趣、意愿和基本功；（3）实践者缺乏研究意识与研究能力，不学习、不研读理论也是导致“脱离现象”的重要原因。研读这些文献可以看出，不同身份的作者在理论脱离实践这一问题上的判断基本是一致的，但是基于不同的身份和相应的立场，归因的路径以及给出的策略却有所不同。此后一段时间，关于教育理论与实践问题的讨论热度降低，专论文章相对分散和减少，但并不意味着“脱离”这一现实问题已得到了解决。近年来，随着教育研究队伍的扩大，国外教育理论的大规模引进，其他学科领域理论的渗透，以及教育学界对一些基本问题和相关问题认识的深化，关于教育理论与实践问题的讨论又开始升温。笔者通过知网检索到，2000年以来的20多年间，篇名中含“教育理论”且含“实践”的期刊文章有79篇，散见于国内诸多教育学领域的核心刊物上，如《教育研究》、《高等教育研究》、《华东师范大学学报》(教育科学版)、《教育理论与实践》、《教育研究与实验》、《北京大学教育评论》等。可以看出，关于教育理论与实践关系的研究，尽管并未像技术革新或宏观政策变化带来的话语“涌现”现象，但它一直是教育学术界持续关注的稳定性议题。综观已有研究，在理论与实践关系的认识上大体形成了六种主要观点。①

一是“中介论”。这一观点认为教育理论结构中有不同的理论层级和性质成分，教育实践也有不同的层面和类型，不同层级或性质的教育理论与不同层面或类型的教育实践之间的关系必然互不相同。因此，需要建立或激活教育理论与实践之间的中介，使二者由隔离走向贯通。被作为“中介”提及的，有教育理念、教育技术、教育方法、应用性理论等。

二是“对话论”。该观点认为，要想在研究与实践这两种不同形态的实践之间实现沟通，就不能不借助于必要的主体对话。“行动研究”被视为实现主体间对话的典型性策略。经过迭代之后，到第三代“批判行动研究”发展起来之后，人们试图将行动研究转化成为理论发现与理论检验过程的统一体；是教师实践性语言转化为共同的诠释范畴，并借此构造理论的过程；也是由个体经验上升到理论的过程。②

① 笔者曾经对六种观点分别做过细致的评述。在此仅撮要阐释，不作展开。详见：孙元涛.研究主体：体制化时代教育学者的学术立场与生命实践［M］.上海：华东师范大学出版社，2015：147—152.

② 唐莹.元教育学［M］.北京：人民教育出版社，2002：378—380.

三是理论分层论。其典型代表德国著名元教育学者布雷岑卡将教育理论划分为三类：教育科学、教育哲学、实践教育学。这一分类框架在中国教育学界有广泛影响。[①]国内学者陈桂生在讨论借鉴布雷岑卡分类框架的基础上主张理论四分：教育科学理论、教育价值理论、教育技术理论、教育规范理论。[②]理论分层的观点，其潜台词其实是反对笼统主张教育理论联系实践、指导实践等。因为不同层次的理论属性不同、品质不同，与实践的关系自然不同。即便真的联系和指导实践，其方式、策略和深度亦不可能相同。

四是合理脱离论。持此观点的学者认为，理论与实践之间应当是一种“合法的脱离”。脱离是由教育理论与实践的品性所决定的，也是必需的。教育理论联系实践，不仅是服务于实践，而且也是批判实践、超越实践。只有这样，教育理论才能保留自己在任何一种实践之外进行反思的权力，保持自己超越盲目和偏见的能力，避免彻底的思想病态和可能带来的灾难。有学者提出教育理论要警惕“实践崇拜”，就必须与实践保持距离，并自觉承担实践批判的使命。[③]

五是“本然统一”论。亚里士多德曾强调，实践是一种自身即是目的的政治、伦理活动。实践之过程即蕴含着“实践之知”与“真实的践行”，二者并非割裂的关系。基于这一实践哲学的基本立场，有学者得出：从实践哲学的角度观照，教育理论与实践是本然统一的。

六是不可通约论。持此观点的学者认为，教育理论与实践之间的关系，是转借了一个来自哲学的“他者”的问题，是一件“劳而无功”的事。理论研究的目的是把问题“说”得“清楚”，实践活动的目的是把事情“做”得

---

① 沃尔夫冈·布列钦卡.教育知识的哲学［M］.杨明全，宋时春，译.上海：华东师范大学出版社，2006：28.

② 陈桂生.教育学辨：“元教育学”的探索［M］.福州：福建教育出版社，1998：49—50.

③ 曹永国.从实践崇拜到实践批判：教育理论研究的现代逻辑［J］.高等教育研究，2014（2）：10—18，26.

“完美”。二者本不可通约。硬把理论“强加”到实践之上，或者硬把实践“强加”到理论上，均可能导致一种相互的“迎合”，使理论不像理论，实践不像实践，变得不伦不类。

（二）在主动深度介入实践中重建教育理论与实践关系

教育理论与实践的关系问题，是叶澜在教育学元研究中保持持续关注的重要理论问题。她不仅在相当多的文章、著作中都有对该问题的论述，而且还分别在2001 年、2009 年、2014 年、2021年发表了四篇专门论述教育理论与实践关系的论文。这四篇论文的题目分别是《思维在断裂处穿行——教育理论与教育实践关系的再寻找》《大学专业人员在协作开展学校研究中的作用》《大中小学合作研究中绕不过的真问题——理论与实践多重关系的体验与再认识》和《转化融通在合作研究中生成——四论教育理论与实践的关系》。四篇论文在学术观点上既有传承性，也有进阶性。从方法论的意义上，四篇论文均坚持了对理论与实践二元对立观点的批判，强调主体行动在理解和改变二者关系中的决定性意义。因此，与一般意义上静态分析理论与实践的关系不同，叶澜主要是在大学与中小学合作研究的过程中，从理论与实践的交互生成、双向建构的意义上探究二者的关系。在“元层次”上来审视，叶澜的“理论-实践观”具有“双重主体融入”特征。

在第一重意义上，叶澜对教育理论与实践关系的分析，始终坚持将主体作为一个核心因素纳入关系框架中。主体在场、主体融入，意味着教育理论与实践的关系，不仅仅是现成的理论如何转化为实践这样简单。事实上，理论与实践的关系，不仅是一个认识论问题，而且是一个重要的实践论问题。这意味着，教育理论与实践的关系，不仅在于我们如何思考它，认识它，而且也在于我们如何实践它，如何在行动中塑造关系，改变关系。在实践论的意义上来看教育理论与实践的关系，“主体融入性”和“生成性”特征会非常清晰地显现出来。在被恩格斯誉为“包含着新世界观的天才萌芽的第一个文件”——《关于费尔巴哈的提纲》中，马克思曾指出：“全部社会生活在本质上是实践的。凡是把理论引向神秘主义的神秘东西，都能在人的实践中以及对这种实践的理解中得到合理的解决。”[①]杜威也曾指出：“理论与实践的关系不只是一个理论问题；它是一个理论问题，但也是人生中最实际的问题。”[②]在理解理论与实践的关系时，抽离了主体因素，仅仅在旁观者立场来看待二者的关系，至少是丢失了理论与实践关系的一个重要维度。

在第二重意义上，叶澜对理论与实践关系的解读与阐释，是“自我深度融入”的，在她所影响的范围内，她以自我对实践的融入，而且是携带理论对实践的深度融入，直接建构了一种基于主体交往对话的教育理论-实践关系。叶澜所领衔的“新基础教育”研究共生体，就是以这样一种主体深度对话的方式，不断建构、改进着教育理论与实践的关系。在这个意义上，叶澜不仅是教育理论与实践关系的认识者与阐释者，也是教育理论与实践关系的建构者和践行者。她所提出的“教育理论与实践的双向建构交互生成”的关系形态，不是纯粹的认识论结论，而是在主体深度交往中直接建构出来并如是呈现的。以叶澜的视角来认识和表达这种关系形态，实质上是研究主体的一种返身性认识。在《关于费尔巴哈的提纲》中，马克思也曾宣称：“从前的一切唯物主义（包括费尔巴哈的唯物主义）的主要缺点是：对对象、现实、感性，只是从客体的或者直观的形式去理解，而不是把它们当做感性的人的活动，当做实践去理解，不是从主体方面去理解。”[③]事实上，主体对于理论与实践的关系而言，不仅是一种视角，在一定意义上是构成关系状态的决定性力量。即便对于既成的教育理论而言，教育理论与实践的关系，也不

① 马克思，恩格斯．马克思恩格斯选集：第1卷［M］．中共中央马恩列斯著作编译局，译．北京：人民出版社，2012：135.

② 约翰·杜威．确定性的寻求：关于知行关系的研究［M］．傅统先，译．上海：上海人民出版社，2004：284.

③ 马克思，恩格斯．马克思恩格斯选集：第1卷［M］．中共中央马恩列斯著作编译局，译．北京：人民出版社，2012：133.

仅仅是一种认识论问题，而是有可能变成实践论问题。可能性的存在和大小，既取决于理论本身的形态、品质和内蕴的指向实践的力量，也取决于实践主体是否主动去学习理论、研究理论、应用理论、修正理论，以及理论研究主体（包括理论的创造者和阐释者等）是否愿意向教育实践传播、转化这些理论成果。在这个意义上说，叶澜本人以及她所领衔的“新基础教育”研究团队，不仅在一定程度上更新了我们对教育理论与实践关系的认识，而且也在学校变革试验共生体内部，协同建构了一种新的教育理论-实践关系。

叶澜并不把主动深度介入教育实践视为教育研究的唯一合理方式。如同这个世界处处充满多元性、多样性一样，教育研究活动和教育理论成果，其内部也都富含多元性结构。因此，主动深度介入式的教育研究，也只是诸多教育研究方式其中的一种。但叶澜又进一步从发展教育学科和推进教育实践变革的有效性的角度出发，进一步论证了主动深度介入式教育研究在当代的急迫性：

> 在当今中国社会处于重大转型期的时候，把研究对象的视野拓展到正在进行着变革的生动、甚至显得有些无序的社会与教育实践尤其必要。这种突破的价值，首先不在于从实践中去找证实或证伪某种理论的例证，也不在于用自己的理论去指导教育变革的实践，而在于研究主体有可能去认识一个变革着的社会与教育，这个对于研究者来说同样是陌生的和富有冲击力的社会与教育。这种冲击不只是对自己头脑中已形成的教育理论，而是对认识整个社会与教育的立足点、方法和习以为常的框架与原则的冲击。不认识这种冲击的价值、合理性、问题与趋势，研究个体的精神会依然生活在过去的世界之中。[①]

① 叶澜. 思维在断裂处穿行：教育理论与教育实践关系的再寻找［J］. 中国教育学刊，2001（4）：1—6.

人类正在进入一个加速发展的时期。在这个时期中，人们一方面享受着“发展”带给这个世界和每个人日常生活的红利和便捷，另一方面又常常怀着浓郁的怀旧吟咏“从前慢”的诗句，还要带着深深的忧虑展望充满不确定性的未来。在这样的时代从事教育实践和教育研究，构筑教育理论与实践的关系，最重要的是主体的生命自觉与内在力量的增强。这样的自我觉醒和自我成长，一方面是不断改变自我的存在状态，增强自我参与新世界的能力；另一方面则是不断改变自我置身其中的生态，包括与他者之间对话交往与彼此共生的关系状态。具体到教育理论与实践的关系而言，主体的自我觉醒与发展，是强化理论与实践关系的最可靠力量。“没有真实意义上人的变化与发展，则难有理论和实践意义上真实且有发展价值的推进。”[①]

三、多元主体的对话与价值理性的提升

近年来，对学校教育“目中无人”现象的反思，可以看作是对原本应当持“以人为本”理念的学校教育之异化问题的批判。叶澜视教育为“以人为本的社会中最体现生命关怀的一种事业”。而教育的“以人为本”不同于其他社会实践的一个重要特质，是它不仅要尊重人、关心人、服务人，而且更重要的是，它要培养人、发展人、成就人。叶澜的“新基础教育”理念，把学校视为变革的基本单位，其重要思想就是走出工业化时代所造就的“近代型学校”，建设现代型学校。在这重大的事业中，人不仅是需要依靠的力量，更是这个事业最终要实现的核心目标。因此，叶澜用“成事成人”强调学校变革之事和多元主体成长之间的内在统一和相互融通，这是“新基础教育”在学校变革价值观目的与手段关系意义上实现双向转换与统一的创造性表达。这一表达既突出了“成人”与“成事”两者之间的相互依存关系，也

① 叶澜．转化融通在合作研究中生成：四论教育理论与教育实践的关系［J］．教育研究，2021（1）：31—58．

呈现出了对二者在增量发展中实现双向转化的期待。“新基础教育”将这种新的关系态，通过“在成事中成人，用成人促成事”做了进一步的诠释。在这里，“成人”与“成事”并不存在孰先孰后、孰重孰轻的问题。“在成事中成人”强调的是变革主体的自我成长，是在变革实践中，借助探索、尝试、反思、重建而逐渐实现的。它既表达了以“成人”作为“成事”之目标取向的变革价值论，也表达了变革主体在“成事”中实现自我发展的过程观。“用成人促成事”则表达了“成人”是“成事”最可依靠、最应依靠的内生力量。它意味着变革中的实践主体，凭借自我在变革实践中的发展，提升谋事、做事、“成事”的能力和智慧。由此可见，学校创造性的变革实践，既是变革学校具体事务，提升实践合理性的过程，同时也是多元主体在变革实践中展开深度对话，提升变革实践智慧，促进自我发展的过程。①

（一）多元主体的深度对话

叶澜将当代中国教育变革的主体分为三类：利益主体、决策主体和行动主体。她对三类主体各自内部构成及关系、三类主体之间的关系做了精细的分析。②变革过程，是多元主体利益格局变动、彼此关系产生深度变革的过程。我们在这里不再重复叶澜关于三类主体关系的分析，而是基于大学与中小学伙伴协作关系的学校变革中所涉及的三种主体角色及其协同发展关系做一简要分析，以此来凸显叶澜在学校变革方法论上的思想设计与实践策略。

1. 学校领导与管理者的角色重建

在相当长的时间内，无论是在中国教育研究的话语体系中，还是在中国

---

① 孙元涛. 论“新基础教育”学校领导与管理变革的理论创新［J］. 中国教育学刊，2017（6）：21—24，82.

② 叶澜.“新基础教育”论：关于当代中国学校变革的探究与认识［M］. 北京：教育科学出版社，2006：147—158.

学校变革的实践生态中，“学校管理”这个概念使用非常广泛，但是“学校领导与管理”作为一个稳定概念出现相对较晚。在知网上，篇名中含“学校领导与管理”的论文，迄今只有7篇，最早的一篇发表于2009年。这在一定程度上说明，我们对学校变革中的领导力需求的认识，相对较晚。近年来，西方学者在学校领导与管理问题上的研究，很大程度上影响了国内相关学术观点的建构。现在，越来越多的人开始意识到“领导”与“管理”的差异。例如，科索夫（L. L. Kossoff）认为，管理是一种职业，而领导是一种感召。利斯伍德（K. Leithwood）等人认为，如果一个人在学校发展中起的是“引路”作用，那就是领导；如果起的是维持的作用，那就是管理。[①]对“领导”与“管理”的区分，在变革时代具有特别重要的意义。但是，近年来另一个值得警惕的趋势是，人们在区分之后，又过分夸大了二者的不同，甚至将二者隔离开来。对于这一趋势，彼得·圣吉（P. Senge）提出过警告：“对于认为领导者拥有超自然力而将其神化，管理者只是埋头苦干、辛勤工作的观点，我们不能接受。我们宁可采信这种观点，即两者都是必需的，他们共存于学校工作之中，而且从实践看，他们往往难以区分”。[②]我国学者冯大鸣也曾批判了“领导”与“管理”的断裂现象。他认为，在当前我国学校工作中“管理”还十分粗放的情况下，存在“领导”过剩与“管理”短缺的局面。“领导”与“管理”的失衡与断裂，使“领导”沦落为虚饰和取巧的工具，成为旧酒新瓶的华丽标贴，成了优势学校独家把玩的奢侈品。因此，他主张要修复“领导”与“管理”的断裂。[③]莎朗（Sharon D. Kruse）等人认为，一个强有力的领导者和一个具备高度胜任力的管理者，是学校焕然一

---

① 克鲁斯，路易斯．建构强大的学校文化：一种引领学校变革的指南［M］．朱伟，刘琼，译．北京：北京大学出版社，2013：27.

② 克鲁斯，路易斯．建构强大的学校文化：一种引领学校变革的指南［M］．朱伟，刘琼，译．北京：北京大学出版社，2013：27.

③ 冯大鸣．学校“领导”与“管理”的断裂：危害与对策［J］．教育发展研究，2011（20）：1—5.

新、成绩斐然的保证。这两种角色通常集于一人，至少存在于同一团队中。组织的运转，一方面有赖于领导——推动系统的改善，激励并授权给教职员使他们作出优异的成绩，并且在组织中建立起信任；另一方面也归功于管理——聚焦于系统的具体环节，使任务的操作有序和可控，并监督教职员的工作行为。显然对组织来说，领导和管理相辅相成，缺一不可。[①]在学校处于常规运行状态时，系统内部要素的主体架构比较稳定，学校发展不存在较为紧要的方向性选择。在这种情况下，管理需求一般大于领导需求。但是当学校处于变革时期，尤其是规模较大、较为剧烈的深度变革时期，学校发展涉及价值观重塑、办学理念和方向的重新调整、学校内部架构的平衡状态被打破。 在这种情况下，“领导”问题的重要性得以凸显出来。叶澜将学校的领导团队视为学校变革中的“大脑”。她认为，如果学校领导团队的价值体系出了问题，或者对学校发展的方向不明，策划力较弱，学校变革很难真正扎实推进。

在学校领导与管理问题上，叶澜尤为强调两点：一是重视校长，但更重视整个团队的建设，从校长到学校领导团队，强调的是从“人”到“领导力”的重心转移；二是重视策划、组织、领导、评估等领导事务，也同样非常重视学校领导团队的内向学习和自我成长。无论是校长，还是学校各个中层组织的负责人，如果没有在变革中实践反思、持续成长的意识和能力，学校变革很容易在经历一段时间的冲刺后陷入困顿。如同汽车行驶需要不断加油一样，领导团队如果只是输出领导与管理的具体经验，当学校变革推进一段时间，学校组织生态发生一定的转变之后，学校领导团队很容易因为自身“缺油”而成为组织变革的掉队者。这里体现的正是叶澜所强调的“成事成人”的内在统一。莎朗等人详细列出了学校领导与管理团队在学校变革中理应承担的主要职责：着重激发、鼓励及协调学校中的专业活动；扩展学校边

① 克鲁斯，路易斯．建构强大的学校文化：一种引领学校变革的指南［M］．朱伟，刘琼，译．北京：北京大学出版社，2013：28.

界，寻求外部利益关联者的支持，为学生学习争取外部资源；创建一个共同为支持学生和促动变革承担责任与义务的环境；通过有效的思考方式建立传统和未来的联系；发展符合学校文化变革意图的专业共同体和组织学习；维护一个强调尊严和使生活更美好的学校教育的形象；采取一种实干和服务的态度；在专注于长期的战略性目标的同时，留意并创造条件支持日常性工作和活动，以保障学校的有效运作。[①]这些工作，无一不是依靠自身强大的专业智识来支撑的。在一个信息化不断加速的时代，每一个人的终身学习能力已经成为一个人的核心素养的关键性构成，而身处变革旋涡中的学校领导团队，如果没有自主、自觉的持续学习能力，很容易被他亲自启动和推进的变革所抛弃。所谓“与变革共舞”，在一定意义上内含着强化内向学校研究，保持与变革同频共振的含义。

2. 教育研究主体的主动深度介入

叶澜认为，在大学与中小学的伙伴协作框架中，来自大学的教育研究主体必须首先认清教育理论与实践的内在关联。要通过对合作大生态的研判，明辨合作的文化心理基础和资源条件，采取积极的行动创造有利于介入式教育研究的小生态，努力结成志同道合者联盟，不断扩大良好生态的范围，用真实的研究和现实的改变，拓展教育学研究的生存与发展空间。怀特海（Alfred North Whitehead）曾说：“成功的机体将改变它的环境。能改变环境进行互助的机体就是成功的机体”。[②]必须意识到，当研究主体主动走近实践、介入实践之初，合作的生态未必总是很理想的，甚至于，在某些时候、某些方面会有比较大的挑战等着研究主体。因为，在长期彼此隔离的发展过程中，教育学术场域和教育实践场域已经各自形成了较为稳定的运行规则和

① 克鲁斯，路易斯．建构强大的学校文化：一种引领学校变革的指南［M］．朱伟，刘琼，译．北京：北京大学出版社，2013：28.

② 怀特海．科学与近代世界［M］．何钦，译．北京：商务印书馆，1959：197.

文化心理。这些规则和心理，可以被视为对边界内人员的保护机制。贸然越界者不仅容易遭到对方的抵制和排斥，而且也可能因为越界行为，遭到己方人员和文化的挤兑。更何况，跨界行为实际上是从自己的舒适区挣脱出来，到一个相对陌生的区域内重建适应性的过程，在这个过程的初期，不确定性的袭来，往往容易带来较多的焦虑。这些是教育研究主体在选择和践行主动深度介入式教育研究时，不得不面对的挑战。为可能的不确定性做好心理准备，一方面有助于研究主体理性地对待可能遭遇的诸多困境，另一方面也警示研究主体：一旦越界行为真正启动，观望、抱怨和对失败的他向归因，都无助于问题的解决。实践、行动是改变周遭不确定性因素，使之成为自己所欲的良好生态的最可靠力量。这是研究主体的一种理性选择。这种跨界尝试，是突破教育研究书斋化、学院化弊病的重要尝试。[①]当教育研究主体与实践主体在彼此的走近且共事中逐渐生成“研究–实践共生体”[②]，展开协同创造时，实践可能因为理论的介入而强化理性，增加厚度，获得灵感，实践主体也可能在协同创造中实现理论理性的扩展；理论也可能因为扎根实践而增强底气和底蕴。“这样的理论是双向的，而不是单向的；是民主的，而不是霸道的；是生成的，而不是赋予的；是开放的，而不是封闭的”。[③]

---

① 跨界合作，是促进创新的重要途径之一。但是，并不是所有的研究都需要跨界，也并非所有的跨界都有助于创新。跨界与否，既与个人的价值、兴趣、性格有关，也与外界生态的支持性有关；成功与否，则取决于更复杂的内外部条件。这也在一定程度上说明，时代境遇中的各种“热”，未必都应当跟从，也未必都值得跟从；跟从了，别人可能获益，自己却未必获益。因此，对于教育研究、教育实践中的颇多“热点”话题，跟还是不跟，对任何一个主体来说，都是一个现实的问题。

② 在这里，笔者使用共生体，而不用共同体，是想突出，合作固然需要“同”，但有效的合作，也常常是因为“和而不同”。叶澜经常说“差异是一种资源”，两种主体之所以需要彼此走近，恰恰是因为他们彼此的陌生化眼光有助于相互玉成，这是共创学校新生活的源头活水。关于共同体和共生体的区别，笔者在后文中再详细论证。

③ 孙元涛.研究主体：体制化时代教育学者的学术立场与生命实践［M］.上海：华东师范大学出版社，2015：162.

3. 教师研究性变革实践

人们往往认为，教师应当是学校变革的支持者。这句话显然说出了重要的道理，但是，教师不应该仅仅是学校变革的“支持者”，他们更应该成为学校变革的当事人和行动者。学校变革的绩效，是与作为变革当事人、行动者的教师对变革的认同、参与、实践与反思密不可分的。教师是学校变革的当事人，并不意味着“全部当事”，也不意味着“当全部事”。基于不同的组织分工，基于组织成员对变革与自身利益的斟酌，基于每一个独特个体参与变革之意向性、价值观及行动方式的差异，当事人可以采用不同的方式思考变革，参与变革。但是，一种学校内部的深度变革，如果相当多的教师把自己当作局外人和旁观者，这种变革的绩效是可想而知的。对于学校领导者而言，为了让教师与变革共在，共舞，共发展，最重要的、前奏性的引领策略，是营造一种协同“卷入”的变革参与机制。大学与中小学的伙伴协作，是促进教师从教学实践的舒适区挣脱出来，在研究性变革实践中成长为创造型教师的重要契机。

在一个“泛变革”的时代，教师的创造，并不全然以“求新”为鹄的。或许，变革时代“守正创新”的辩证法，应该成为教师参与学校变革的内在持守。所谓“守正”，谓恪守正道。之所以特别突出“守正”在变革时代的重要价值，意在强调，当我们致力于经验的创新时，一定要懂得守住真正能够体现教育正道的有价值的东西。不是所有的“旧”都需要“破”，不是所有的“新”都值得去“立”。由于培养体制的问题，中国教师的发展，在职前培养阶段面临“专业性养成不足”的困境。这一现实存在的问题，对学校提出了非常高的要求。学校不仅是“用”教师的职场，也应该是教师实现自身专业成长的舞台，更应该成为教师实现自身人生价值的精神家园。与常态化的学校实践不同，变革的生态，对教师发展提出了更高的要求。同时也为教师发展提供了更丰富的刺激和更多的发展可能性。可以说，日常化的研究性变革实践，是教师实现专业发展和生命成长的沃土。

“事在人为”。凡“人为”之事，心态与立场的确立与调整是最根本的。教师是否能够真诚投入研究性变革实践，一定程度上取决于他是否意识到了自身工作的专业特质；是否意识到了专业学习对维系和提升自身专业实践效能的重要性；也在一定程度上取决于他如何看待自我与他人，自我与共生体之间的关系。首先，教师需要改变仅凭常识、经验从事教学的心态和行为，建立清晰的专业自觉，并在自觉意识的支持下将学习变成一种日常化的专业习惯。只有这样，才能使教师学习获得内在持久的动力。其次，教师宜将荀子的所谓“以仁心说，以学心听，以公心辨”[①]，作为参与变革共生体、开展人际合作的基本伦理。在伙伴协作中，怀抱宽厚仁和之心，坚守“立人”“成人”之意；基于相互的尊重谦虚地聆听他人言说，善于在他人的言说和行动中发现亮点，从而转化成思想资源，以此来扩展自身；自觉克服私心杂念，对事实、事态做出公正、清明的辨识与决断。此三者中，“以学心听”是前提，是维系“共生体”的最本质要求。“没有接受性，即使捕捉到一些谈话内容，它们也无法在我们的心灵深处凝聚和回味。只有在专注地聆听中，我们才真正与他者相遇”。[②]

无论是外力的“剥夺”，还是自我的“放逐”，对“思考”的舍弃，将导致教学实践的技术化和平庸化，而这是与专业性背道而驰的。在教育变革的过程中，许多学校，包括教师，都倾向于将教师定位为理论的直接应用者。因此，他们对于理论的要求简单而直接：只要告诉我们具体的模式、程序，我们就能照着做。诚然，考虑到教师的工作压力，他们对于层次较高的基本理论的惧怕或拒斥是可以理解的，但不能因此而一味迁就和迎合。须知，最容易制度化和普适化的东西往往是平庸的东西，[③]或者有走向平庸化的潜在危险。例如，教育学史上，赫尔巴特教育思想和理论的传播，固然

① 《荀子·正名》。

② 杜维明.对话与创新［M］.桂林：广西师范大学出版社，2005：76.

③ 赵汀阳.关于命运的知识［M］//赵汀阳.论证.沈阳：辽海出版社，1999：46.

得益于其弟子们之后改造生成的“五段教学法”，但赫尔巴特遭后世学者误解，甚至其思想的真正内核被遮蔽，也恰恰源于将其思想简单地模式化。或许，手工时代的匠人、机械化时代的流水线工人，单凭图纸便可以完成产品制造，而不必追问图纸背后的理论支撑。但是教师却不能满足于按图索骥地进行教学，而是必须在日常的专业实践中，面对由学生独特性和情境创生性带来的诸多不确定性，独立思考，协同探究。在这个意义上，说教师是一个最富创造性的专业是毫不为过的。

（二）从“共同体”到“共生体”

近几年来，“共同体”概念在社会科学研究中突然回暖。人们在被技术深度影响的社会中，在体验到人际关系疏离的情况下，突然唤醒了对“共同体”所存在的人文、温情的记忆与回想。共同体作为凝聚人、团结人的一种可欲的组织形态，满足了人们对个体化时代集体归宿的心理想象。德国社会学家滕尼斯（Ferdinad Tonnies）被视为“共同体”概念的最早倡导者。他将“共同体”（gemeinschaft）作为与“社会”（gesellschaft）相对的范畴，特指那种凭传统的自然感情而紧密联系的交往有机体，认为“社会”虽然也是“人的群体，像在共同体里一样，以和平的方式相互共处地生活和居住在一起，但基本上不是结合在一起，而基本上是分离的”。[①] 后现代理论的研究者鲍曼（Zygmunt Bauman）在其代表作之一的《共同体》中指出：“共同体指社会中存在的、基于主观上或客观上的共同特征（或相似性）而组成的各种层次的团体和组织”。[②] 可见，与一般的“社会”组织形态不同，共同体强调的是价值上的共同性与自然情感的相连性。那么，是否只有找到更多的共同性，是否只能凭借传统的自然感情才能实现更好的跨界合作呢？叶澜把“新基础教育”所倡导的伙伴协作关系，称之为“共生体”。“新基础教育”

① 滕尼斯．共同体与社会［M］．林荣远，译．北京：商务印书馆，1999：129.
② 鲍曼．共同体［M］．欧阳景根，译．南京：江苏人民出版社，2003：1.

的共生体，是一个设计多层面、多类型主体的综合融通的伙伴协作框架。它既包括学校与学校的联动式协同发展，也包括大学与中小学之间围绕学校变革与理论创生而构建起来的伙伴协作关系，还包括在伙伴协作框架中多元主体之间相倚相生的协同发展关系。

“共生”（symbiosis）原指一种生物现象，源于希腊语sumbioein，原意为共同生活在一起（to live together）。1879年，德国真菌学家德贝里（Anton de Bary）首次提出“共生”概念，将其理解为不同种属生活在一起，并具有延伸的物质联系。他认为共生是一种自组织现象，生物体之间出于生存的需要必然按照某种方式互相依存、相互作用，形成共同生存、协同进化的共生关系。[①]从此，生物学领域尤其是生物进化领域的研究有了全新的视角。社会经济现象在很多方面也与生物世界相似。因此，20世纪50年代以后，共生思想渗透到社会发展的诸多领域。

> 总体上讲，共生事物或组织往往具有如下思想特质。第一，注重共生体的相互依赖性，强调彼此从对方获得新的发展能力。如道格拉斯（Douglas, A. E.）发现，生物体能够从其共生伙伴处获得一种新的代谢能力，表现为生物在长期进化的过程中，逐渐与其他生物走向联合，共同适应复杂多变的环境，形成互相依赖、各自获取一定利益的生物与生物间的相互关系。第二，具有共赢、共振性。即一个处于共生状态的系统，通常处于“系统功能最优化、成本最小化、效益最大化的动态与持续的共赢、共振状态”。对于处于共生状态的区域教育而言，意指区域教育中的各要素之间要相互联系、相互影响、相互促进，以达成互动、共赢、效益最大的状态。第三，作为社会性共生组织，通常要求各方能够进行优化组织，以自愿、有序、适度、平等、互惠、互利为基本原

① 刘志辉，沈亚平．共生理论及其在公共管理学科的适用性研究［J］．理论月刊，2016（11）：154—159.

则，推动实现组织中的多中心协调与可持续发展关系。①

从共同体走向共生体，不纯然是一种事实判断，而是带有较强价值导向性的主体间关系的话语建构。它试图在尊重差异的前提下，唤醒一种互融互生的深度交往的关系状态。这对于大学与中小学的伙伴协作，对于构建学校与学校之间协同发展的良好生态而言，是非常重要的观念倡导和实践诉求。对于研究主体与实践主体的跨界交往合作而言，可以构筑的关系形态大致分为两类：一类是面对面的“我群”关系（we-relationship）；一类是直接观察的主客关系。面对面的我群关系，指的是行动者面对面地互动，其本质是“同时性”与“同时空性”。在同一情境中，两种原本各自具有自足性的主体不断经验到彼此的客观意义与主观意义，不断实现相互印证与彼此纠正，不断实现共同成长。②“你”的成长于“我”是一种激励，也是一种对“我”之存在的肯定，不断向“我”邀请着新的成长，而“我”的成长也成为“你”成长的情境、参照和生命能量。这种彼此相互促进的关系，因为类似于生物界的相倚相生关系，因此，我们也形象地称之为“共生体”关系。共生体的理想的关系模型，不是“我—你”关系，而是“我们”意识。在这种关系框架中，思考的核心不再是“我帮助你解决你的问题，你也要帮助我解决我的问题”，而是“我们共同解决我们共同的问题”。③ 当这种意识成为主导意识，且在合作研究的日常实践中得到有效渗透时，大学与中小学的合作研究，就逐渐地进入了一种共生体的培育与自觉建构环节。美国当代教育管理学家萨乔万尼（T. J. Sergiovanni）认为，真正深度合作的核心，不是

---

① 卜玉华.共生理论视角下我国区域教育均衡化发展研究：以上海市闵行区“学校生态群”模式为例［J］.教育发展研究，2015（24）：15—23.

② 孙飞宇.方法论与生活世界［M］.北京：三联书店，2018：50—51.

③ Sirotnik K，Goodlad J.School-university Partnerships in Action：Concepts，cases，and concerns［M］. New York：Teachers College Press, 1988：191—204.

以合同为纽带，而是以价值、情感、责任、信念为核心。这些因素的存在和培育，创造出一种“我们”的感觉。[①]通过规范、目的、价值、协同自治、社会化，以及天然的相互依赖关系等，共生体将培育合作双方的归属感和认同感，从而为大学与中小学的合作研究提供更为内在、更为持久的文化支撑。

（三）“改变自己”比“要求他人改变”更重要

合作是“社会互动的一种方式，是个人或群体之间为达到某一确定目标，彼此通过协调作用而形成的联合行动。参与者须具有共同的目标、相近的认识、协调的互动、一定的信用，才能使合作达到预期效果。其特征：行为的共同性，目的的一致性，甚至合作本身也可能变为一种目的”。[②]任何意义上的合作，都包含着对“共生性”的开发和发现。但这并非大学与中小学合作研究的全部。真正有效的合作研究，更应该包含对“差异性”的发现、尊重甚至积极培育。毋庸讳言，当原本生活于不同专业场域中的两类主体真正走到一起时，他们所感受到的差异可能要远远大于他们所能寻找到的共识。因此，如何对待差异，如何看待“他者”，这一问题几乎成为决定合作研究能否走向深入持久发展的关键。如果说，一种浅层次的甚至是“短命”的合作，是由于过度强调自我需求，因而在合作中总是寄希望于以自我的需求、自我的立场来改变他者，或者促使他者改变；那么，持久而有效的合作研究的一个基本经验则是：在对他者的发现、对差异的尊重和开发中改变和扩展自我。例如，教育学者与其抱怨中小学教师拒斥理论，不如改变自己的表达方式，让理论变得更有亲和力，更容易被中小学教师接纳；中小学教师与其总是抱怨教育学者只是给出理念和框架性建议却不提供具体模式、

---

① Sergiovanni，T. J. Building community in schools [M]. San Francisco : Jossey-Bass，1994: 48.

② 夏征农，陈至立.辞海[Z].缩印本.上海：上海辞书出版社，2010 : 715.

程序，不如破除对模式、程序的依赖和迷信，尝试在有价值的理念的启发之下，创造性地开展教育教学研究。

当研究主体主动深度介入学校变革，与实践主体共同构筑起实践“共生体”时，他们会惊异地发现：想象中的教育实践、旁观中的教育实践和真实运行着的教育实践之间，有着看似微妙、实则巨大的差异。真实发生着的教育实践，遵循其自身的逻辑。其逻辑未必合理，但在特殊的生境中，诸多的不合理，却往往能够“凑”成具有现实合理性的自身逻辑。无论是“旁观式”的研究实践，还是“介入式”的参与实践，教育学者都身处实践“场域”之外，客观上与实践本身保持着一定的距离。这也意味着理论工作者要转变研究立场与研究身份，从只在书斋里做学究的“旁观者”身份转变为主动介入实践做研究的“参与性行动者”①，以尊重、开放、真诚、平等、共建的心态和姿态走近（走进）实践者的生活场域，尽可能站在实践者的立场和角度体察并理解教育实践及其逻辑。这样一番立场的转身，是研究主体在意识层面向内着力的诚意正心。杜威曾指出：“理论与实际，只有程度上、适应上的界限，而不能绝对地分割开来。”② 教育学者介入实践，不仅有助于与教师共同参与实践改进，而且未必会影响自己的理论产出。更乐观一些，极有可能促进和丰富自己的学术理论，因为实践是理论之源，变革是理论创新的温床。迄今持续27年之久，且依然在绵延推进的“新基础教育”是理论与实践双向滋养、交互建构、互动生成的典范。她证实了这种跨界合作的可能性与可行性；更证实了跨界合作对理论生产乃至学派建设、实践改进、主体成长的多重价值。“新基础教育”的研究方式，肯定不是“唯一”，而是“之一”；但无疑是当前中国教育（研究）中最有力量，最富建设性的“之一”。

---

① 孙元涛.教育学者参与实践变革的责任担当［J］.教育发展研究，2008（24）：10—13.

② 约翰·杜威.我们怎样思维·经验与教育［M］.姜文闵，译.北京：人民教育出版社，1991：185.

一种聚焦“自我改变”的合作研究，其价值不仅体现为缓解诸多合作困境，更重要的是在自我心向的改变中推进合作研究的深化，从而实现合作研究多重价值的协同实现。例如，在“新基础教育”中，一位教师表达了自己的改变：

> 以前，学校老师们对理论有两种不同态度，一是惧怕，总觉得理论太深奥，我们搞不来，我们就是做事情的，所以怕去碰理论；二是排斥，觉得理论总是有道理，但是这些道理只是用来说的，要做起来，靠这些理论根本不行。经过这么多年跟课题组的老师一起走过来，我们不仅对理论有了新的认识，而且产生了内在的需要……从理论中尝到了甜头，也就真正开始学会用理论思维来反思自己的教学实践了。[①]

叶澜作为引领并深度参与实践变革的研究主体，则从另一个维度诠释了介入合作研究带给自己的改变：“我因10年的投入而生成一种新的研究能力——从实践中生成理论的能力；获得了一种从未有过的学术体验——实践滋养精神、孕育新理论的体验……它练就我新的研究能力，与新价值取向一起，成为我新的、面向未来的学术生命的重要构成”。[②]

① 节选自对“新基础教育”实验学校教师的访谈笔录，访谈日期：2006年6月8日。

② 叶澜．我与“新基础教育”：思想笔记式的十年研究回望［M］//丁钢．中国教育：研究与评论：7. 北京：教育科学出版社，2004：54—55.

参考文献

一、叶澜主要论著

（一）著作

[1] 叶澜，施良方.教育学文集·教育研究方法［M］.北京：人民教育出版社，1988.

[2] 叶澜.教育研究及其方法［M］.北京：中国科学技术出版社，1990.

[3] 叶澜，丁证霖.新编教育学教程［M］.上海：华东师范大学出版社，1991.

[4] 叶澜."新基础教育"探索性研究报告集［R］.上海：上海三联书店，1999.

[5] 叶澜.教育研究方法论初探［M］.上海：上海教育出版社，1999.

[6] 叶澜.中国教育学科年度发展报告：2002［R］.上海：上海教育出版社，2003.

[7] 叶澜.二十世纪中国社会科学：教育学卷［M］.上海：上海人民出版社，2005.

[8] 叶澜."新基础教育"论：关于当代中国学校变革的探究与认识［M］.北京：教育科学出版社，2006.

[9] 叶澜.教育概论［M］.北京：人民教育出版社，2006.

[10] 叶澜.中国教育学科年度发展报告：2005［R］.上海：上海教育出版社，2007.

[11] 叶澜.回望［M］.桂林：广西师范大学出版社，2007.

[12] 叶澜.立场［M］.桂林：广西师范大学出版社，2008.

[13] 叶澜.基因［M］.桂林：广西师范大学出版社，2009.

[14] 叶澜.命脉［M］.桂林：广西师范大学出版社，2009.

[15] 叶澜，李政涛，等."新基础教育"研究史［M］.北京：教育科学出版社，2010.

[16] 叶澜.回归突破："生命·实践"教育学论纲［M］.上海：华东师范大学出版社，2014.

[17] 叶澜.方圆内论道：叶澜教育论文选［G］.北京：中国人民大学出版社，2019.

（二）论文

[1] 叶澜. 漫步在异国的同一领域中：南斯拉夫教育见闻之一［J］. 外国教育资料，1981(4).

[2] 叶澜. 漫步在异国的同一领域中：南斯拉夫教育见闻之二［J］. 外国教育资料，1981(5).

[3] 冰火. 试论南斯拉夫教育的特色［J］. 华东师范大学学报（教育科学版），1983(1).

[4] 叶澜. 南斯拉夫教育科研中的方法论问题［J］. 外国教育资料，1986(1).

[5] 叶澜. 论影响人发展的诸因素及其与发展主体的动态关系［J］. 中国社会科学，1986(3).

[6] 叶澜. 关于加强教育科学“自我意识”的思考［J］. 华东师范大学学报（教育科学版），1987(3).

[7] 叶澜，陈桂生，瞿葆奎. 向着科学化的目标前进：试述近十年我国教育研究方法的演进［J］. 华东师范大学学报（教育科学版），1989(3).

[8] 叶澜. 学区系统终态变化的整体反思：上海普陀区中朱学区近十年教育实践与经验的研究总报告［J］. 华东师范大学学报（教育科学版），1990(02).

[9] 叶澜. 教育两大功能关系之探究［J］. 教育研究，1990(11).

[10] 叶澜. 关于我国教育实验科学性的问题的思考［J］. 教育研究，1992(12).

[11] 叶澜. 市场化大潮中的中国教育走向：中国的发展呼唤新教育理想［J］. 探索与争鸣，1994(9).

[12] 叶澜. 时代精神与新教育理想的构建：关于我国基础教育改革的跨世纪思考［J］. 教育研究，1994(10).

[13] 叶澜. 世纪之交中国学校教育文化使命之思考［J］. 教育改革，1996(5).

[14] 叶澜. 让课堂焕发出生命活力：论中小学教学改革的深化［J］. 教育研究，1997(9).

[15] 叶澜. 更新教育观念，创建面向21世纪的新基础教育［J］. 中国教育学刊，1998(2).

[16] 叶澜. 世纪初中国教育理论发展的断想［J］. 华东师范大学学报（教育科学版），

2001(1).
[17] 叶澜. 思维在断裂处穿行：教育理论与教育实践关系的再寻找 [J]. 中国教育学刊，2001(4).
[18] 叶澜. 重建课堂教学价值观 [J]. 教育研究，2002(5).
[19] 叶澜. 实现转型：世纪之初中国学校变革的走向 [J]. 探索与争鸣，2002(7).
[20] 叶澜. 重建课堂教学过程观："新基础教育"课堂教学改革的理论与实践探究之二 [J]. 教育研究，2002(10).
[21] 叶澜，吴亚萍. 改革课堂教学与课堂教学评价改革 [J]. 教育研究，2003(8).
[22] 叶澜. 中国教育学发展世纪问题的审视 [J]. 教育研究，2004(7).
[23] 叶澜. 大学专业人员在协作开展学校研究中的作用 [J]. 中国教育学刊，2009(9).
[24] 叶澜. 大中小学合作研究中绕不过的真问题：理论与实践多重关系的体验与再认识 [J]. 教育发展研究，2014，33(20).
[25] 叶澜. 终身教育视界：当代中国社会教育力的聚通与提升 [J]. 中国教育科学，2016(3).
[26] 叶澜. 社会教育力：概念、现状与未来指向 [J]. 课程·教材·教法，2016(10).
[27] 叶澜. 中国哲学传统中的教育精神与智慧 [J]. 教育研究，2018(6).
[28] 叶澜. 溯源开来：寻找现代教育丢失的自然之维：《回归突破："生命·实践"教育学论纲》续研究之二　中编 [J]. 中国教育科学，2020(1).
[29] 叶澜. 溯源开来：寻找现代教育丢失的自然之维：《回归突破："生命·实践"教育学论纲》续研究之二　下编 [J]. 中国教育科学，2020(2).
[30] 叶澜. 转化融通在合作研究中生成：四论教育理论与教育实践的关系 [J]. 教育研究，2021(1).

二、其他主要参考文献

（一）著作

[1] 约翰·杜威.我们怎样思维·经验与教育［M］.姜文闵，译.北京:人民教育出版社，1991.

[2] 底特利希·本纳.普通教育学：教育思想和行动基本结构的系统的和问题史的引论［M］.彭正梅，徐小青，张可创，译.上海：华东师范大学出版社，2006.

[3] 恩斯特·卡西尔.人论［M］.甘阳，译.上海：上海译文出版社，1985.

[4] 斐迪南·滕尼斯.共同体与社会［M］.林荣远，译.北京：商务印书馆，1999.

[5] 伽达默尔.真理与方法：哲学诠释学的基本特征［M］.洪汉鼎，译.上海：上海译文出版社，1999.

[6] 哈贝马斯.认识与兴趣［M］.郭官义，李黎，译.上海：学林出版社，1999.

[7] 赫尔巴特.对柯尼斯堡教育学活动的回顾［M］// 彭正梅，本纳.赫尔巴特教育论著精选.李其龙，等，译.杭州：浙江教育出版社，2011.

[8] 赫尔巴特.普通教育学·教育学讲授纲要［M］.李其龙，译.杭州：浙江教育出版社，2002.

[9] 黑格尔.哲学讲演录：第1卷［M］.贺麟，王太庆，译.北京：商务印书馆，1957.

[10] 拉伊.实验教育学［M］.沈剑平，瞿葆奎，译.人民教育出版社，1996.

[11] 马克思，恩格斯.马克思恩格斯全集：第40卷［M］.中共中央马恩列斯著作编译局，译.北京：人民出版社，1982.

[12] 马克思，恩格斯.马克思恩格斯全集：第46卷下［M］.中共中央马恩列斯著作编译局，译，北京：人民出版社，1980.

[13] 马克思，恩格斯.马克思恩格斯选集：第1卷［M］.中共中央马恩列斯著作编译局，译.北京：人民出版社，1995.

[14] 马克思，恩格斯.马克思恩格斯选集：第2卷［M］.中共中央马恩列斯著作编译局，译.北京：人民出版社，1995.

[15] 沃尔夫冈·布列钦卡.教育知识的哲学［M］.杨明全，宋时春，译.上海：华东师范大学出版社，2006.

［16］莫兰.复杂性理论与教育问题［M］.陈一壮，译.北京：北京大学出版社，2004.
［17］莫兰.迷失的范式：人性研究［M］.陈一壮，译.北京：北京大学出版社，1999.
［18］Ilkka Hanski.萎缩的世界：生境丧失的生态学后果［M］.张大勇，陈小勇，译.北京：高等教育出版社，2006.
［19］迈克·富兰.变革的力量：透视教育改革［M］.中央教育科学研究所，加拿大多伦多国际学院，译.北京：教育科学出版社，2000.
［20］许美德.思想肖像：中国知名教育家的故事［M］.周勇，王承绪，许洁英，等，译.北京：教育科学出版社，2008.
［21］埃伦·康德利夫·拉格曼.一门捉摸不定的科学：困扰不断的教育研究的历史［M］.花海燕，等，译.北京：教育科学出版社，2006.
［22］艾伦·布卢姆.美国精神的封闭［M］.战旭英，译.南京：译林出版社，2007.
［23］华勒斯坦，等.开放社会科学［M］.刘峰，译.北京：生活·读书·新知三联书店，1997.
［24］吉纳·E. 霍尔，雪莱·M. 霍德.实施变革：模式、原则与困境［M］.吴晓玲，译.杭州：浙江教育出版社，2004.
［25］欧文斯.教育组织行为学［M］.窦卫霖，等，译.上海：华东师范大学出版社，2007.
［26］莎朗·D. 克鲁斯，凯伦·S. 路易斯.建构强大的学校文化：一种引领学校变革的指南［M］.朱伟，刘琼，译.北京：北京大学出版社，2013.
［27］史蒂文·塞德曼.有争议的知识：后现代时代的社会理论［M］.刘北成，等，译.北京：中国人民大学出版社，2002.
［28］沃尔德普罗.复杂：诞生于秩序与混沌边缘的科学［M］.陈玲，译.上海：上海三联书店，1997.
［29］沃勒斯坦.知识的不确定性［M］.王昺，等，译.济南：山东大学出版社，2006.
［30］杜威教育论著选［M］.赵祥麟，王承绪，编译.上海：华东师范大学出版社，1981.
［31］约翰·杜威.确定性的寻求：关于知行关系的研究［M］.傅统先，译.上海：上

海人民出版社，2004.
[32] 约翰·杜威.民主主义与教育[M].王承绪，译.北京：人民教育出版社1990.
[33] 珍妮·丹尼尔·达克.哈佛商业评论精粹译丛·变革[M].李原，孙健敏，译.北京：中国人民大学出版社，2004.
[34] 鲍良克.教学论[M].叶澜，译.福州：福建人民出版社，1987.
[35] 达林.理论与战略：国际视野中的学校发展[M].范国睿，译.北京：教育科学出版社，2002.
[36] 大河内一男，海后宗臣，等.教育学的理论问题[M].曲程，迟凤年，译.北京：教育科学出版社，1984.
[37] 怀特海.科学与近代世界[M].何钦，译.北京：商务印书馆，1959.
[38] 路易斯·斯托尔，迪安·芬克.未来的学校：变革的目标与路径[M].柳国辉，译.北京：北京大学出版社，2015.
[39] 齐格蒙特·鲍曼.共同体[M].欧阳景根，译.南京：江苏人民出版社，2003.
[40] 陈桂生.教育学辨："元教育学"的探索[M].福州：福建教育出版社，1998.
[41] 丁钢.中国教育：研究与评论：7[G].北京：教育科学出版社，2004.
[42] 杜维明.对话与创新[M].桂林：广西师范大学出版社，2005.
[43] 冯友兰.中国哲学史新编：第6册[M].北京：人民出版社，1989.
[44] 胡适.治学方法[M]//陈平原.胡适论治学.合肥：安徽教育出版社，2006.
[45] 李泽厚.世纪新梦[M].合肥：安徽文艺出版社，1998.
[46] 梁启超.梁启超全集：第3册[M].北京：北京出版社，1999.
[47] 梁启超.论师范[M]//朱有瓛主编.中国近代学制史料：第一辑·下册.上海：华东师范大学出版社，1986.
[48] 梁启超.饮冰室合集：专集之三十四[M].北京：中华书局，1989.
[49] 刘铁芳.回到原点：时代冲突中的教育理念[M].上海：华东师范大学出版社，2006.
[50] 毛泽东文集：第2卷[M].北京：人民出版社，1993.
[51] 毛泽东文集：第3卷[M].北京：人民出版社，1996.
[52] 牛津中阶英汉双解词典[Z].5版.北京：商务印书馆，2016.

[53] 瞿葆奎主编.教育学文集·教育与教育学［G］.北京：人民教育出版社，1993.

[54] 饶见维.教师专业发展：理论与实务［M］.台北：五南图书出版公司，1996.

[55] 宋恩荣.梁漱溟教育文集［M］.南京：江苏教育出版社，1987.

[56] 孙飞宇.方法论与生活世界［M］.北京：生活·读书·新知三联书店，2018.

[57] 孙元涛.教育学者介入实践：探究与论证［M］.重庆：重庆大学出版社，2009.

[58] 孙元涛.研究主体：体制化时代教育学者的学术立场与生命实践［M］.上海：华东师范大学出版社，2015.

[59] 唐莹.元教育学［M］.北京：人民教育出版社，2002.

[60] 夏征农，陈至立.辞海［Z］.缩印本.上海：上海辞书出版社，2010.

[61] 项贤明.比较教育学的文化逻辑［M］.哈尔滨：黑龙江教育出版社，2000.

[62] 张之洞.劝学篇［M］.李忠兴，评注.郑州：中州古籍出版社，1998.

[63] 赵汀阳.论证［M］.沈阳：辽海出版社，1999.

[64] 郑昕.康德学述［M］.北京：商务印书馆，2000.

[65] 中国社会科学院语言研究所词典编辑室.现代汉语词典［Z］.7版.北京：商务印书馆，2016.

[66] 朱有瓛主编.中国近代学制史料：第二辑·下册［M］.上海：华东师范大学出版社，1989.

[67] Sergiovanni，T. J. Building Community in Schools［M］. San Francisco：Jossey-Bass，1994.

[68] Sirotnik，K. A.，Goodlad，J. I. .School-university Partnerships in Action：Concepts，Cases，and Concerns［M］. New York：Teachers College Press，1988.

（二）论文

[1] 沃尔夫冈·布雷岑卡.元教育理论：从经验-分析的观点看欧洲的贡献［J］.黄向阳译.未公开发表，网上个人图书馆［EB/OL］http://www.360doc.cn/mip/660642382.html（2021-03-16）.

[2] Jesse Goodman. Change without Difference：School Restructuring in Historical Perspective. Harvard Educational Review，1995（1）.

[3] 卜玉华.共生理论视角下我国区域教育均衡化发展研究：以上海市闵行区“学校生态群”模式为例［J］.教育发展研究，2015(24).
[4] 曹永国.从实践崇拜到实践批判：教育理论研究的现代逻辑［J］.高等教育研究，2014(2).
[5] 冯大鸣.学校“领导”与“管理”的断裂：危害与对策［J］.教育发展研究，2011(20).
[6] 宫敬才.论学派：兼及我国马克思主义哲学研究中的学派问题［J］.江海学刊，2015(2).
[7] 胡之德.论学派争鸣［J］.高等教育学报，1986(2).
[8] 奂平清.“理论自觉”与中国社会学的发展：以郑杭生及其社会运行学派为例［J］.西北师大学报(社会科学版)，2012(3).
[9] 黄克剑.学术自觉与学人境界［J］.东南学术，2002(5).
[10] 黄明东，陈梦迁，刘博文.论学派要素培育与大学学术进步［J］.教育研究，2015(6).
[11] 姜晓强，孙元涛.教育学“学科认同”的心理建构与实践建构［J］.现代大学教育，2009(4).
[12] 雷尧珠.试论我国教育学的发展［J］.华东师范大学学报（教育科学版），1984(2).
[13] 李均，李鸿.建设“教育学一级学科”背景下高等教育学科的困境与出路［J］.大学教育科学，2016(2).
[14] 刘志辉，沈亚平.共生理论及其在公共管理学科的适用性研究［J］.理论月刊，2016(11).
[15] 倪波，纪红.论学派［J］.南京社会科学，1995(11).
[16] 倪梁康.学术与思想：是否对立以及如何对立［J］.学术月刊，2001(10).
[17] 倪梁康.原创与积累［J］.学术月刊，2000(1).
[18] 瞿葆奎，喻立森.教育学逻辑起点的历史考察［J］.教育研究，1986(11).
[19] 盛宗范，黄伟合.简论学派［J］.江淮论坛，1986(1).
[20] 孙建国.清末民初日文中译与转贩西学问题研究［J］.河南大学学报（社会科学

版），2001(6).
[21] 孙元涛，吕秋艳.重建教育学的“公共话语空间”：迪特里希·本纳“普通教育学”思想探论[J].全球教育展望，2021(1).
[22] 孙元涛.教育学“学科独立性”问题再认识[J].河北师范大学学报（教育科学版），2009(4).
[23] 孙元涛.论“新基础教育”学校领导与管理变革的理论创新[J].中国教育学刊，2017(6).
[24] 孙元涛.中小学“变革文化”的培育[J].教育发展研究，2009(8).
[25] 孙元涛.教育学者参与实践变革的责任担当[J].教育发展研究，2008(24).
[26] 孙元涛.现代学术转型与中国教育学的建立[J].高等教育研究，2010(7).
[27] 唐代兴.生境主义：生态文明建设的必由正道[J].晋阳学刊，2015(5).
[28] 王晓华.学派化与思想创新[J].深圳大学学报（人文社会科学版），2003(1).
[29] 闻翔.陈达、潘光旦与社会学的“清华学派”[J].学术交流，2016(7).
[30] 吴黛舒.论“教育学”的学科立场：探索“教育学”学科独立性问题的另一个思路[J].华东师范大学学报（教育科学版），2004(3).
[31] 吴康宁.社会学视野中的教育[J].教育研究与实验，2006(4).
[32] 肖朗，项建英.学术史视野中的近代中国大学教育学科[J].社会科学战线，2009(9).
[33] 谢立中.当前中国社会学理论建构的努力与不足[J].河北学刊，2006(5).
[34] 郑杭生.中国社会研究与中国社会学学派：以社会运行学派为例[J].社会学评论，2013(1).
[35] 周满生.世界基础教育：面临的挑战、趋势和优先事项：解读联合国教科文组织第47届国际教育大会“主文件”及“公报与建议”[J].教育研究，2004(11).

后 记

本书书名中把“元”与“形上”放在一起，是为了突出叶澜教育学研究中的两个鲜明特色：叶澜是中国教育学科元研究的倡导者之一，也是“教育研究方法论”研究的开创者之一。就前者而言，元研究在叶澜这里不仅表现为体现教育学科自我成熟意识的某个议题，也不仅表现为一系列富有个性特色的概念，如“学科立场”“生命·实践”“学科自我意识”等，而且也是作为某种体现生命自觉与学术反省意识的思维品质，内在于叶澜的学术研究与生命实践中。与叶澜有深度交往的人，很难不为她强烈的生命自觉和反思意识所感染。一定意义上说，她的很多研究之所以能够领风气之先，与她对时代精神的敏感，对学科发展历史、现实和发展潮流的深刻洞见，对自身作为教育学者的角色认同，对研究主体学术使命的心理建构和实践建构是分不开的。就后者而言，叶澜不仅是“教育研究方法论”的研究者和写作者，更是她自己方法论思想的践行者。她对教育理论与实践交互生成关系的揭示，对“成事”与“成人”之间双向建构关系的阐明，对教育、教育学、学校变革等复杂性特征的透析，对教育研究独特性诸多方面的剖解等，无不闪耀着方法论的光芒。由她所领衔的“新基础教育”，在实践中的变革样态，以及变革单位由学校到区域到共生体的迭代创新，是其学校变革方法论思想在实践中的实现。而且，这一实现过程，并非按照预设的程序按图索骥地完成的，而是在变革研究中随认识的深化和变革生态的改变而逐渐交互生成的。

作为叶澜的学生，我们在跟随叶澜读书学习的过程中，在参与叶澜“新基础教育”实践变革的过程中，在与叶澜或集体、或一对一讨论交流的过程中，时常能够感受到她的“元”思维与“方法论”意识。但是，无论是“元”的“后设”“反审”特质，还是“方法论”的“形上”特质，它们作为一种非实体性存在往往是很难捕捉的。这意味着，即便当我们与叶澜身处同一个对话场，我们也很难保证即时地抓住了她的“元研究意识”和“方法论自觉”的全部。可以想见，其间的信息损耗甚至流失是必然存在的。好在作为学生，我们与叶澜的交往是持续且双向的，我们有机会不断修订、增进、完善对叶澜教育思想的解读和阐释。这多少会增进我们的研究信心，消解我们的某些焦虑。

本书由孙元涛、刘良华合作完成。孙元涛撰写了上篇和下篇。刘良华撰写了导论和中篇。我们虽竭力融通，但全书行文终究难以改变各自的风格。值得纪念的是，我们在决定写作意向、开始分头构思本书的标题时，居然不约而同地向主编报出了“回到元点”四个字。有此共识，一方面与我们作为叶澜的学生，对叶澜教育思想有相似理解有关；另一方面或许也与我们对“元”字及其蕴含的丰富意蕴的偏爱有关。

书稿终于完成了。但那些子夜沉思、激情澎湃写作的场景依然清晰。感谢这段合作研究的历程，这是情义的见证。感谢亲爱的叶澜老师！她严格、严谨但又温暖、温润。她对学生最大的爱，就是用思想、用身教激励学生不断成长。感谢丛书主编王枬教授。她不仅时时关心书稿进展，对书稿的格式、体例、表达方式等给予了非常具体的指导，更对初稿和二稿进行了悉心校核，修订了书稿中的很多讹误。感谢博士生熊甸双。她协助查证了书稿中的一些文献。

特别感谢责任编辑龚鹏飞老师，他细心、专业又非常温和谦逊，为书稿出版做了大量具体工作。没有他的努力，本书不会这么顺利面世。

孙元涛　刘良华

2021年5月